寻秘古埃及

勇闯法老之国的艺术家与探险家

[英] 凯瑟琳·罗里希（Catharine Roehrig）
[英] 弗兰科·塞里诺（Franco Serino） 著　唐欣悦 译

華中科技大學出版社
http://www.hustp.com
中国·武汉
有书至美
BOOK & BEAUTY

Contents

目录

Photo credits

图片版权

All photographs are by Archivio White Star except the following:
Page 11 Giovanni Dagli Orti
Page 15 Alberto Siliotti/Geodia
Page 17 top Alberto Siliotti/Geodia
Page 17 bottom The British Museum
Page 18 center Biblioteque National de France
Page 20 top RMN
Page 20 center RMN
Page 140 Alberto Siliotti/Geodia
Page 142 Alberto Siliotti/Geodia
Page 143 top left Alberto Siliotti/Geodia
Page 143 top right Alberto Siliotti/Geodia
Page 143 bottom left Alberto Siliotti/Geodia
Page 143 bottom right Alberto Siliotti/Geodia
Page 144-146 Scala Group
Page 145 top right Alberto Siliotti/Geodia
Page 264 top Peter Whitfield/ Wychwood Editions
Page 264 bottom Alberto Siliotti/ Archivio Geodia
Page 265 BNF
Page 266 Civica Raccolta Stampe A. Bertarelli, Castello Sforzesco, Milan
Page 267 BNF
Page 278 center BNF
Page 280 top Alberto Siliotti/ Archivio Geodia
Page 280-281 Alberto Siliotti/ Archivio Geodia
Page 290 top National Trust Photographic Library, Mike Williams
Page 295 top Musee D'Annecy
Page 310 top right Scottish National Portrait Gallery.

第2页图

戎装而坐的拉美西斯二世，在卡迭石要塞中等待战役开始。由伊波利托·罗塞里尼受阿布·辛贝勒神庙浮雕启发所作。

Preface

前言

18世纪和19世纪之交，人类社会经历了前所未有的巨变：革命，虎狼之师的正面交锋，在“旧制度”上崛起的新帝国以及改变了后世政府组织、社会行为和思维方式的整整一代人。而拿破仑在1798—1801年对埃及的远征，使埃及在继中世纪的传说和17—18世纪朝圣者和探险家的零星造访之外，第二次成为历史的主角。那些曾经被希罗多德看到的景象、被他听到的神秘经文以及被他以希腊式思维记述的历史，而今闪烁着不一样的光辉呈现在欧洲人面前。“光辉”在这里丝毫不显得夸张，因为这个时代就是启蒙运动下的新学科——埃及学的时代。换言之，这是以理性时代的方法对世界的另一次溯源，是由百科全书派学者和实证主义者例示的理性链条中的重要一环。尽管在大不列颠摧毁拿破仑的帝国梦时，法国和埃及都经历了阵痛，但是不久，埃及学这一全新且不竭的文化研究领域就吸引了来自全欧洲的目光。本书由三部分组成，如同时间之镜的倒影，使古埃及的艺术珍宝在书中以画作的形式再次绽放出无与伦比的光彩。艺术家、激情洋溢的学者、语言学家、自然学家、探险家以及“原初埃及学家”在法老之国描绘最精美的遗迹，收集历史的碎片，调查埃及的艺术、历史和人民，以期理解并揭示一些古老却又全新的事物。他们的艺术才华与科学观和19世纪实用主义的力量结合，为埃及恒河沙数的奇观赋予了灵魂，又借其作品的色彩和形式充分反映了法国黄金时代的落日余晖。在这场对以往千年历史的探索中，如孟菲斯、吉萨、萨卡拉、哈布城、梅特拉希那村等地的精美文物经由世世代代的探险家之手得以重见天日，其中包括1828—1829年法国-托斯卡纳大公国联合探险队的让-弗朗索瓦·商博良、普里斯·达韦那和伊波利托·罗塞里尼，以及如大卫·罗伯茨、约翰·加德纳·威尔金森、欧文·琼斯等优秀的探险家，是他们在百余年之内将世间最动人的历史，从尘埃中带入万众瞩目的聚光灯下。

第5页图

一群手捧贡品（水果和鲜花）的女人，由普利斯·达维纳在底比斯某座不知名墓中临摹。

第一部分

《埃及记叙》

弗兰科·塞里诺

第8页上图

阿蒙拉神庙中的斯芬克斯

《埃及记叙》,《古迹》篇，卷三，印刷图四十六

卡尔纳克

第8—9页图

拉美西斯三世神庙

《埃及记叙》,《古迹》篇，卷二，印刷图十二

底比斯，哈布城

The Oriental Expedition:

埃及的再发现（1798—1801年）

“在太阳将要落下地平线的时分，庞大的法国舰队逼近了运河河口。当海面上的船只压倒性地出现在亚历山大城居民眼中的那一刹那，一种巨大的恐慌感攫住了他们。”

——那库尔·埃尔-图尔克，《法国远征军在埃及的历史》，M. 戴格朗日，巴黎，1839年

1798年6月1日，29岁的拿破仑·波拿巴（1769—1821年）指挥着他百余条船和五万余兵士、水手的法国舰队在亚历山大港登陆，埃及战役正式打响了。

埃及战役本身是法国人入侵英国本土的替代方案，当入侵宿敌被证明无法实现时，拿破仑想到了以入侵埃及来挑战英国在地中海霸权的计划，并希望能由此阻拦“背信弃义的英国佬”通向其殖民地印度的航路。

东方！绚烂的东方！神秘的东方！它一直是年轻的拿破仑魂牵梦萦的地方，以至于他有一次放言说：“在东方以外，任何伟业都无法达成。”而埃及这一通向东方的门户，由于其在地中海重要的战略地位成了拿破仑的首选。但是问题在于，18世纪末的埃及是什么样的？

自从639年埃及被阿拉伯人入侵并占领后，埃及就成为伊斯兰世界的一部

第10页上图

金字塔大战

多米尼克·维旺·德农（Dominique Vivant Denon）绘

1798年7月21日，法军在金字塔大战中以密集防御阵型获得了胜利。

第10页下图

穆拉德·贝伊

安德烈·杜特尔特（André Dutertre）绘

《现代国家》篇，卷二，图七

在与法军多次交战后，1798年末，拿破仑的老对手贝伊逃到了上埃及，身后跟着路易·德赛（Louis Desaix）率领的一个师的追兵。

分，并几乎与欧洲斩断了所有联系。在经历了马穆鲁克王朝（1250—1517年）这一突厥-切尔克斯裔寡头政府的统治后，奥斯曼土耳其苏丹"冷酷者"塞利姆一世（Selim I "the grim"）占领了埃及，并使这一地区成为奥斯曼土耳其帝国广袤疆域的一部分。但是由于不断的暴乱、瘟疫、饥荒，该地区的社会经济水平持续走低。"在17和18世纪，"法国历史学家爱德华·德里厄（Édouard Driault）总结道，"埃及如同消失在历史中一样，缩在地中海的一隅，被混乱和悲惨所笼罩。因此几乎像是遁入了不毛之地，遁入了荒烟野蔓。"

所以当拿破仑踏上亚历山大城的土地时，迎接他的是一个人口不足三百万，精神上仍受到马穆鲁克控制，因为公共领域、私人领域均陷于困境而民不聊生的埃及。

登陆后不到一周，拿破仑便开始了深入内地的行军。他在"金字塔大战"中打败了穆拉德·贝伊（Murad Bay）率领的马穆鲁克大军，并在7月24日胜利进军开罗。但不幸的是，由于几天后法国舰队在阿布吉尔湾几乎被霍雷肖·纳尔逊（Horatio

第11页图

金字塔大战中的拿破仑

A. 让·格罗绘

画中拿破仑在金字塔大战的战场上率领着他的士兵们。法军中一位名叫夏勒布朗的军官记载了拿破仑在战前面对金字塔这样的奇观时，曾经高呼："我的士兵们！请你们记得四千年的历史正在金字塔顶注视着你们，并会为你们的胜利鼓掌喝彩！"

Nelson）所率领的英国舰队全歼，他对印度进行伟大征服的梦想打了水漂。自此，法国的东方军团陷于孤立无援的境地。

尽管深知其中的危险，拿破仑并没有心灰意冷，反而在叙利亚投入了一场针对奥斯曼土耳其帝国的战役（其时奥斯曼帝国已经与英国结盟并与法国宣战）。尽管开始有一些小胜利，但是这场历时三个月的战役法军没有再得到丝毫益处。不仅如此，拿破仑在埃及建立桥头堡的计划也被证明是白日做梦。事实上，欧洲政治军事状况的恶化迫使拿破仑在同年8月放弃埃及返回法国，只留下克莱贝尔（Kléber）将军统领法军余部。在拿破仑走后，法国远征军发现他们处于危如累卵的境地：本地居民时不时揭竿而起、1800年6月克莱贝尔将军遇刺身亡、贝利亚尔和蒙诺1801年败于英军……都迫使法国放弃埃及。因此从军事角度来讲，这场战争已经失利，并且某种意义上使拿破仑称霸欧洲和地中海沿岸之路多了一重阻碍。

法军在埃及战败的第一个后果，就是埃及这一北非最重要的国家，被交还给一向视法国为心腹大患的英国。

第12页图

开罗的反叛

C. 默特印

1798年10月21日，埃及首都被反抗法军的队伍占领。画中，拿破仑率领着士兵很快平息了反抗。但是1800年4月24日，暴乱再次上演，并加速了法军向英国投降的进程。

第12—13页上图

拿破仑与谢赫·阿尔-伯克里

C. 默特印

这张版画摘自A. V. 阿诺所著的《拿破仑的政治与军事生涯》（*Vie politique et militaire de Napoléon*），画中展示了拿破仑、他的随员以及谢赫·阿尔-伯克里在1798年8月20日纪念先知穆罕默德的诞辰。

第12—13页下图

阿布吉尔湾的陆战

德农

阿布吉尔湾的陆战发生在1799年7月25日。此前，1798年8月1日，在法军取得金字塔大战胜利后不久，法军舰队就在发生于该水域的尼罗河海战中，被英国指挥官霍雷肖·纳尔逊所率领的英国舰队近乎全歼。

第13页中图

霍雷肖·纳尔逊

霍雷肖·纳尔逊将军在其军事生涯中曾经多次与法国海军交手，并因此失去了他的右臂和右眼视力。他在1805年特拉法尔加海战对阵法国-西班牙联军即将胜利之时阵殁。

第14页图

底比斯的科学艺术委员会

图中几位来自考古委员会（由拿破仑下令成立）的学者在对从底比斯出土的文物古迹进行测量。这些文物原计划运回法国，但是由于英军对法军的攻击阻碍了战争的进展，这些文物从未被运走。

第15页图

古埃及地图

这张地图是基于1722年耶稣会传教士克劳德·西卡尔（Claude Sicard）的记述以及旅行者波科克（Pococke）和诺登（Norden）的见闻绘制而成的。它对尼罗河流域和主要城市的绘制极其精确。该图取自J. B. 博盖浓·但维（J. B. Bourguignon d'Anville）的《古今埃及回忆录》（1766年）。

但远征并非一事无成

参与埃及战役的法国远征军并不只有步兵、炮兵、骑兵和水手，还有一百五十四名学者——工程师、建筑师、数学家、化学家、东方学家、医生、自然科学家、艺术家等各领域精英，他们直到船只驶入大海才被告知此行的目的地。

这些专家学者都对拿破仑信任有加：他们对革命的热忱、对古代世界的爱好、对知识的渴望、对这个所知甚少却一定有助于年幼的法兰西共和国发展的计划的追求，都促使他们接受了这个任务中可能存在的风险和挑战。

而拿破仑，他对历史有着敏锐的直觉和卓越的认知：他深知相比军事上的胜利，科学技术上的征服更重要也更持久。事实上，这位未来的皇帝曾经说："我们必须提高科学家的地位并支持科学发展。"关于这一点，就如英国历史学家J. 克里斯托弗·海尔德所写的那样："难道亚历山大大帝出发征服埃及、波斯、印度时不是带着哲学家和学者们吗？"

因此法国远征军中还包括一个"科学艺术委员会"（即学者团的正式称呼），他们同行的目的是探索、绘图，并对当时不为人知的埃及进行全方位的描述。

抛开政治目的不谈，对拿破仑来说，东征代表了法国的某种"精神优越感"，因他们相信这个"（使埃及）获得新生的使命"也会为全欧洲留下一笔宝贵的科学和文化方面的遗产。因此拿破仑，这个心向亚历山大大帝的"公民英雄"，决定使一个湮没了两千年的文明，一个环地中海诸文明之母的文明，一个因此在欧洲历史上扮演了重要角色的文明重见天日。

埃及学会

1798年8月22日，在拿破仑的促成下，埃及学会以法兰西学院为蓝本在开罗成立。学会的主要目标是为埃及"带来光明"，换言之，传播进步与文化，支持科研，并发表关于古代和现代埃及的历史，包括其传统和风物。学会的第一批二十六位成员均是选自不同领域的专家学者。加斯帕·蒙热（Gaspard Monge）被选为首任院长。1799年7月，当埃及陷于拿破仑所带来的战火时，在亚历山大城东，接近阿尔-拉希德（罗塞塔）村的朱利安要塞进行的发掘中，一件成为未来埃及学基石的文物出土了。这就是由法国军官皮埃尔·布夏发现的"罗塞塔石碑"。

"罗塞塔石碑"是一块长114厘米、宽72厘米、厚28厘米、重760千克的花岗岩石板。石板的历史可以追溯到公元前196年，当埃及处在托勒密王朝统治的时期。石碑的文字有所缺损，但能辨明以三种文字写成：上部以象形文字，即亚历山大征服之前埃及使用的文字；中部以僧侣体文字，即公元前7世纪起埃及使用的文字；下部以希腊文，即亚历山大大帝的后人——托勒密王朝统治者的文字写成。

拿破仑的学者认为这三段文字是同一段话的不同文字版本，因此他们认为从石板上的古希腊文段入手，也许可以破解十四个世纪以来一直无人能解读的象形文字。而1822年9月，让-弗朗索瓦·商博良（Jean-François Champollion）终于以其过人的天分和渊博的语言学知识，成功破解了象形文字。在埃及学会存在的短短三年时间内，学会时常因为有成员战死、病逝或返回法国而不得不选举增补新成员。实际上，在一百五十四位参与远征的学者中，有三十四位为国家或为科学事业献出了自己的生命。

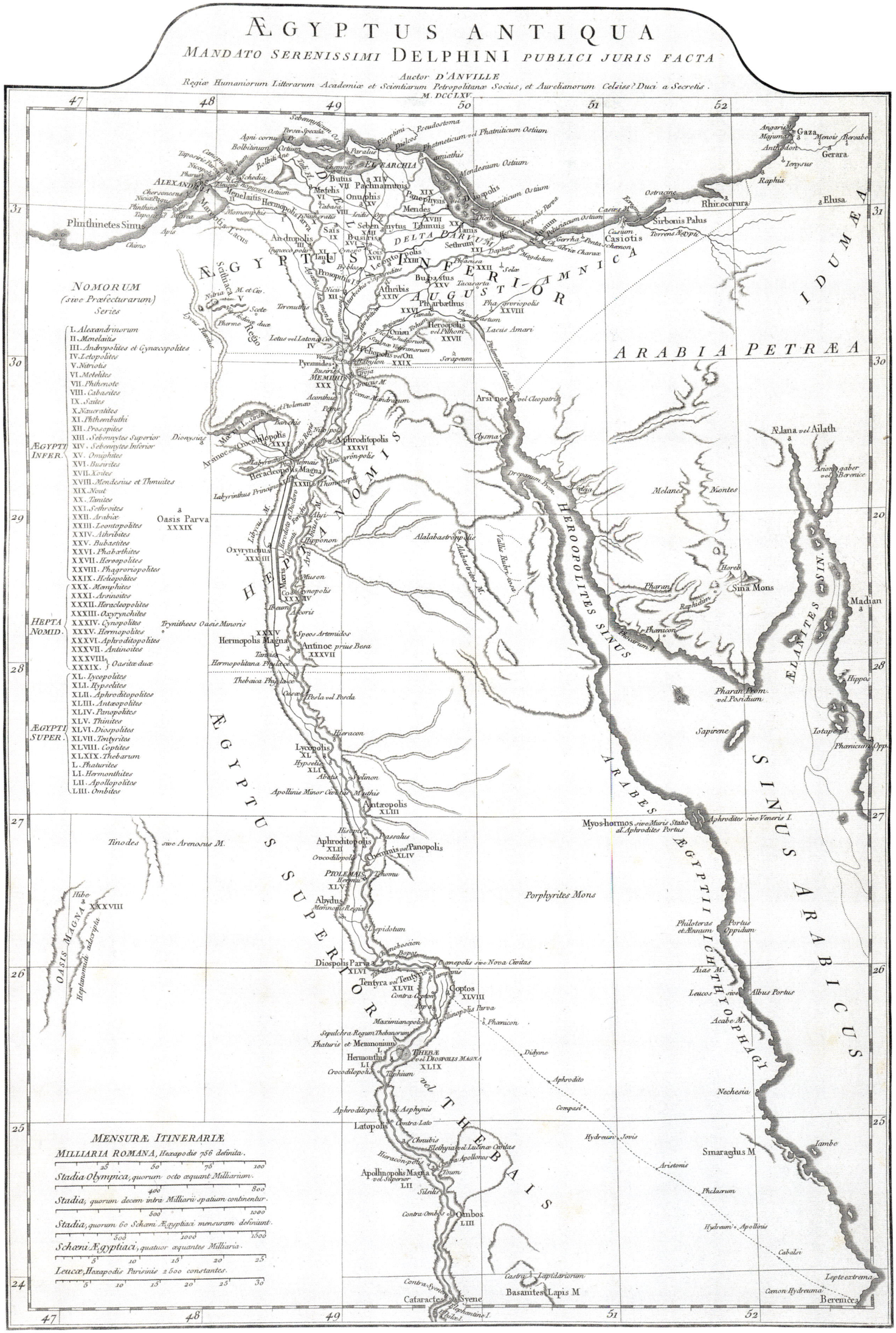
ÆGYPTUS ANTIQUA
MANDATO SERENISSIMI DELPHINI PUBLICI JURIS FACTA
Auctor D'ANVILLE
Regiæ Humaniorum Litterarum Academiæ et Scientiarum Petropolitanæ Socius, et Aurelianorum Celsiss? Duci a Secretis.
M. DCCLXV.
NOMORUM
(sive Præfecturarum)
Series
I. Alexandrinorum
II. Menelaitis
III. Andropolites et Gynæcopolites
IV. Letopolites
V. Nitriotis
VI. Metelites
VII. Phthenote
VIII. Cabasites
IX. Saites
X. Naucratites
XI. Phthembuthi
XII. Prosopites
XIII. Sebennytes Superior
XIV. Sebennytes Inferior
XV. Onuphites
XVI. Busirites
XVII. Xoites
XVIII. Mendesius et Thmuites
XIX. Nout
XX. Tanites
XXI. Sethroites
XXII. Arabiæ
XXIII. Leontopolites
XXIV. Athribites
XXV. Bubastites
XXVI. Phabæthites
XXVII. Heroopolites
XXVIII. Phagroriopolites
XXIX. Heliopolites
XXX. Memphites
XXXI. Arsinoites
XXXII. Heracleopolites
XXXIII. Oxyrynchites
XXXIV. Cynopolites
XXXV. Hermopolites
XXXVI. Aphroditopolites
XXXVII. Antinoites
XXXVIII. XXXIX. Oasitæ duæ
XL. Lycopolites
XLI. Hypselites
XLII. Aphroditopolites
XLIII. Antæopolites
XLIV. Panopolites
XLV. Thinites
XLVI. Diospolites
XLVII. Tentyrites
XLVIII. Coptites
XLIX. Thebarum
L. Phaturites
LI. Hermonthites
LII. Apollopolites
LIII. Ombites
ÆGYPTI INFER.
HEPTA NOMID.
ÆGYPTI SUPER.
ÆGYPTUS INFERIOR
DELTA
AUGUSTAMNICA
HEPTANOMIS
ÆGYPTUS SUPERIOR vel THEBAIS
ARABIA PETRÆA
IDUMÆA
HEROOPOLITES SINUS
SINUS ARABICUS
ÆLANITES SIN.
ARABES ÆGYPTII ICHTHYOPHAGI
ALEXANDRIA
Plinthinetes Sinus
Canopus
Bolbitinum Ostium
Sebennyticum Ost.
Phatmeticum vel Phatniticum Ostium
Mendesium Ostium
Taniticum Ostium
Pelusiacum Ostium
Sirbonis Palus
Casiotis
Rhinocorura
Raphia
Gaza
Gerara
Elusa
Torrens Ægypti
Pelusium
Diospolis
Mendes
Tanis
Thmuis
Sebennytus
Sais
Naucratis
Busiris
Athribis
Bubastus
Heliopolis vel On
Heroopolis vel Pithom
Lacus Amari
Babylon
Pyramides
MEMPHIS
Arsinoe vel Cleopatris
Clysma
Oasis Parva
Arsinoe vel Crocodilopolis
Heracleopolis Magna
Aphroditopolis
Oxyrynchus
Hermopolis Magna
Antinoe prius Besa
Speos Artemidos
Lycopolis
Antæopolis
Aphroditopolis
Panopolis
PTOLEMAIS Hermiu
Abydus
Porphyrites Mons
Myos-hormos sive Muris Statio al. Aphrodites Portus
Diospolis Parva
Tentyra vel Tentyris
Coptos
Cænepolis sive Nova Civitas
THEBÆ vel DIOSPOLIS MAGNA
Hermonthis
Latopolis
Apollinopolis Magna vel Superior
Ombos
Syene
Cataractes
Basanites Lapis M
Berenicæ
Smaragdus M
Nechesia
Leucos sive Albus Portus
Sina Mons
Pharan
Ælana vel Ailath
Madian
Hippos
Iotape I.
Melanes Montes
Tinodes sive Arenosus M.
OASIS MAGNA Heptanomidi adscripta
Hibe XXXVIII
MENSURÆ ITINERARIÆ
MILLIARIA ROMANA, Hexapodis 756 definita.
Stadia Olympica, quorum octo æquant Milliarium.
Stadia, quorum decem intra Milliarii spatium continentur.
Stadia, quorum 60 Schæni Ægyptiaci mensuram definiunt.
Schæni Ægyptiaci, quatuor æquantes Milliaria.
Leucæ, Hexapodis Parisinis 2500 constantes.

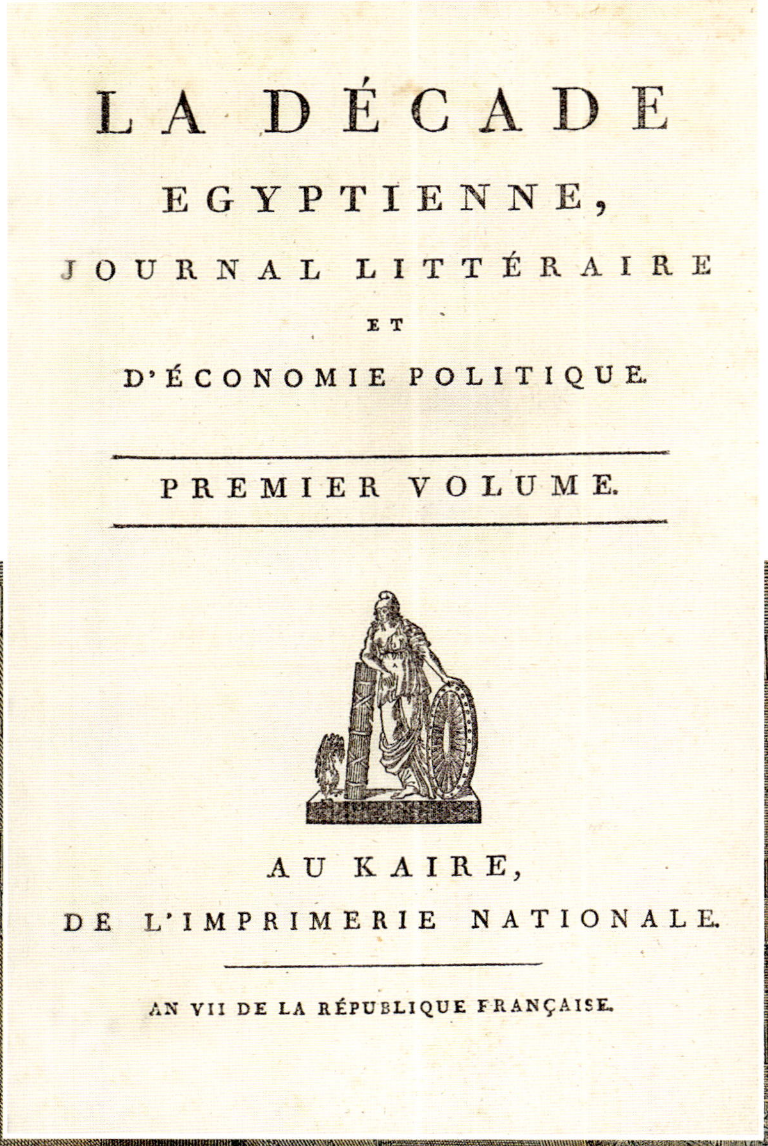
LA DÉCADE
EGYPTIENNE,
JOURNAL LITTÉRAIRE
ET
D'ÉCONOMIE POLITIQUE.

PREMIER VOLUME.

AU KAIRE,
DE L'IMPRIMERIE NATIONALE.

AN VII DE LA RÉPUBLIQUE FRANÇAISE.

第16页上图

《埃及十日刊》封面

发表于1798年的第一本科学与文学期刊《埃及十日刊》的封面，该套文献现仅存三卷和另一卷的部分残章。

第16页下图

埃及学会的创立典礼

《现代国家》篇，卷一，印刷图五十五

开罗

为了庆祝学会于1798年在开罗创建，拿破仑以及包括加斯帕·蒙热在内的部分学者亲临学会所在地。

1801年3月，由于法军节节败退，留在埃及的法国学者在克服重重阻力后，带着自己的绘本、笔记和文物收藏回到了法国。同时，携胜利余威的英国人没收了许多考古文物，其中就包括世所闻名的罗塞塔石碑（现藏伦敦大英博物馆）。

在埃及学会成立之际，拿破仑促成了两种期刊的发表——《埃及十日刊》与《埃及时报》。其中《埃及时报》的第一期在报社建立后七天（1798年8月29日）即付梓。这是埃及出版的第一部期刊，截至1801年6月，共有116篇文章发表。作为一个法军的半官方出版物，它对埃及本地的政治、军事新闻，欧洲大事以及其他信息进行报道。由于印刷错误，前两期报刊中“Courrier”（法语意为时报）一词被误印为“Courier”。

而《埃及十日刊》则是一部科学期刊，起初每十日一期，随后每月一期。刊印自1798年10月开始，直至1801年3月终止。期刊大部分篇章都用于报道艺术、科学相关内容，以及大量埃及学会学者的笔记、文献等。当时的期刊被后人整理为三卷文集，而今已成为收藏家的藏品。同时留存的，还有第四卷文集的部分残页。

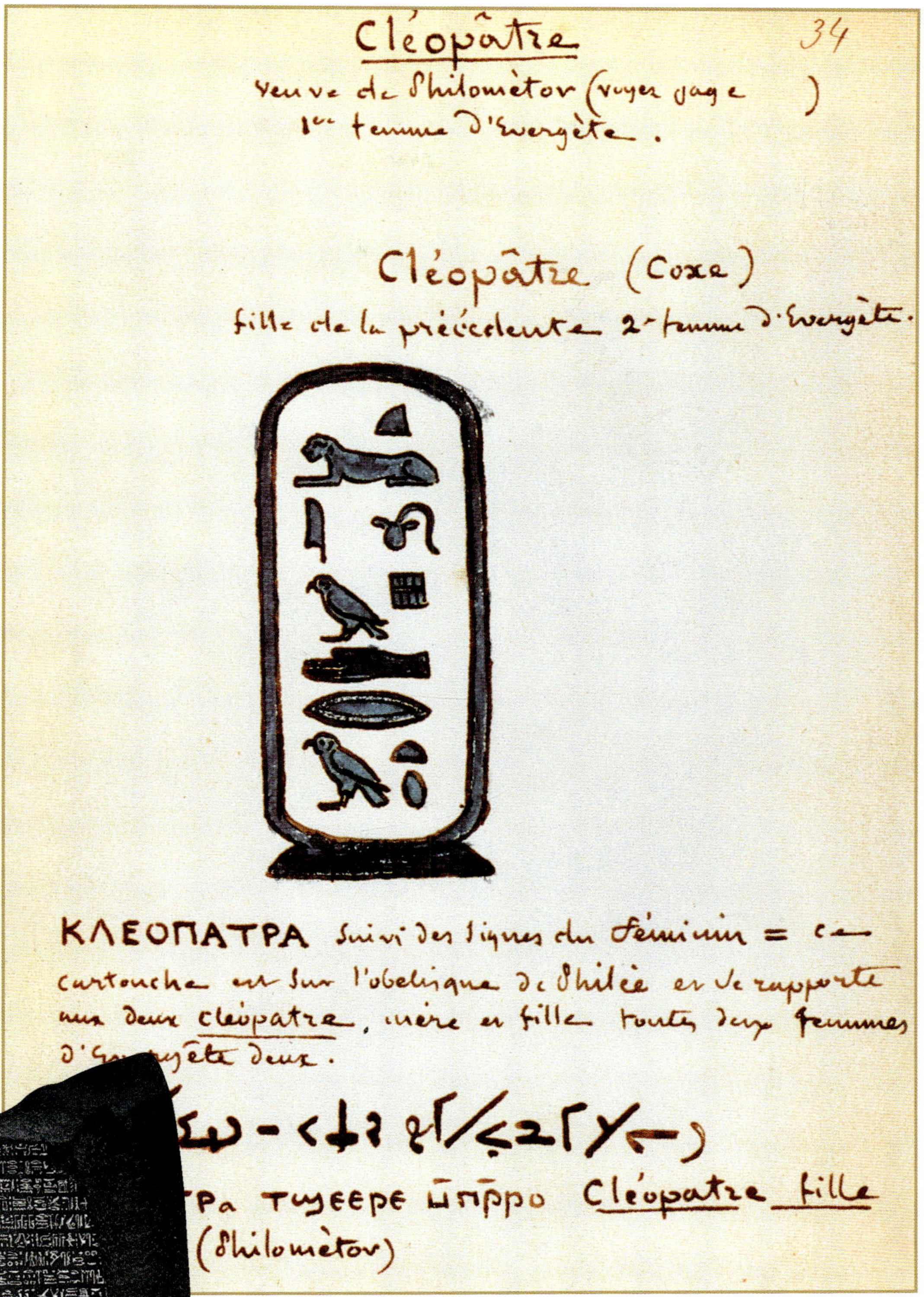

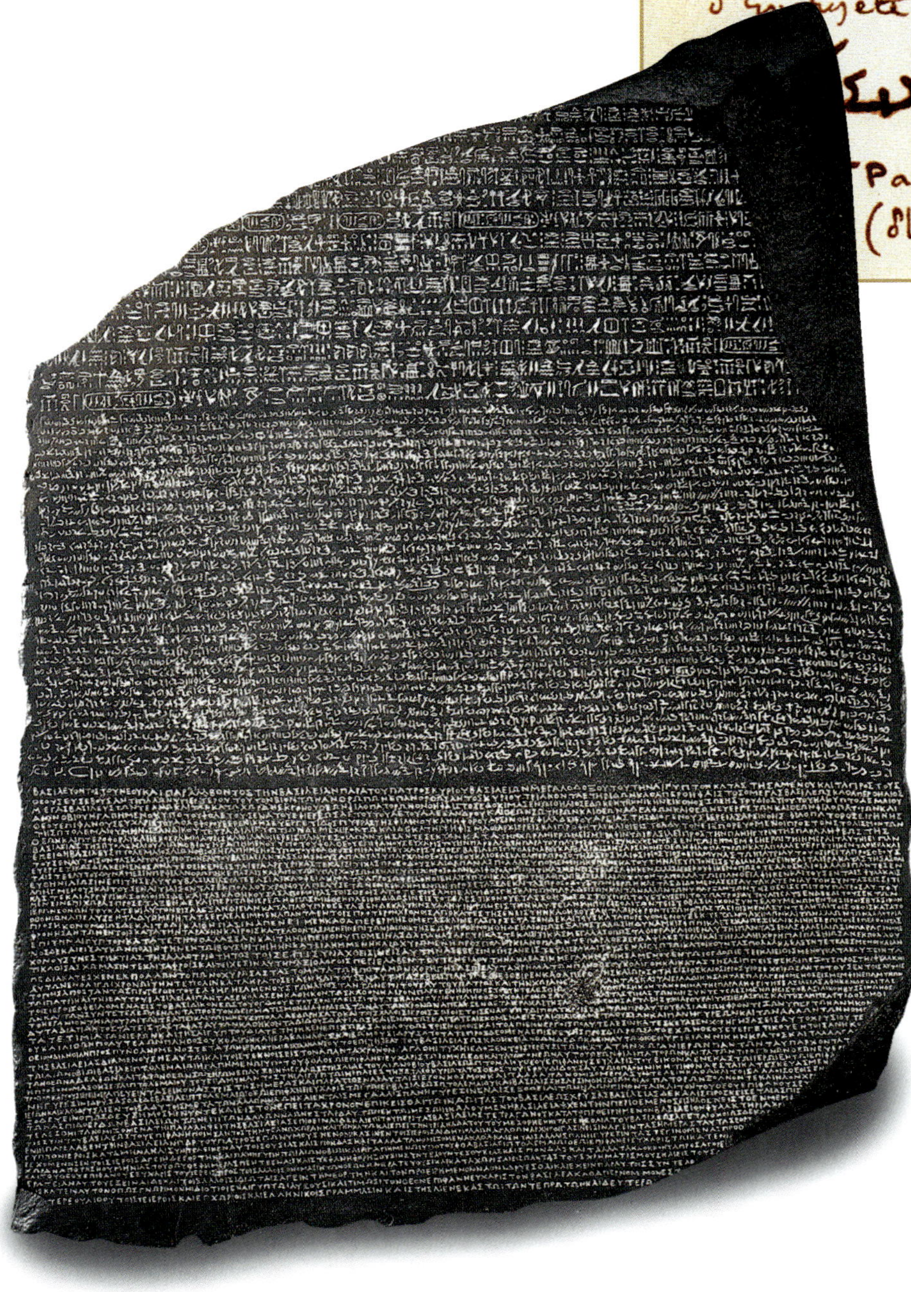

第17页上图

克利奥帕特拉七世（埃及艳后）的王名圈

这个王名圈（又名象形茧，椭圆形装饰框内的象形文字通常表示一位法老的名字，或者一位神祇的名字）来自文献《古埃及象形文字体系》（*Précis du système hiéroglyphique des anciens Égyptiens*，1824年）。原件雕刻于菲莱岛上的方尖碑，现存英国。它与罗塞塔石碑上托勒密的王名圈齐名（后者由法国埃及学家商博良破译）。埃及象形文字同时具有象形意义、象征意义和语音意义。

第17页下图

罗塞塔石碑

商博良综合石碑上的古埃及象形文字、古埃及通俗文字，以及古希腊语碑文（当时埃及臣服于希腊裔统治者，故碑文上有古希腊语部分）成功破译。

The 'Savants' and Egypt

学者们与埃及

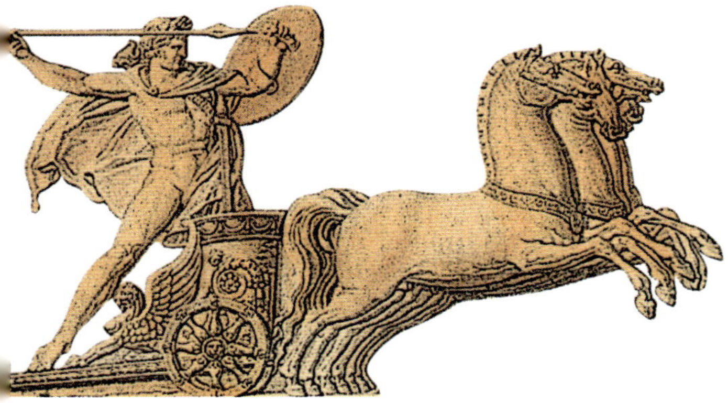

尽管日后返回法国时将会获得“埃及学家”的美誉，但是对这些需要在埃及驻留三年的学者来说，仍有很多困难需要克服。对于其中的某些人——有些学者十分年轻，而其中更有刚刚进入大学、从未旅行过的学生——来自这个国家的冲击堪称“创伤性”的：跟他们的法兰西温柔乡相比，一切都是崭新而不同的。

但同时，这片地区仍是埃及，是那个在尼罗河岸边欣欣向荣的古老文明摇篮，是那些深邃的哲学思考、神秘的宗教信仰、卓绝的艺术建筑的摇篮。在漫长的历史中，它见证了一种繁复文字和一种对来世信仰的诞生、见证了金字塔式社会结构的形成、见证了那些足以与岁月分庭抗礼的建筑——那些折服了古往今来之人的建筑。但这只是埃及文明让西方为之着迷的部分原因。尽管古埃及文明已经失落了近两千年，许多法国学者——甚至法军士兵——都如同着迷一样对古埃及“神话”抱有向往，认为它是古代智慧宝库，且比古希腊更为古老。

这就是为什么学者们汲汲于了解任何他们所能触及的事物——自然，埃及社会的方方面面，尤其是那些遗迹——它们建成于这个国家三千年的岁月之中，成为后代不朽的文化丰碑。

当他们克服了最初的困难之后，就立刻适应了当地的新生活并开始了他们对埃及的探索。最早的探索开始于1798年8月，马穆鲁克人已经逃入上埃及——当时还很少为人所知的地区，而德赛将军正在发兵追击他们。

第18—19页图

学者们

安德烈·杜特尔特

这些就是为《埃及记叙》付梓出力良多的学者们。由上而下：约瑟夫·傅里叶（Joseph Fourier，1768—1830年），数学家、医生，埃及学会秘书，同样也是《埃及记叙》前言和某些章节的作者；多米尼克·维旺·德农（1747—1825年），艺术家、绘图员，在1802年出版了《上下埃及行记》（*Voyage dans la Basse et la Haute Égypte*）；弗朗索瓦·塞西尔（1766—1840年），工程师、绘图员，为《埃及记叙》绘制了包括封面在内的三十余幅绘画，被选为埃及协会的第一任主席；加斯帕·蒙热（1746—1818年），医生和数学家，被拿破仑任命为埃及学院的首任院长；安德烈·杜特尔特（1753—1842年），绘图员、雕刻师，曾绘制过埃及的许多遗迹并绘制了许多人像；克劳德-路易·贝托莱（Claude-Louis Berthollet，1748—1822年），化学家、医生，在科学界成果颇丰，他在埃及研究了天然碱的形成过程。

约有二十名学者参与了这场追击，他们在1799年2月2日抵达阿斯旺。这其中包括年轻的让-巴蒂斯塔·普罗斯佩·约卢瓦（Jean-Baptiste Prosper Jollois）、爱德华·维勒（Edouard Villier）以及“老兵”多米尼克·维旺·德农（Dominique Vivant Denon，关于其人之后会有更多篇幅进行记述），这些学者“跑向遗迹的样子就像士兵奔赴战场一样”。尤其是德农，在他游历埃及的时间里从未停下画笔——半跪在地上，抵在马背上，伏在战场上。他把他所见的所有景物都画了下来：风景、战斗、庆典、清真寺、各色人物，以及最重要的、伟大的古代遗迹。

由于他的画作表现了法国在埃及战争中极其有趣的一面，全面展示了埃及现代而又古老的面目，当他1799年返回开罗时，拿破仑对他的画作惊诧不已。

尽管德农自己已经完成了如此壮举，摆在学者们面前的任务却还有很多。在德农回到开罗的次月，根据拿破仑的命令，有两队每队十二人的考察团再次出发前往上埃及，他们肩负着探访并描绘所有遗迹的任务。一个月后，他们在旅程最南端的菲莱岛汇合，并开始顺尼罗河而下，北返开罗。

无论是随军行动还是被士兵护送，学者们都在进行地形勘测、描绘遗迹、测量石碑，并小心翼翼地临摹象形文字。但是他们并不总会成功。例如当他们被突袭而受到生命威胁时，只能被迫放弃手头工作，而且为了受到排成横列的军队保护，他们必须遵从那条著名却又让士兵们哄然大笑的指令：“驴和学者站在中间！”

在这种情况下，即使是临摹那些天书一般的象形文字，也是学者们竭尽全力在做的“表面工作”。而且在对遗迹进行理论层面的重建时，艺术家们也是尽其所能，将他们曾看到的其他遗迹上的装饰移花接木到想象中去。

事实上，学者们都已经尽力而为：例如，当他们的炭笔用完后，他们就匆匆熔化铅弹来代替，就是为了后代不会错过这些无价的文献记载。而且后代也不能忘记正是这些有勇气、经得住诱惑的学者，使文献免于落入英国人之手。

事实上，1801年9月3日在亚历山大城签订的远征军投降协定条款第十六条规定：“学会成员可以带走他们自法国带来的所有艺术工具；但是阿拉伯手稿、雕像，以及其他为法兰西共和国所创立的收藏应当被认定为‘公共财产’而移交给英军指挥进行处置。”此时代表法国远征军的自然学家杰弗里·圣希莱尔（Geoffroy Saint-Hilaire）和拉菲诺·德里勒（Raffeneau Delile）威胁，如果法国学

第19页右上图

帕赫里（Paheri）之墓

《古迹》篇，卷一，印刷图六十七

绘于阿尔喀布，位于伊德富（Edfu）和伊斯纳（Esna）之间

除了墙壁的装饰，逝者——一位第十八王朝重要的书吏——同样出现在壁龛中，位居他妻子（右）和他母亲（左）之间。图中还有一位埃及本地人愉快地抽烟斗。

第20页上图

德赛将军

安德烈亚·阿比阿尼

德赛将军于1799年2月1日抵达阿斯旺，借此占领了埃及全境。画中他在阅读拿破仑当日的军令，绘画现藏于凡尔赛宫博物馆。

者不能带走他们的“智力成果”——其中包括绘画、笔记，以及藏品——便将其付之一炬。而负责协商法军投降的英国将军哈金森考虑到由此带来的严重后果，允许学者们保留其所有文献记录和收藏品，但是附加一项强制条款：英国人将接管包括罗塞塔石碑在内的所有考古发现。

委员会的另一项重大成果就是遗迹（其中有些因为各种原因已经不复存在）的绘像。在本卷所记载的绘像和其描述中，我们加入了在19世纪上半叶被摧毁的遗迹。现代埃及的创建者穆罕默德·阿里因为急于摆脱之前几个世纪埃及所经历的“黑暗时代”，施行了一系列广泛的改革政策。但是因此，他对埃及的光辉过往并没有深刻认识，对古迹被毁不闻不问。

第20页中图

克莱贝尔将军

安托万·安希奥绘

在拿破仑离开埃及后，克莱贝尔将军是一位杰出的继承者（绘画现藏于凡尔赛宫博物馆），他在1800年6月14日被一位激进分子刺杀。几乎同时，德赛将军阵殁于马伦哥战役。

法国将军们的贡献

虽然学者们在古埃及的再发现中总是率先被论及，但是，法国将军们也为埃及战役之中的科学和文化成果贡献良多。在那些对古埃及历史和建筑感兴趣的将军中，至少有两位值得记述：路易·夏尔·德赛（Louis Charles Desaix，1768—1800年）和让-巴蒂斯塔·克莱贝尔（1753—1800年）。德赛将军指挥了进入上埃及的远征，为德农在尼罗河谷中探索和绘图创造了条件。这位年轻的将军运筹帷幄又才高八斗，还颇有艺术品位。他被认为发现了著名的登德拉黄道十二宫图。

克莱贝尔将军在埃及和叙利亚连战连捷，作为一个有文化底蕴、曾经学习过建筑的人，他提出了“合著”的想法，这标志着对埃及的考察进入了新阶段。1799年11月，他对自上埃及返回的两队学者所带来的绘画非常感兴趣，曾写道“这两队学者成果惊人，他们之间其乐融融、分工明确，人们对此只能惊叹不已。而最重要的是他们慷慨而充满爱国情怀地提议把所有信息组合成一部著作……”，这部关于埃及应该致力于“……传播文化，并成为配得上法兰西共和国的文化丰碑”。

这部巨作自然是日后的《埃及记叙》，拿破仑远征的最大遗产。物理学家傅里叶受命协调整理各项成果，但他不得不在1801年法国人离开埃及时中断书籍编撰，因此这本书在接下来的日子里，于巴黎完本付梓。

第20页下图

从沙中显露的斯芬克斯头部

《古迹》篇，卷五，印刷图十一

吉萨

背景中可以看到胡夫金字塔和其他稍小的金字塔。从拿破仑远征时代起，雕像便开始遭受缓慢的侵蚀。

第21页图

孟菲斯的遗迹

《古迹》篇，卷五，印刷图三

孟菲斯

孟菲斯坐落在开罗南方约30千米处，是古王国时期埃及的首都。由第一王朝的首位法老美尼斯所建立。画中几乎看不到残存的遗迹，只有一只由粉色花岗岩雕刻的巨手。前景中一位法国工程师和他的两个助手在一片棕榈林间开辟道路转运这件古物。巨手现藏于伦敦大英博物馆，背景中可见三座吉萨金字塔。

The Description de l'Egypte

《埃及记叙》概要

第23页图

《埃及记叙》

第一版封面

书中的某些细节暗示拿破仑是该书赞助人，例如这个由弗朗索瓦·塞西尔设计的封面，同时展现了埃及的伟大（封面图的中间包含了埃及的所有主要遗迹）和法国的军事胜利（封面图表现了拿破仑穿着战神马尔斯的外衣，站在战车上的形象）。

“长久以来，埃及是各种文学作品中描述的对象，但如今我们还未对埃及有精确和完整的认识。

我们所需要的，是一个伟大的事件、一个极好的环境（如一支无往不胜的军队），用以提供研究埃及所需要的资源和重视。这个国家，这个古典时代先哲们曾涉足的地方，是希腊人法律、艺术和科学的灵感源泉。

我们的事业，这一需要无数有着同样理想和目标的事业，本着如下的目的：描绘与描述埃及所富有的古代遗迹；观察并记述埃及的自然风光，为埃及绘制精确地图；搜寻古迹并学习当地风土人情、地理气候、地质地貌；搜集关于埃及社会史、科学史、艺术史的信息。

法国已经在军事上努力征服了这个国家，并在艺术上努力描绘了这个国家。大量的绘图师、画家、地质学家、机械师以及近四百名雕刻师为了将古代埃及的记忆和现代法兰西的荣耀融合而不懈努力。这本致力于描绘埃及浩如烟海的遗迹的书，本身就是文学、科学、艺术领域的皇皇巨著”。

在法国人从埃及败退后，1802年，法国驻埃及的领事宣布了本书的出版，但是埃及政府却损失了“远征期间所获得的科学和艺术成果”。这就是《埃及记叙》，一本由数学家、物理学家约瑟夫·傅里叶（Joseph Fourier）居中协调，由五十余位学者合力撰写，由约两千人的努力汇聚，历经约二十年所写就的巨著。才华横溢的法国学者尼古拉-雅克·康缇（Nicolas-Jacques Conté）为此研发了一种特殊的、更大的印刷机，人们在显色板上应用了新印刷方法和为遗迹雕刻特别设计的纸张。

在应用了需要大量数据的百科全书式方法后（不要忘记启蒙运动时期的名著《百科全书》），撰写文章的学者们汇集了古埃及、现代埃及、埃及自然历史等方面最完善的文献资料。至于其中碑文拓印，至今仍与其图注相得益彰。虽然对碑文的图注已经随着两个世纪以来埃及学的研究进展而显得过时，我们仍然可以说，是图注组成了《埃及记叙》这一巨著中最有趣的部分。

第一版

在1809—1828年于巴黎出版，本书第一版（又名《埃及记叙，或拿破仑大帝敕令刊印法军在远征埃及期间观察与研究总汇》，后称“帝国版”）由十章文字和十三章图注（其中包括两个补充章和一章地图集）组成。它被分为《古迹》（五卷）、《现代国家》（两卷）和《自然》（三卷）三部分。其中含有九百七十四幅碑文拓印（约七十幅彩色拓印），三千余幅绘画和图注。共印刷一千份。

自然学家圣希莱尔如此写道：“终有一天，艺术协会的巨作（指《埃及记叙》）会在后世人中，为我们踌躇满志冲向东方的浅薄正名。他们将会在了解如此多勇敢的法国士兵折戟埃及的历史后，因有此书而聊以自慰。”

书籍的《古迹》篇是全书最引人入胜的部分，因为它讲述了古埃及、托勒密王朝埃及、罗马统治下埃及的考古发现，涵盖了当时发现的，前伊斯兰时期的所有遗迹。书中对以上发现都有事无巨细的描述：图版在绘画技艺和精度上都登峰造极，而短小精悍的说明文字也是不可或缺的。图版的排布顺序自南向北，从菲莱岛直到地中海沿岸。

尽管如此，其他两部分也不容忽视。《现代国家》篇着力于中世纪和现代埃及、伊斯兰建筑以及直到18世纪埃及的风俗、艺术、手工制品和商贸活动。而《自然》篇中包含了对埃及动植物的描述

ALEXANDRIE
CHOBRAKIS
PYRAMIDES
SALAHIEH
SEDMENT
EL-ARICH
GAZA
NAZARETH
MONT-TABOR
SYENE
THEBES
ABOUKIR
N

和配图、矿物分类以及许多领域的研究成果，包括艺术、音乐等。每幅绘卷左下角都标有画师的名字，而中间和右下角标有雕刻师的名字。

而这幅（指第23页第一版封面）由弗朗索瓦·塞西尔所绘的画卷，极具象征意义地将法国影响下的埃及军事占领和考古发现融为一体。仿古的廊柱下，上方画框上的图像从左至右依次展示了：法国舰队驶入亚历山大港、一列代表科学艺术的女性形象、中间拿破仑以马尔斯的形象驾着太阳神的马车、其后是代表帝国的鹰徽和溃逃的马穆鲁克军队。尼罗河在最右边以拟人化的形象出现，似乎在观察这一切，身旁有一条代表埃及的鳄鱼。

在两边垂直的画框里包含了整场战争的重大战役、它们的纪念徽记以及法国人探索过的地区。底层画框里，在两个埃及风格的装饰画区之间，是由顺从或被征服的“土著人”组成的游行队伍以及皇帝的首字母。尼罗河和埃及的主要遗迹都出现在画面中央：在前景中，亚历山大城的方尖碑和“庞培石柱”之间，有一些文物被发现，。其中包括罗塞塔石碑、登德拉黄道十二宫图和底比斯的羊头“斯芬克斯”。在吉萨的狮身人面像之上，法国人所到之处林立在尼罗河两岸，直到最南端的菲莱岛。

第二版

1820年，出版商夏尔-路易·潘库克（Charles-Louis Panckouke）出版了《埃及记叙》的第二版，并将它题献给路易十八——这种行为缺乏绅士风度，却更有现实意义。这本书在1821—1829年出版，再次冲破一千本的发行量，其中包含二十六卷的八开本文集和十一卷摘自原书刻版的对开页画卷。这本引起欧洲人对埃及更大兴趣的书，至今被认为是埃及学的柱石。

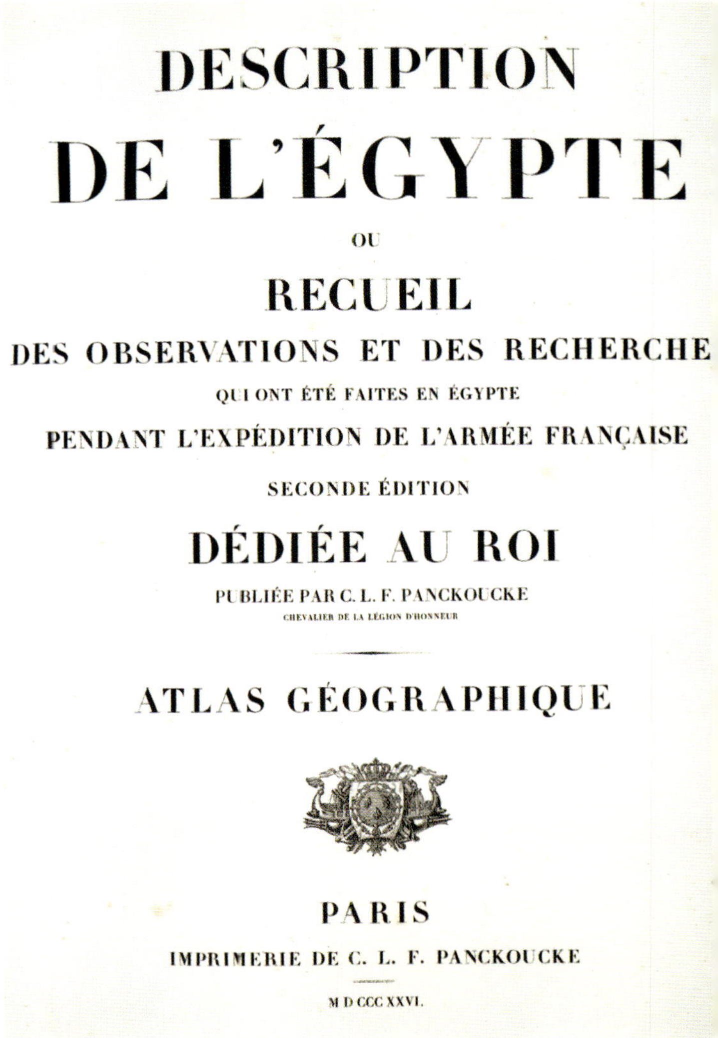
DESCRIPTION
DE L'ÉGYPTE
OU
RECUEIL
DES OBSERVATIONS ET DES RECHERCHE
QUI ONT ÉTÉ FAITES EN ÉGYPTE
PENDANT L'EXPÉDITION DE L'ARMÉE FRANÇAISE
SECONDE ÉDITION
DÉDIÉE AU ROI
PUBLIÉE PAR C. L. F. PANCKOUCKE
CHEVALIER DE LA LÉGION D'HONNEUR
ATLAS GÉOGRAPHIQUE
PARIS
IMPRIMERIE DE C. L. F. PANCKOUCKE
M D CCC XXVI.

这个标题页是由没有参与远征的潘库克构思的，页面颜色采用了埃及遗迹的主要颜色。在拿破仑倒台之后，体现神化拿破仑的部分理所当然被抹去。封面图中，前景是散落的遗迹，其中包括一个石柱的柱头、登德拉黄道十二宫图、拉美西斯二世的头和一具石棺。画面中央，在石柱和方尖碑之间，是底比斯城的遗址和尼罗河沿岸的其他遗迹。在两个石柱之间，法国学者们在左边进行考察，德赛将军在右边准备进军上埃及。远景中仍可以看到菲莱岛。

第24页图

《埃及记叙》

第二版封面

第二版封面仍旧融合了埃及的文化遗迹和法国的军事胜利，即使这些帝国的象征在拿破仑战败后被悉数抹去。画面中央，领兵的德赛将军代表了对法国殖民力量的颂扬。他们被一些主要的埃及遗迹环绕，遗迹旁有不知名的学者在观测。

第25页图

《埃及记叙》

《地理图集》，印刷图二

这幅图属于《地理图集》——《埃及记叙》第二版的增补卷之一。第二版在1821—1829年于巴黎出版，虽然不如第一版知名，但它仍风靡全欧洲，并且被认为是埃及学的里程碑。

最著名的学者

在返回法国之后，东方军团几乎所有学者——甚至包括将军和士兵们——都发表了关于他们在埃及生活的报告和旅行笔记。顿时就有铺天盖地的回忆录，事无巨细地记载了军事、日常、遗迹等方方面面的内容。

到今天为止，除了《埃及记叙》之外最著名的作品，当属德农的《上下埃及行记》(以下简称《行记》)。德农也因此成为拿破仑远征时期最著名的人物。虽然我们无法囊括他写下的全部事件，更遑论他对所到之处的描写，但我们会“重走”他的旅途，简要提及一些章节。

多米尼克·维旺·德农（1747—1825年）是一位饱学之士、前外交官、艺术家以及一位成功加入远征的旅行者，后来又成为某种意义上的“战地记者”。他是率先完成埃及巡游的法国学者之一。1798年10月，当德赛将军即将发兵追亡逐北，清剿马穆鲁克从而完成对埃及的全境占领时，他离开开罗并加入了德赛将军的队伍。

尽管德农已经年过半百，却显得比许多士兵更吃苦耐劳。他挺过了沙漠中的艰苦行军，熬过了一场眼病，撑过了上埃及的骄阳似火。

他对埃及的建筑和雕刻艺术非常感兴趣，因

此在探索的途中不停地用画笔记录。又因为经常一个人工作，不得不面对许多困境。他步行，骑马，骑骆驼，笔耕不辍，正如他所说的：“……大多数时间以我的膝盖（顶住画板），站着，甚至在马背上：我从未按照我想要的方式完成过一幅画，因为一整年来我从未找到过一张能放下尺子的平整桌子。”

德农曾经多次遇险，但是由于足够幸运，也幸亏法军军官和士兵的保护与配合，他总能化险为夷。1798年12月，当他向上埃及进发时，曾经在荷莫波里斯（Hermopolis）稍作停留，在那里他看到并画下了一座神庙（如今已不复存在）。翌年1月，法军抵达登德拉，在那里，德农被一座用来祭祀女神哈托尔的神庙迷住了。“我本想把它的全貌都画下来，”他在旅行日记中写道，“但我不敢。由于我对眼前的景象一时无法适应，我知道我所画下的任何一笔都是在贬损它的壮美。我从未像这样被如此多的遗迹环绕，被它们搅动我的想象力。我觉得我像——事实上我确实是——在艺术和科学的圣殿之中。在看到这座今古奇观的那一刻，我的思绪就飞跃了许多个时代！一个民族要花费多少个世纪才能达到如此成就，达到如此完美和崇高的艺术生产水平！”

几天之后，在尼罗河西岸行进的德赛军，在河对岸发现了一座巨大的遗址：传奇的，古老的底比斯。之后令人难忘的一幕发生了：当法国士兵们抵达遗址时，他们站住了，不约而同为眼前的景色鼓掌。“我画了第一幅画，”德农写道，“就像我生怕底比斯会从我的眼前消失。而为了画另外一幅画，感谢那些士兵的热情和思虑周全，他们用自己的膝盖为我作桌子，自发围住我来遮挡刺目的阳光，好让我安心作画。”

德农以不竭的精力和对知识的渴求继续着他寻找遗迹的旅程。他随军到达了很多城市，包括伊德

第26页上图

卢克索的阿蒙拉神庙

德农绘

当德农写下《行记》的时候，神庙的入口仍然半掩在黄沙之中。直到20世纪初才被清理干净。

第26页下图

德农像

这是德农年轻时的样子。因为作品脍炙人口，他被认为是“埃及学之父”。

第26—27页图

希拉康波里斯（Hierakonpolis）古城遗址

德农

德农将自己以在黄昏时绘制希拉康波里斯的画家形象融入画中。这里是古城尼肯，坐落在伊斯纳和伊德富之间。画面中还能见到德农的助手们和一些骑着单峰骆驼的当地人。

第27页上图&中图

卢克索和荷莫波里斯的神庙

德农

另外两幅来自这位勃艮第人的画卷。分别展示了从尼罗河视角看卢克索神庙群（上图）和中埃及的荷莫波里斯神庙（中图，原址已不复存在）。

富、阿斯旺，以及他们的终点，菲莱岛。1799年2月，他在返程的途中经停考姆翁布（Kom Ombo，一译康翁波），得以再返回卢克索和卡尔纳克神庙方尖碑的怀抱（“埃及建筑中最完美最优雅的成就”）。

1799年7月，德农携超过二百幅画作返回开罗，这些画作包罗万象，包括：战役、遗迹、街道、风景、庆典、动物、各种物件，以及名人、匠人、农民的画像。在埃及协会的一次会议上，他发表了一篇报告，由此语惊四座。拿破仑亲自看了他的画作，并被它们深深吸引住了，甚至立刻决定再派两支考察队进入上埃及。次月，德农和拿破仑、蒙热、贝托莱等人一同离开了埃及，几周后回到了巴黎。在按顺序整理了他的作品后，1802年他出版了《行记》，全书分上下两册，对开本，包含一百四十二张版画——他也是当时第一个出版自己见闻的学者。

作为一位跨越启蒙思想和浪漫主义时代的编年史学家，德农将古埃及和伊斯兰时期的遗迹展现在欧洲人眼前，冲淡了人们对拿破仑远征失败的记忆。

《行记》的特点是非常精确的描绘和趣味盎然的评论（甚至有时候比图注更好）。尽管它没有系统性的归类，却是那时关于埃及最完整的图集。它的畅销让德农声名鹊起，以至于在整个19世纪，约有四十个版本的《行记》问世，包括重印本和译本。

因此不难想见，《行记》对于古埃及的再发现有着至关重要的作用。此外，它是《埃及记叙》的先声，它标志着“古埃及风”这种审美和文化潮流在几十年间风行欧洲、家喻户晓。而且它为埃及学这门新学科的兴起立下了汗马功劳。但这是后话了。

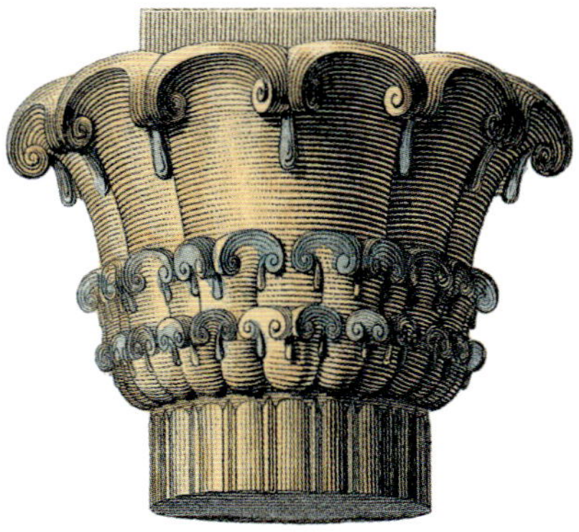

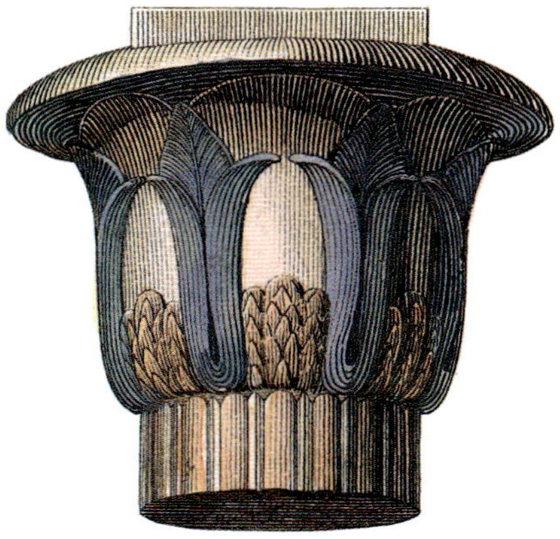

第28页&第29页图

《行记》的部分细节

德农的《行记》中有许多细致入微的绘画。本页从上至下，从左至右，有两个立柱的柱头，登德拉黄道十二宫图，以及一个刻有爱神哈托尔（Hathor）的立柱上半部。右边一页，德农绘制了“庞培石柱”（左）和“克里奥佩特拉之针”（右）的其中之一，两个遗迹均来自亚历山大城。外侧框架绘有从底比斯的墓葬中摘录的图像，下方是对吉萨狮身人面像测量现场的复制。

第30—31页图

伊西斯神庙中的多柱房间

《古迹》篇，卷一，印刷图十八

菲莱岛

19世纪初，装饰着多柱房间内部的精美壁画还清晰可见，正如图中所画。遗憾的是，现在已经几乎不复存在。

Denon del. I. Pass sculp.

A View of the Sphinx at the Pyramids at Gizeh; a Patera, charged with the Portraits of Osiris and Isis, and Sculptures of Egyptian Musicians. Pompey's or Dioclesian's Pillar; and Cleopatra's Needle.

London Published as the Act directs July 18.th 1804 by J. Wilkes.

Antiquités Volume 1

《古迹》篇，卷一

第32—33页图

西北向总览

《古迹》篇，卷一，印刷图二

"在进入这片平原的一刹那，人们就会立刻注意到菲莱岛。被树林环绕的巨大遗迹，河中水光潋滟，岸边植被丰茂。一切的一切都构成了一幅绝美的画卷，尤其在人们刚刚走出绝谷之后。"（《埃及记叙》，卷一，第10页）

这是学者们在抵达他们旅程最南端时的第一印象。这是1799年2月。被巨大花岗岩围绕的整个考古现场，都似乎荡漾在尼罗河的微波中。

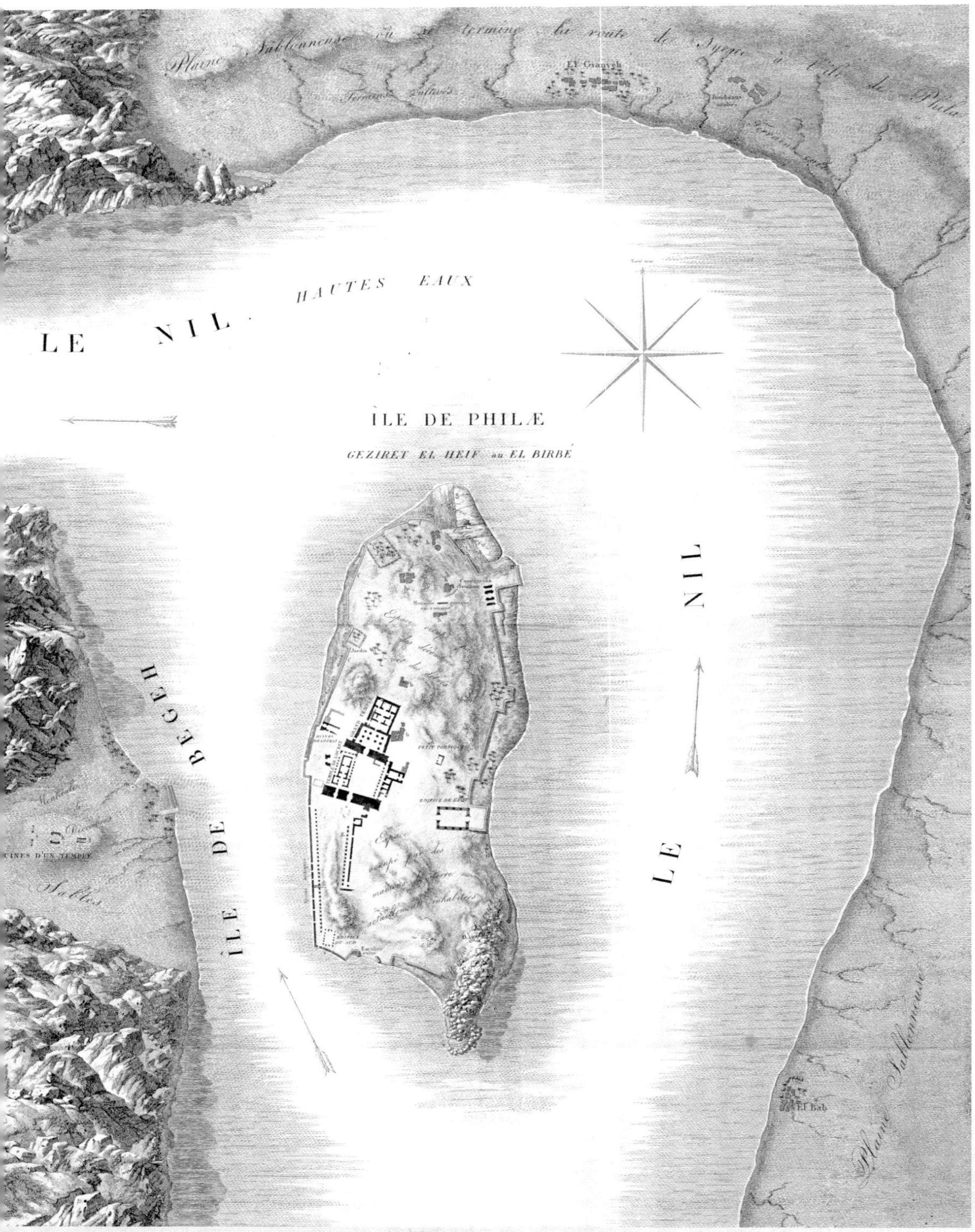

第34页上图

平面图

《古迹》篇，卷一，印刷图一

菲莱岛

地图展示了菲莱岛和它的周边环境。左边可以看到有着大块花岗岩的毕佳岛。它被用来祭祀奥西里斯（Osiris）——冥界之王，伊西斯的配偶。

第34—35页图

遗迹总览

《古迹》篇，卷一，印刷图四

菲莱岛

尽管岛上的建筑从公元前6世纪就开始建造，但直到托勒密王朝（即公元前323年亚历山大大帝去世后统治埃及的王朝）时期才建成。在这之后，罗马皇帝诸如提比略、哈德良、图拉真等都曾对主建筑群进行加盖。图中央是神庙的两座塔门，右侧是图拉真敕造的建筑遗存，左边尚存其他遗迹。在整个画面中，都有当地人的房屋和生活痕迹，这些人直到拿破仑远征时仍在那里居住。

第35页上图

东北向总览

《古迹》篇，卷一，印刷图三

菲莱岛

菲莱岛坐落于阿斯旺和尼罗河第一瀑布以南2千米的地方，因它的自然环境极其优美，从古典时代起就享有“尼罗河上的珍珠”之称。但除了地理因素，它也因为和伊西斯神庙的紧密联系而享有盛名，尤其是在希腊—罗马时代。画中右侧是托勒密王朝时期的伊西斯神庙，左边是“图拉真亭”。远景右侧是毕佳岛（用以供奉大地之母伊西斯的配偶——奥西里斯）的花岗岩。

第36—37页图&第36页下图

剖面图和视图

《古迹》篇，卷一，印刷图六

菲莱岛

图中展示了伊西斯神庙的第一座塔门，下层壁画绘有托勒密十二世（著名的“埃及艳后”克利奥帕特拉之父）象征性地用棍棒击打对手。包括哈索尔、伊西斯和荷鲁斯（Horus，复仇之神，法老守护者）在内的诸神形象被如实绘制了下来。

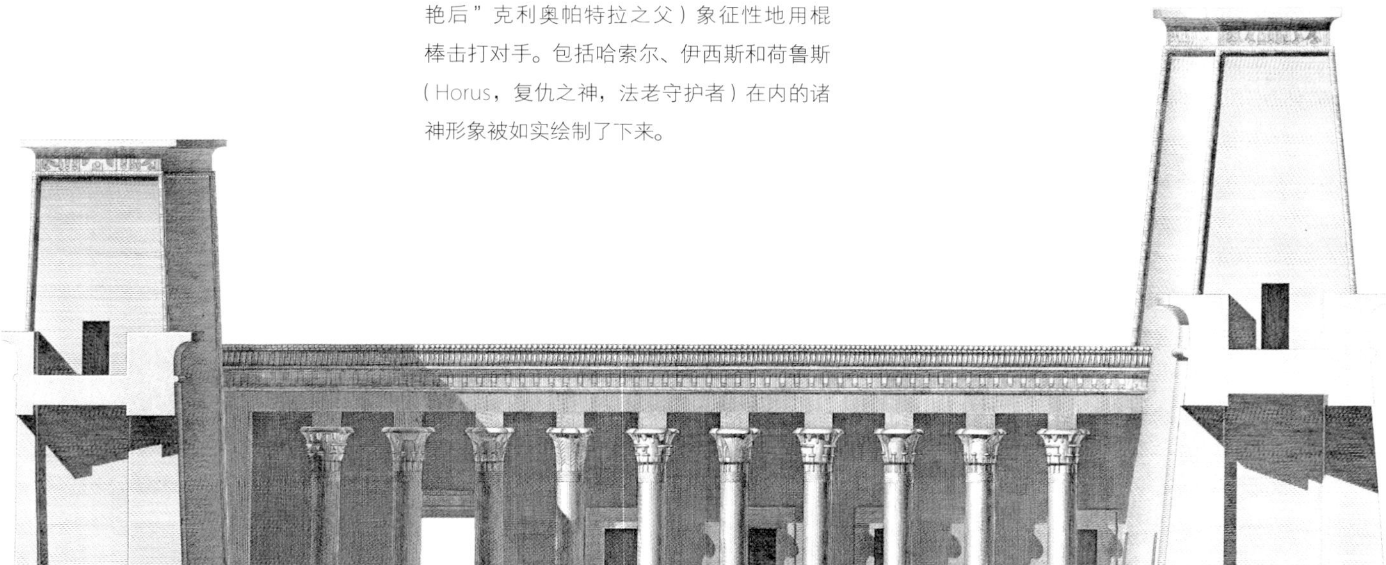

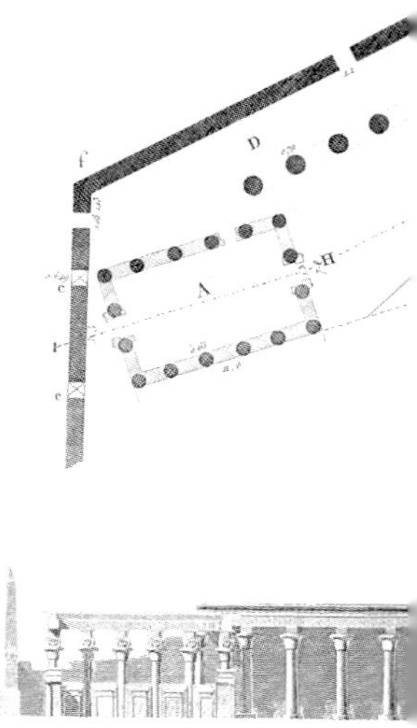

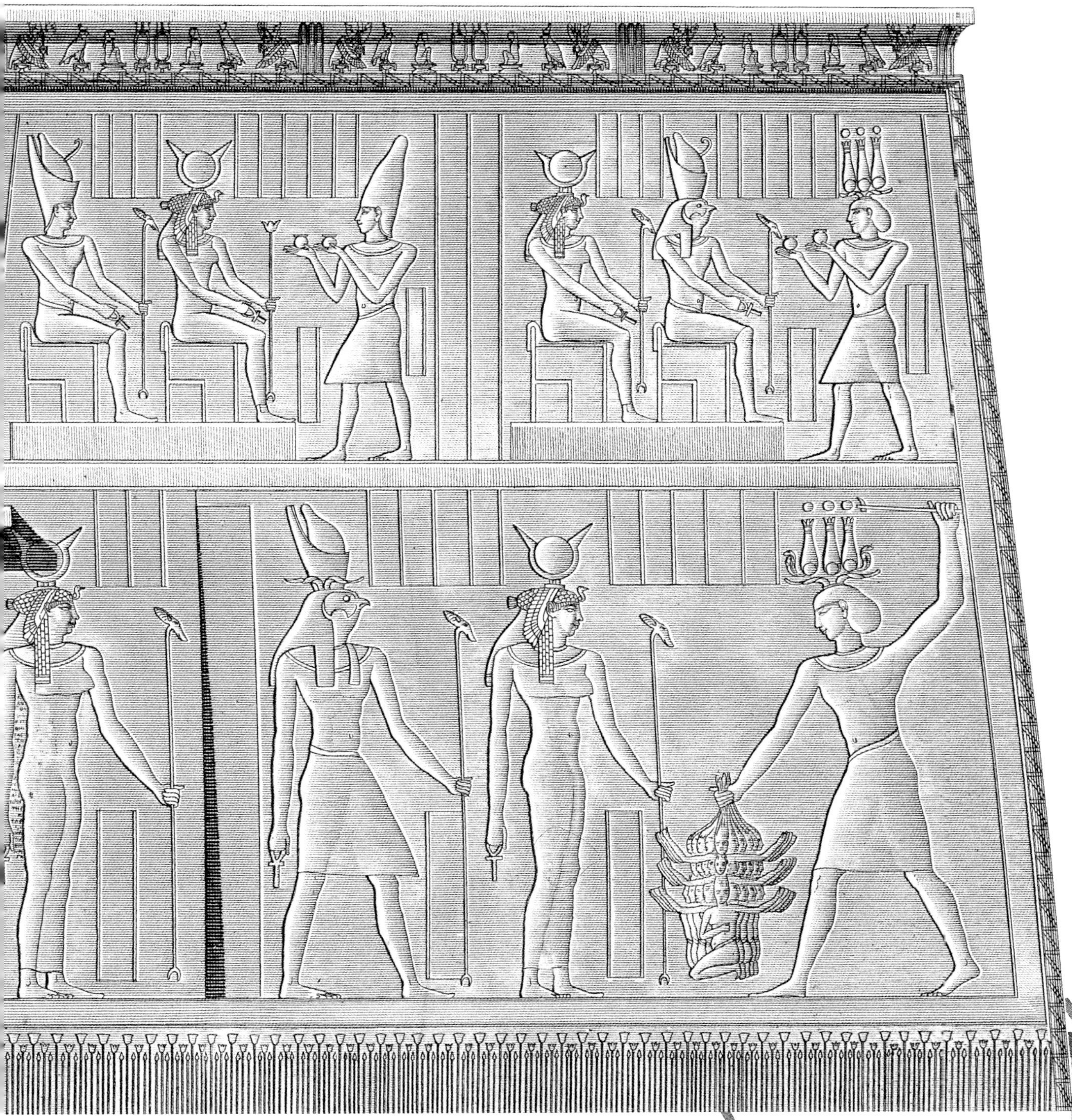

第37页下图

平面图和剖面图

《古迹》篇，卷一，印刷图五

菲莱岛

这个考古遗址的总平面图还包括了法国学者们绘制的某些建筑的纵剖面，和他们想象中的“重建图”。

第38页上图

不同建筑的下层浮雕

《古迹》篇，卷一，印刷图六

菲莱岛

这是在伊西斯神庙底层多柱式大厅中的浮雕，描绘了国王托勒密八世向诸神祭献。如左图的克努姆（Khnum，尼罗河源头之神）、其配偶萨提特（Satet，尼罗河洪水之神）以及其他众神，如阿图姆（Atum）的子女，右图中的舒（Shu，风与空气之神）、泰夫努特（Tefnut，雨水之神）。每一位神都戴着象征其神格的冠冕。

第38—39页其余图

不同建筑的下层浮雕

《古迹》篇，卷一，印刷图十三

菲莱岛

这些浮雕代表了众神与统治者，来自神庙的东侧柱廊以及西侧诞生殿。诞生殿，来自科普特语单词mammisi，意为“出生地”，被商博良用来指代托勒密王朝时期与大型圣所相连，但在规模和重要性上略逊一筹的建筑。诞生殿通常用来崇拜伊西斯的母性，以及其子荷鲁斯。

第40—41页图

西侧庙宇

《古迹》篇，卷一，印刷图二十四

菲莱岛

版画前景是一座诞生殿，同样用来崇拜伊西斯的母性。神殿两侧的塔门部分可见。

第40页下图

第二座塔门

《古迹》篇，卷一，印刷图十七

菲莱岛

在内庭花园前的塔门上，浮雕和装饰都清晰可见。法国艺术家绘图的细致入微由此可见一斑。

第41页上图

东侧建筑全景

《古迹》篇，卷一，印刷图二十八

菲莱岛

这座建筑又称“图拉真亭”，是古埃及建筑艺术最后的荣光。这座优雅、和谐的遗迹是在96年前后为罗马皇帝图拉真修建的，当时埃及已经臣服于罗马帝国多时了。这座未完成的建筑有十四根立柱，配以优雅的复合柱头。

第41页下图

东侧建筑与其他遗迹

《古迹》篇，卷一，印刷图二十五

菲莱岛

图中从左至右可以看到东侧庙宇和“图拉真亭”。这一时期的画作中经常出现穿着西方人服饰的参观者，画师以此让读者直观感受到建筑的尺寸。

第42—43页上图&第43页下图

景色

《古迹》篇，卷一，印刷图三十二

阿斯旺

第42页下图

阿蒙霍特普三世的神庙

《古迹》篇，卷一，印刷图三十四

象岛

图中展现了古希腊和古罗马人口中的“希尼”和通向努比亚的象岛（Elephantine）。位于开罗以南950千米的阿斯旺，今天虽然是上埃及的主要旅游目的地，但在拿破仑远征的时代，这里只是一个村庄和一个非洲内陆货物的集散地。在法老时期，阿斯旺因出产花岗岩而闻名。

象岛在尼罗河上一直绵延了1.5千米。在古典时代，象岛是通往非洲中心的门户，是一个繁荣的商埠。这里曾经有数座遗迹，但几乎都没能留存到今天。这座位于岛南端的小神庙是第十八王朝法老阿蒙霍特普三世敕令建造的，被用来祭祀第一瀑布之神库努姆，毁于1822年。神庙的遗迹尚存有一段楼梯，和一座疑为奥西里斯的神像。岛北端有另一座献给法老图特墨西斯三世的神庙同样毁于1822年。

第43页上图&中图

阿蒙霍特普三世神庙的下层浮雕

《古迹》篇，卷一，印刷图三十七

象岛

19世纪，在现代阿斯旺城建造的过程中，神庙和其内部的浮雕都悉数被毁。浮雕中的场景是阿蒙霍特普三世（他的王名圈在雕刻中出现了两次）和他的妻子提（Tiy）对载有阿蒙拉的船进行祭祀。以及有羚羊头的女神萨提特将法老引荐给她的配偶，有着公绵羊头的库努姆。

第45页上图

诞生殿下层浮雕

《古迹》篇，卷一，印刷图四十五

考姆翁布

距大神庙不远处，原先有一座小神殿。神殿的墙壁上装饰着代表统治者与众神的浮雕，其中包括贝斯（Bes，右上角），一个长着胡须的矮人。尽管他其貌不扬，表情戏谑，但他能保护家庭、男人和分娩中的妇女免受邪恶影响。

第44页上图

两座神庙

《古迹》篇，卷一，印刷图四十六

考姆翁布

法国艺术家们对考姆翁布的神庙及其附属诞生殿（左）的想象复原。右侧是托勒密十二世时期的墙体和大门。几个世纪以来，前景中的尼罗河侵蚀了河岸，对遗迹造成了巨大的破坏。

第44页中图

岩石神殿

《古迹》篇，卷一，印刷图四十七

吉贝尔 阿尔-希尔西拉（Gebel al-Silsila）

这个考古遗址坐落于阿斯旺以南65千米的尼罗河两岸，因为产出了上埃及神庙的建材——砂岩而著名。该地的阿拉伯语名意为“有锁链的山”，据说得名于该地横跨尼罗河的一条铁链，过路船只均要在此缴费。这里有两座岩石凿成的神殿，入口可以在图中看到，分别属于第十九王朝的两位法老——麦伦普塔赫（Merneptah，拉美西斯二世之子）和拉美西斯二世。

第44—45页图

大神庙

《古迹》篇，卷一，印刷图四十

考姆翁布

这就是东征时期考姆翁布（位于阿斯旺以北约40千米）神庙遗迹的样子。这座遗迹可追溯到托勒密—罗马时代，由两座圣殿组成，分别供奉猎鹰头的“古神”荷鲁斯和鳄鱼头的索贝克（Sobek）。画中还有正在准备晚餐的当地人（右），一名正在接近寺庙的法国学者，以及一名正在巡逻的士兵（左）。

第46—47页图

总览

《古迹》篇，卷一，印刷图四十八

伊德富

伊德富坐落于卢克索以南百余千米的尼罗河西岸，它因为荷鲁斯所造的美丽神庙而著称。在托勒密王朝建立（约公元前300年）后，古希腊人在埃及将希腊多神教与本地宗教融合，并把太阳神阿波罗与本地神荷鲁斯对应起来，自此之后伊德富被希腊人

称作“大阿波罗诺波里斯”（Apollonopolis Magna，即伟大的太阳神之城）。在伊德富，这位伊西斯和奥西里斯之子被以太阳神供奉，在浮雕中的形象可以是猎鹰或者猎鹰头的人。这座神庙于公元前237年在托勒密三世的敕令下修建，直到两个世纪后埃及已经属于罗马时才宣告完工。这就是这座遗迹在法国探险队眼中的样子：半掩在黄沙中，就如几个世纪以来那样。神庙门前和多柱式主殿屋顶上布满了乱石和简陋的民居。画面左侧梧桐树下还有一口水井。

第48—49页图

荷鲁斯神庙

《古迹》篇，卷一，印刷图四十九

伊德富

“我疾驰而过，经过队首的士兵，在最后一缕夕阳抛弃神庙之前到达。这一次，我几乎只有时间骑着马在这座神庙里走来走去：它的宏伟程度、壮丽程度和保存完好程度都超过了我生平在埃及和其他地方所看到的一切建筑。它在我心中留下了和它的建筑一样伟大的印象。”（德农《行记》卷一，开罗，1989年，第124页）。以尼罗河为背景，这幅画将神庙的壮观表现得淋漓尽致：长140米，塔门高36米。在一座帐篷边是法国探险队的部分成员和一些正在准备午餐的本地人。这座神庙建筑完整、装饰繁复，是埃及保存最完好的寺庙。

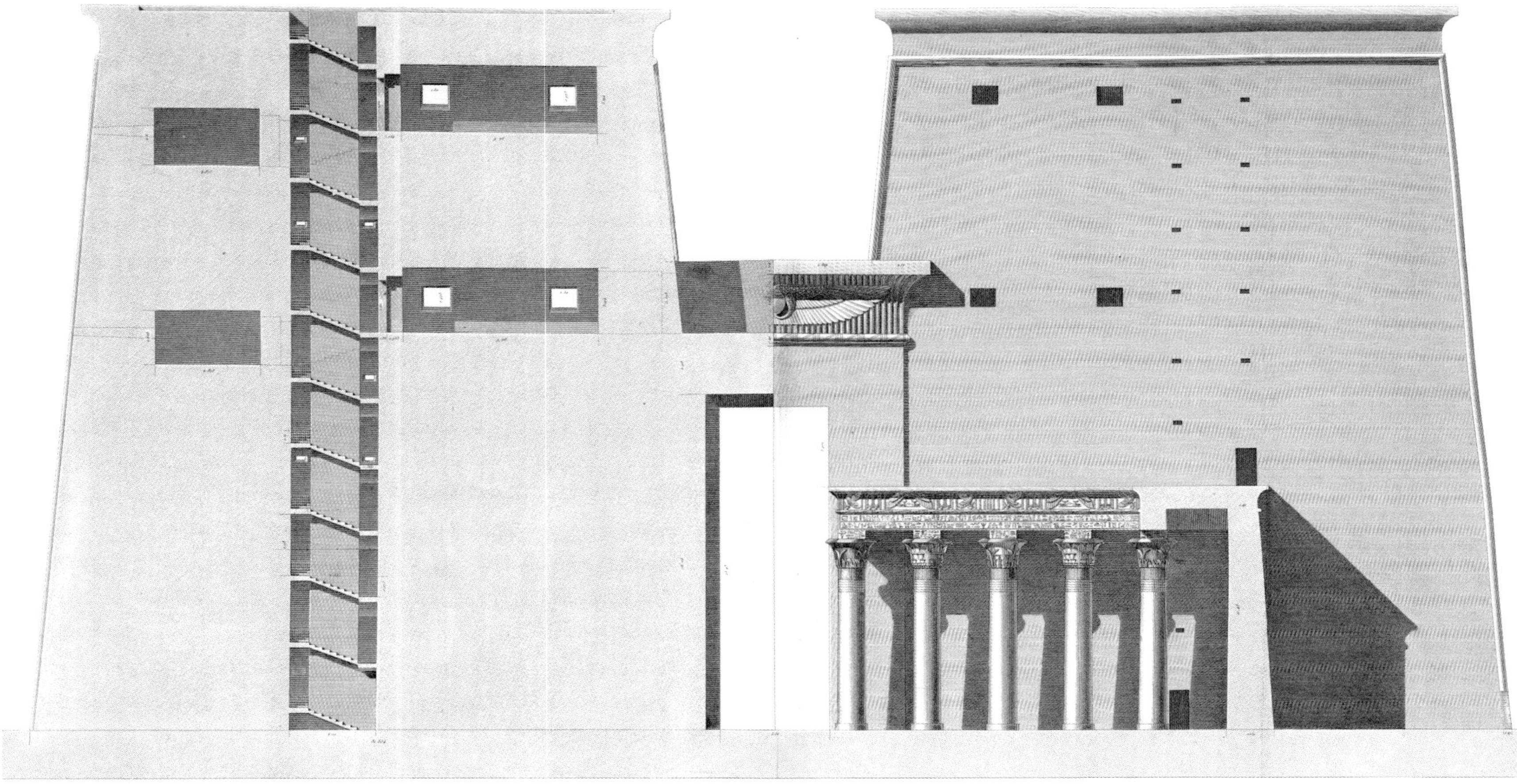

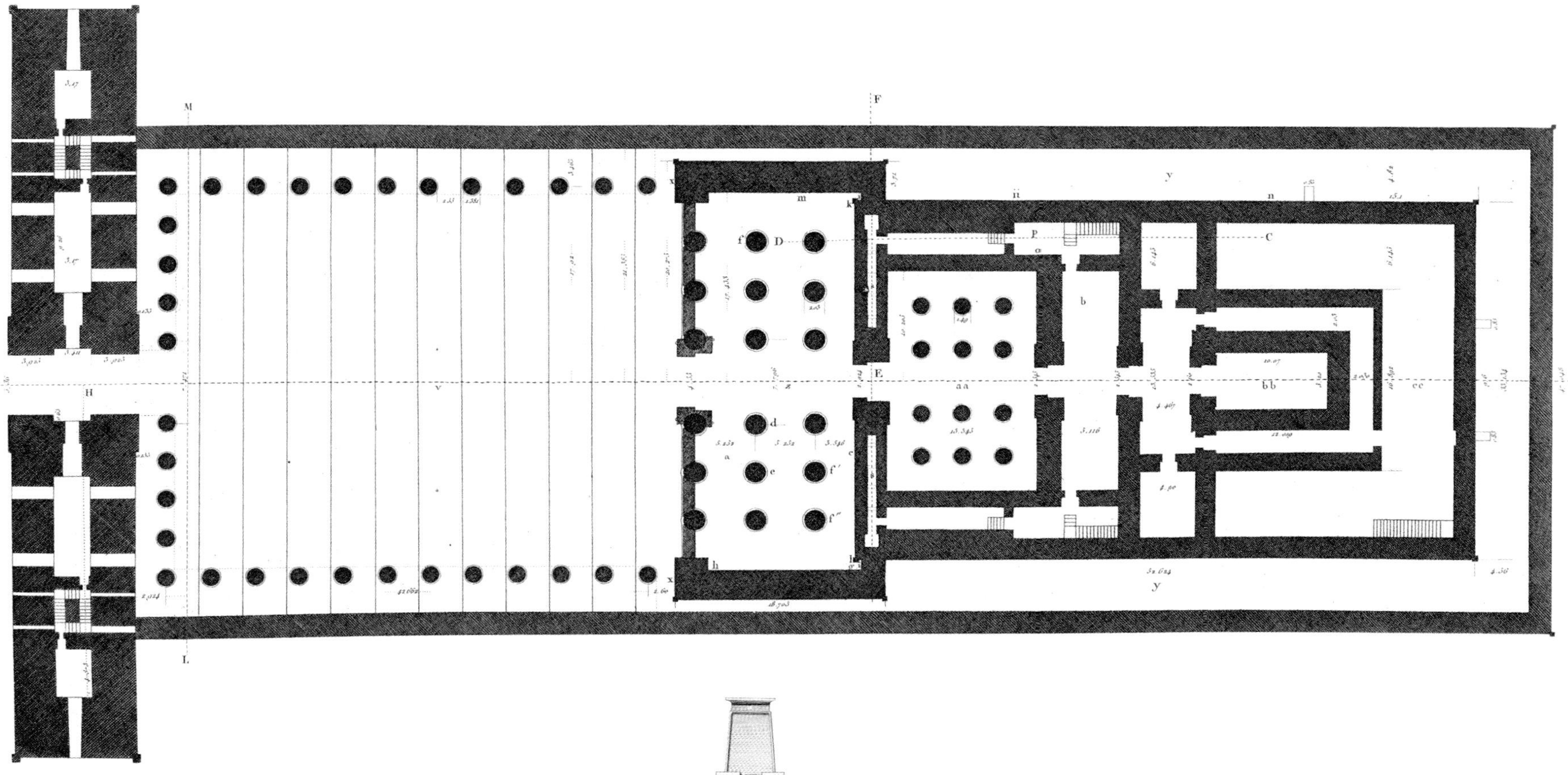

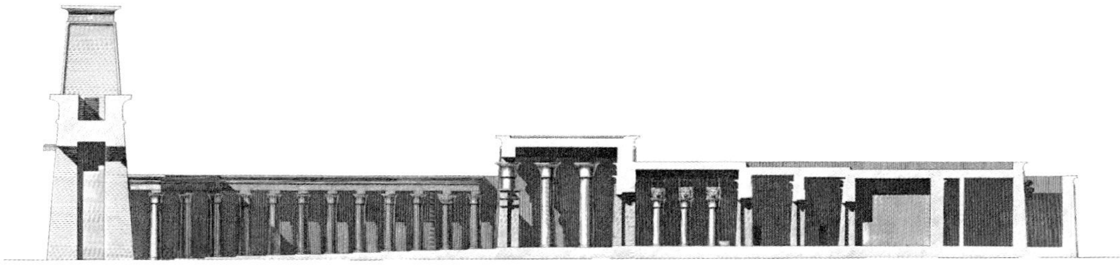

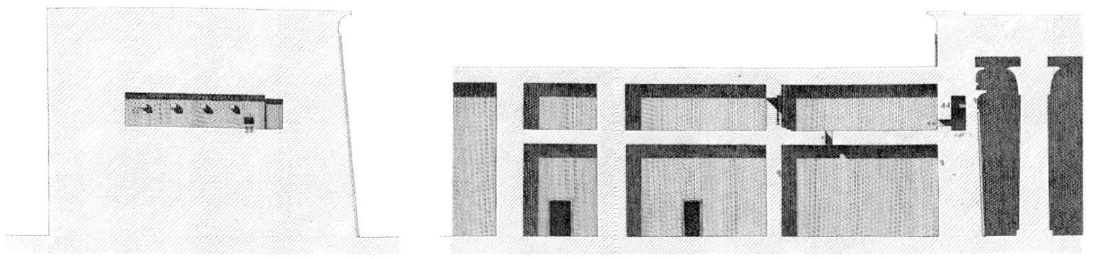

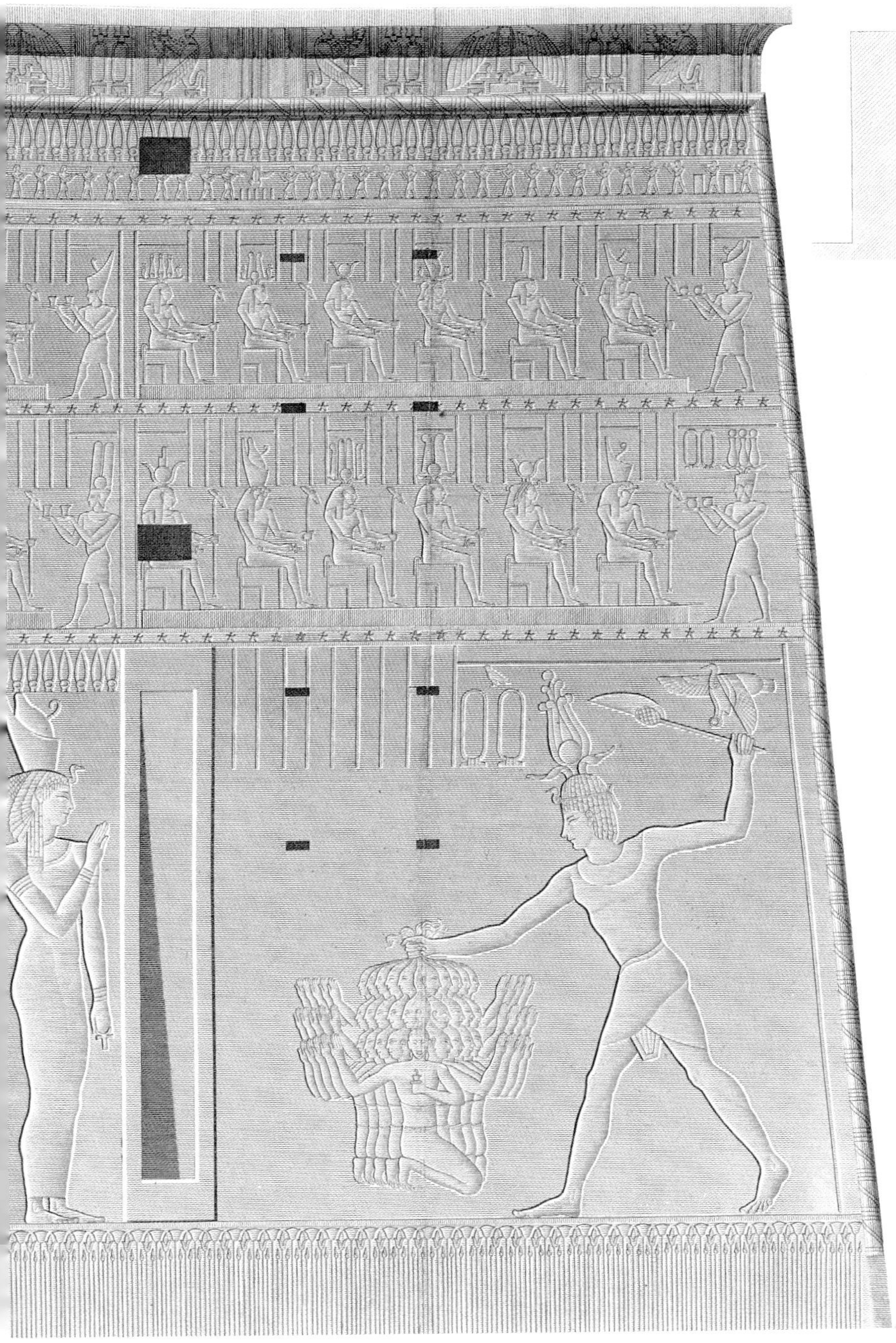

第50页上图

神庙的剖面图和视图

《古迹》篇，卷一，印刷图五十二

伊德富

法国学者绘制的这幅图显示了两座四棱台构成了塔门，还描绘了神庙内部通向顶部的楼梯间。

第50—51页图

神庙的视图

《古迹》篇，卷一，印刷图五十一

伊德富

这是法国艺术家们在想象中刨开掩埋了建筑几个世纪的砂石瓦砾后的遗迹入口。浮雕中一个反复出现的主题是法老在一位或多位神面前献祭战俘。

第51页上图

神庙的平面图和剖面图

《古迹》篇，卷一，印刷图五十

伊德富

新王国时期的建筑法式一直沿用到了托勒密王朝时期。“众神居所”的特点是图中从左到右所示的一个塔门。接着是一个巨大的露天庭院，三面分别是一个有三十二根柱子的柱廊、一个门廊和一个前厅（内部有十二根带华丽柱头装饰的立柱）。前厅是显贵的专区。还有一个带十二根立柱的多柱式大厅。神庙的建筑群中还有其他较小的房间，包括内殿（神庙中最神圣的部分），其中立有神像。只有法老和大祭司才能在执行日常仪式时进入内殿。

Lepère Arch. del.

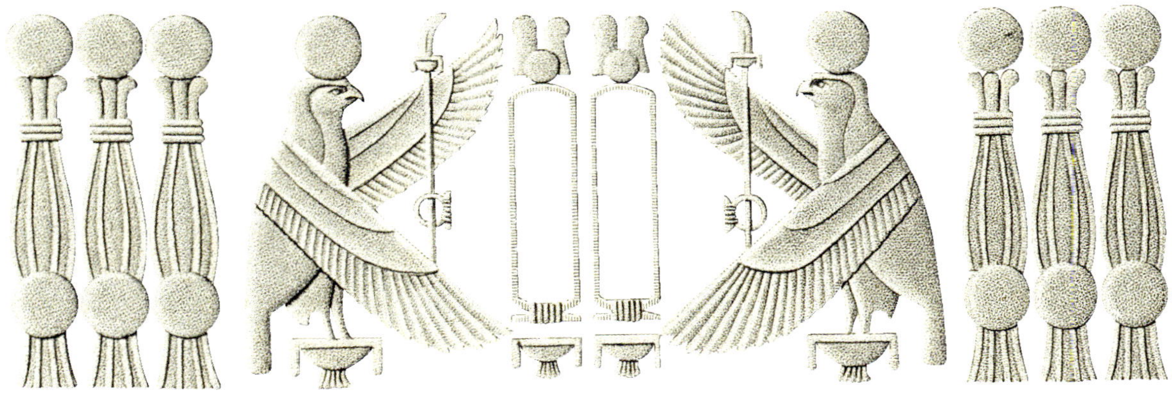

第52—53页图

门廊正面观

《古迹》篇，卷一，印刷图五十三

画中展示了门廊的正面，以及一排有雕花柱头的立柱。由于雕花有部分毁损，故而法国艺术家们在画中根据他们在其他地方所见的类似遗迹进行了增补。

第52页下图

多柱式大厅内景

《古迹》篇，卷一，印刷图五十五

伊德富

从内部看被沙石掩埋的大厅，更能感受到柱头的装饰精美。柱头和柱身的雕花都是植物主题的纹路——典型的托勒密王朝风格。画面中还有两位本地人，穿着当时的典型服饰。大厅内部一直被巨量的黄沙掩埋，直到1860年，法国埃及学家奥古斯特·马里埃特（Auguste Mariette，1821—1881年）决定移除内部的沙石，人们才能看到大厅的全貌。

第53页中图&右图

雕花与装饰

《古迹》篇，卷一，印刷图五十八

伊德富

多柱式大厅内许多立柱的浮雕都展现了献祭和宇宙的场景。这些细致的版画中可以看出装饰的基本图案。

第54—55页&第55页下图

塔门与内庭

《古迹》篇，卷一，印刷图六十一

伊德富

这幅画展示了塔门的背面观，可以看到它由两个削去顶部的四棱台和中间的庙门组成。两边的浮雕都展现了法老向不同神祇献祭的场景。广大的内庭被列柱廊环绕，廊内共有三十二个立柱，每个柱头的装饰都不一样。

第54页下图

诞生殿全景

《古迹》篇，卷一，印刷图六十五

伊德富

在大殿对面有一间保存程度较差的小殿——诞生殿。雕花立柱的柱头刻有贝斯神的形象，他是一位相貌丑陋的家神，被认为是孕妇和新生儿的守护神。由于外侧装饰全部毁损，故而法国艺术家们就根据类似建筑的雕刻法式进行了假想重建。

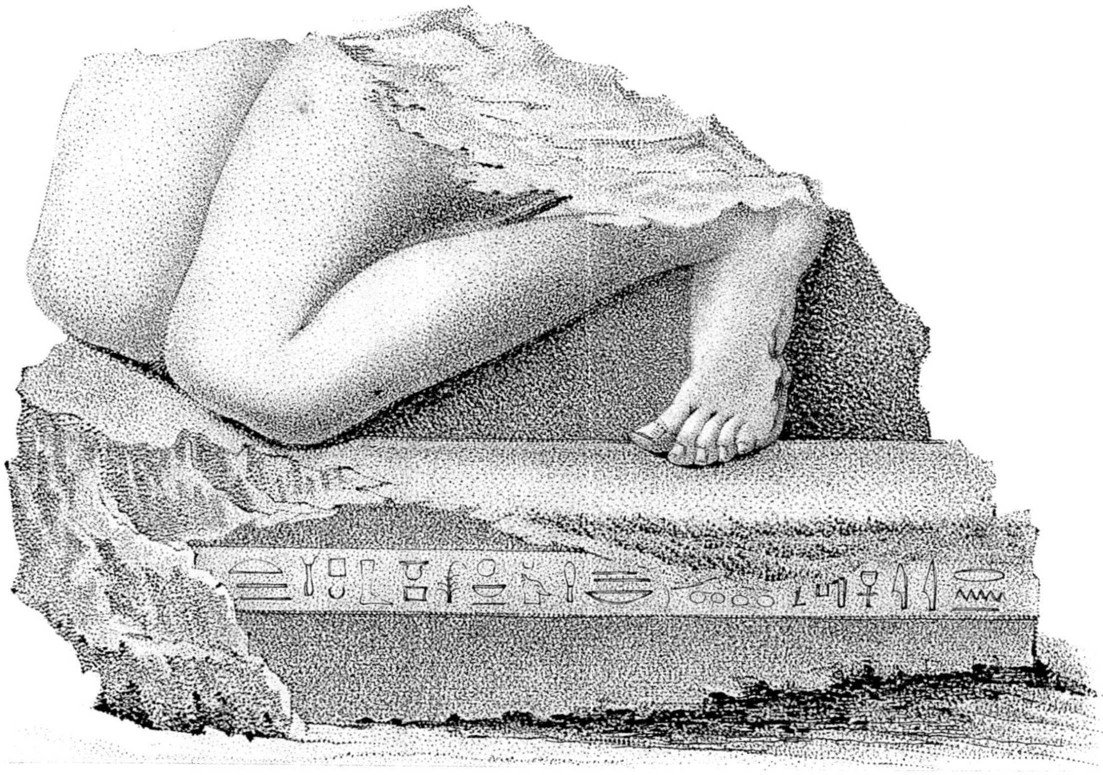

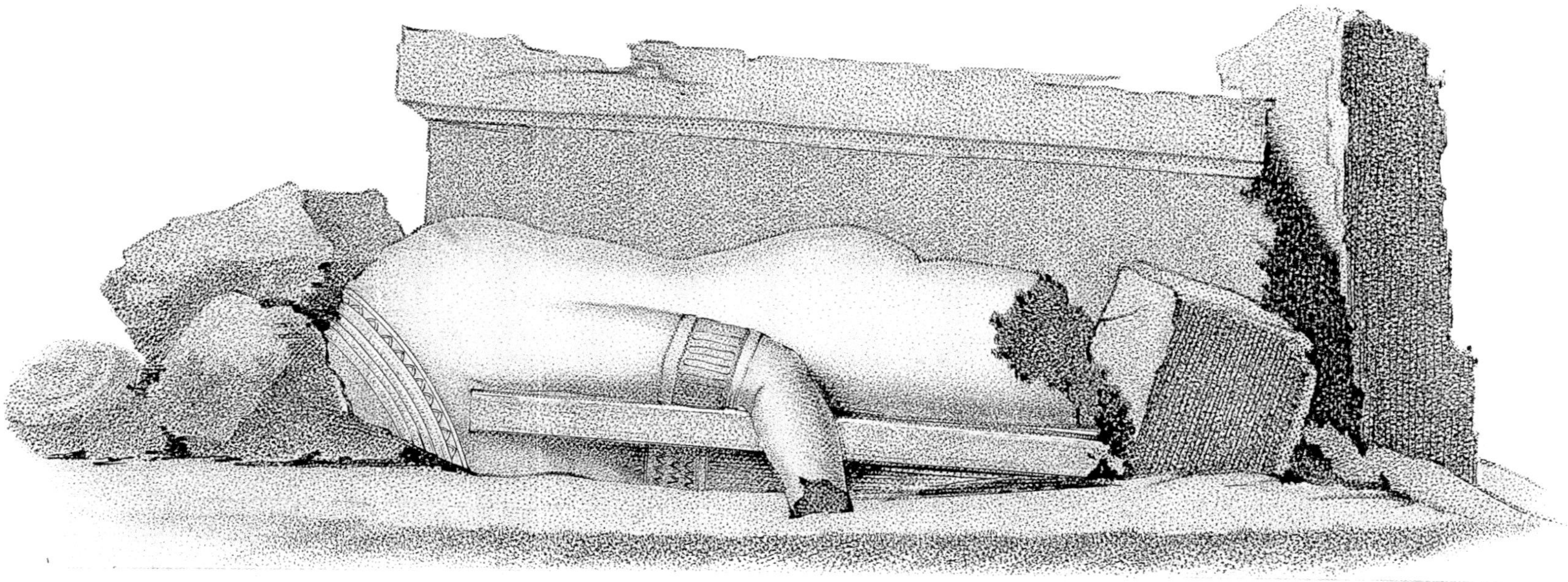

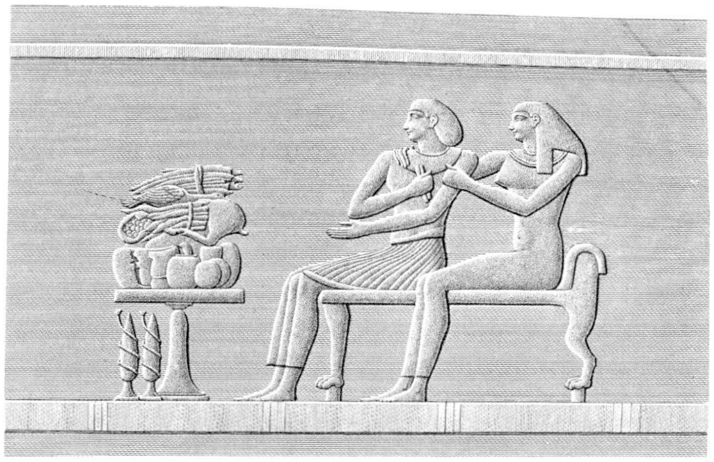

第56—57页图

下层浮雕和残片

《古迹》篇，卷一，印刷图六十九

阿尔喀布

现代的阿尔喀布城，古希腊人称之为“厄勒提亚斯波里斯”（Eileithyiaspolis，厄勒提亚为古希腊神话中司生育的女神），它坐落于伊斯纳和伊德富之间的尼罗河东岸，是埃及古老的聚落之一。它作为宗教中心的历史可以追溯到公元前6000年，当时它被称为尼可布（Nekheb），拥有上埃及守护神之一——涅赫贝特（Nekhbet，常以秃鹫的形象出现）的庇佑。古希腊人将涅赫贝特对应为塞勒涅——厄勒提亚（Selene——Eileithyia，分别为古希腊神话中的月亮女神和生育女神）。城内尚存许多值得探索的石冢，其中包括图特摩西斯三世在位时（约公元前1500年）的重要人物——帕赫里之墓。浮雕展示了葬礼上的祭奠和田间的劳动。石雕残片出土于城市遗址之中。

第58页上图

内部装饰

《古迹》篇，卷一，印刷图八十一

伊斯纳

这些希腊—罗马时期的下层浮雕来自伊斯纳的库努姆神庙内部，展示了法老的出巡队伍。

第58页下图

库努姆神庙正面观

《古迹》篇，卷一，印刷图七十三

伊斯纳

上埃及地区的伊斯纳在卢克索以南约60千米处，古时因为崇拜尼罗河鲈鱼（拉丁学名：*Lates niloticus*）而被古希腊人称为“拉多波里斯”（Latopolis）。这座建于希腊—罗马时期的神庙用来供奉有着山羊头的库努姆，它仍然可以在今天的伊斯纳见到。图中展示了带有完整浮雕的多柱式大厅，建筑下方由于掩埋在沙石中没有被画出。

第58—59页图

多柱式大厅内景

《古迹》篇，卷一，印刷图八十三

伊斯纳

这是对神庙仅存的完整部分——多柱式大厅进行的假想复原。图中黄沙都被移去，而穹顶和二十四根立柱上都布满了雕花——星座符号、占星仪式，以及重要的神话场景。图中甚至补全了祭司手举神像的场面。神庙中有诸位罗马皇帝的王名圈，包括图密善、图拉真、哈德良，以及目前发现最晚的皇帝德西乌斯（249—251年在位）。

Antiquités Volume 2

《古迹》篇，卷二

第60页上图

拉美西斯二世的头

《古迹》篇，卷二，第三十二幅

拉美西乌姆

该版展示了一座花岗岩巨像的头部，这座巨像被敬献给这位第十九王朝的伟大君主。拉美西斯二世戴着华丽的亚麻头饰和假胡须。在他的前额上有一个蛇纹标记，这条神圣的眼镜蛇代表着王室。

第60—61页图

东北向总览

《古迹》篇，卷二，第二十六幅

拉美西乌姆

这幅画展示了拉美西斯二世在公元前1250年为自己建造的陵庙。在这里我们看到第二庭院的一部分，有四个拉美西斯二世的大型无头雕像，法老以奥西里斯的形象立在柱子上，然后是多柱式大厅，里面有四十八根纸莎草图案的立柱（即立柱柱头形象类似于捆成一捆的纸莎草）。左侧地面上是法老为自己打造的巨像的残骸。

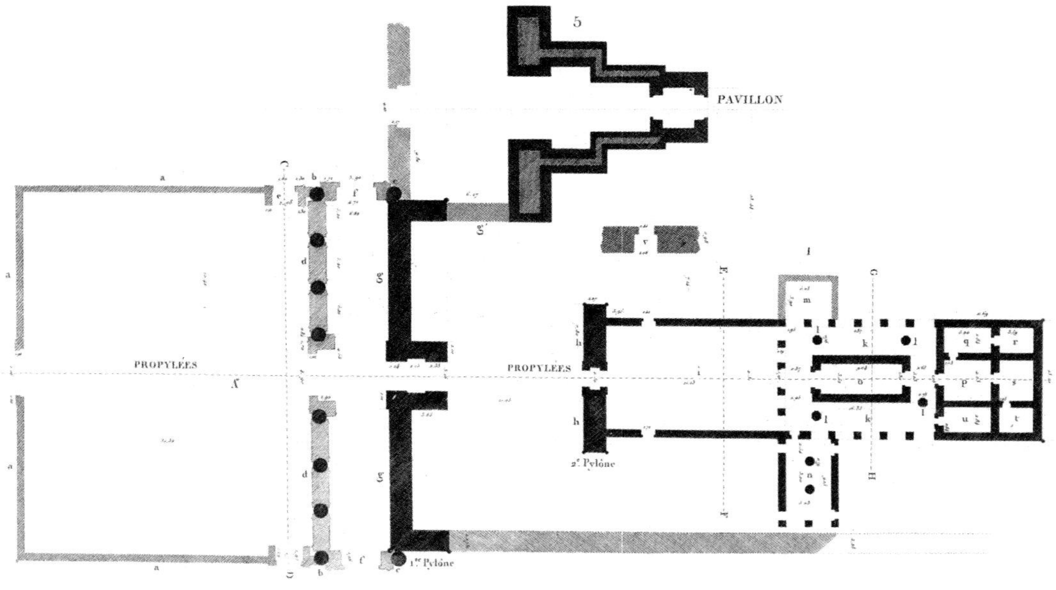
PAVILLON
PROPYLÉES
PROPYLÉES
2e. Pylône
1re. Pylône

第62—63页上图

哈布城部分景观

《古迹》篇，卷二，第三幅

西底比斯

哈布城陵庙遗址在现今卢克索之西，底比斯墓葬群之南，由一片大型建筑群组成，它们由法老拉美西斯三世于公元前1200年前后（新王国时代末期）建造。建筑群由一堵厚墙和一座亚洲风格的军事堡垒环绕。这幅版画展示了部分考古现场。背景中还可以看到拉美西斯二世神庙。

第62—63页下图

俯瞰与纵切

《古迹》篇，卷二，印刷图四

底比斯，哈布城

这些草图由埃及委员会所画，展示了墓葬群不同建筑的俯瞰和纵切视角。这座巨大的神庙由两个庭院组成，每座庭院前都立有塔门。之后就是多柱式大厅和其他现在仅存废墟的小厅。在远征时期，由于建筑群内如山的石堆，辨认工作无法进行。作为最后一位伟大的法老，拉美西斯三世在墓室的墙壁上刻满了军事场景和华丽辞藻，其中包括两场他御驾亲征的战役：亚洲和努比亚的边境防御战。

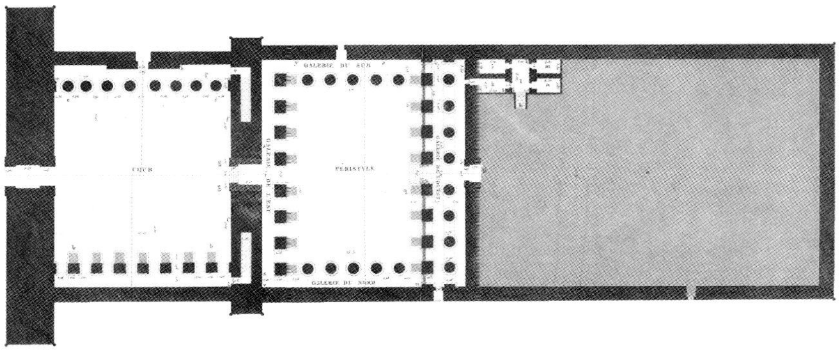

第64—65页上图

奥西里斯风格的雕像与立柱

《古迹》篇，卷二，印刷图七

哈布城

图中纸莎草图案的柱子旁边是一组雕像与立柱的侧视图和正视图。法老在此被拟为奥西里斯，因而穿着这位冥王的服饰。

第64—65页下图

海战

《古迹》篇，卷二，印刷图十

底比斯&哈布城

神庙中的下层浮雕实际长约20米。讲述了活跃于公元前13—前11世纪的“海上民族”企图从地中海和小亚细亚半岛进攻埃及的历史。在一场决定埃及生死存亡的战役中，“海上民族”被拉美西斯三世击败。画中法老御驾亲征，埃及军队海陆并行。

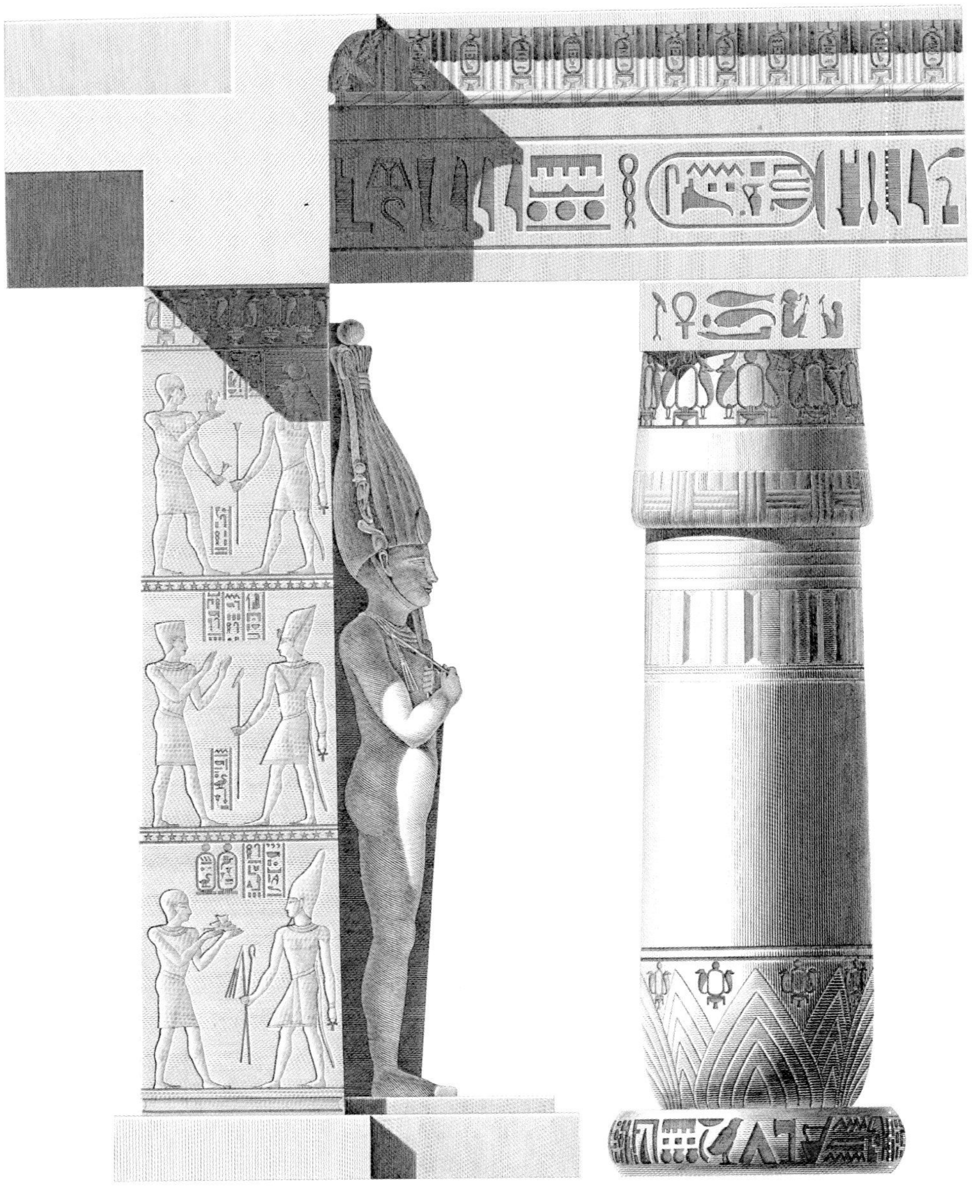

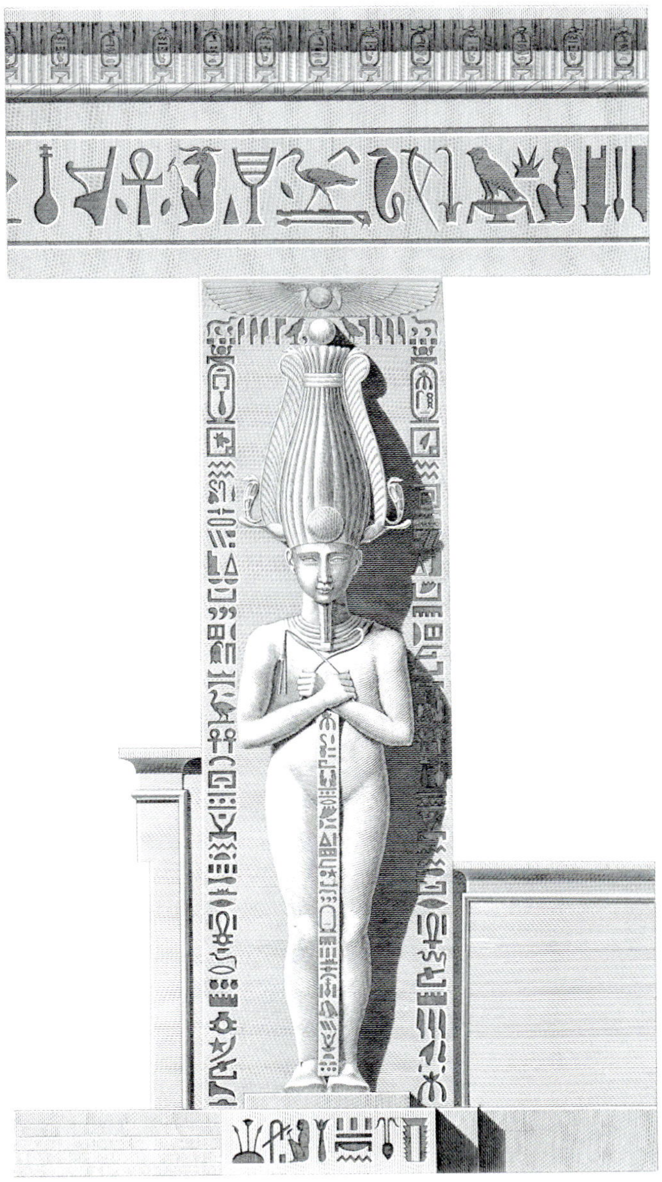

第65页上图&中图

狩猎场景

《古迹》篇，卷二，印刷图九

底比斯&哈布城

这幅画出自拉美西斯三世神庙的一座塔门上，展示了法老驾驭战车，手持长矛准备攻击的样子。一头狮子死在他面前，另一头仓皇逃窜。这张版画还包含了一队仪仗和左侧的建筑碎片。

第66页图

北侧“孟农巨像”细节图

《古迹》篇，卷二，印刷图二十二

底比斯

这是一座威严的坐像，以砂岩雕成，高约18米，雕像腿部有许多希腊文和拉丁文的刻字。

王座旁边的两个人物是尼罗河的化身，他们将上下埃及的代表性植物——荷花和纸莎草汇聚在一起，寓意两国的结合。

第66—67页图

“孟农巨像”

《古迹》篇，卷二，印刷图二十二

底比斯

“孟农巨像”矗立于尼罗河西岸，这里被新王国时期的法老们选作安息之地，巨像也成为该地的地标。“孟农巨像”之名来自古希腊人，因为他们相信巨像描绘了荷马史诗《伊利亚特》中黎明女神厄俄斯（Eos）之子，在特洛伊战场被阿喀琉斯所杀的埃塞俄比亚英雄国王孟农（Memnon）。事实上，这两座巨像是建于公元前1400年前后的阿蒙霍特普三世陵庙的唯一遗存。在罗马时代，“孟农巨像”是著名旅游景点：公元前27年的一次地震在图中右侧巨像上制造了一条裂缝。在这之后，产生了一种十分奇特的自然现象：由于石头在黎明时分发生膨胀，雕像会产生奇怪的震动。古希腊人将这种哀歌一般的响动视为孟农的“声音”，是孟农每天黎明向她的母亲厄俄斯问安。这种神奇的旋律吸引了无数游客，其中最著名的包括斯特拉、哈德良以及塞维鲁。在200年前后，塞维鲁决定修缮巨像，结果巨像再也不发出声响，似乎是孟农惑到被冒犯而决定永远保持沉默。

第68页上图

西北向总览

《古迹》篇，卷二，印刷图二十三

底比斯&拉美西乌姆

第68—69页图

庭院和巨像残迹

《古迹》篇，卷二，印刷图二十五

底比斯&拉美西乌姆

距“孟农巨像”不远就是拉美西乌姆——拉美西斯二世的陵庙。自19世纪以来，这座饱经风霜的古迹就被冠以“孟农尼乌姆”（Memnonium，即孟农之城）之名，也同样以这个名字被载入《埃及记叙》。另一个更加古老的称呼是“奥兹曼迪亚斯之墓”，得名于西西里——希腊裔历史学家迪奥多罗斯（Diodorus Siculus），他在公元前60年前后游览了古迹，并首次描述了此地的墓葬群和散落的巨像碎片。那么他为什么要用奥兹曼迪亚斯这个名字？事实上这是拉美西斯二世王名第一个部分“User-Maat-Re”（太阳神拉是伟大而正义的）的希腊语转写。这幅画描绘了遗迹的总览和部分的底比斯平原，背景中尚可以看到“孟农巨像”。

画中展示了第一个庭院，环绕以纸莎草形的立柱和奥西里斯立柱（即法老着奥西里斯的服饰，拟为冥王）。右侧地面上是伟大的“奥兹曼迪亚斯”拉美西斯二世雕像的部分残片。据著名的英国考古学家威廉·佩特里称，巨像高约19米，重约1000吨。可能是历史上最大的单块巨石雕刻。

第69页上图

西南向总览

《古迹》篇，卷二，印刷图二十四

底比斯&拉美西乌姆

在迪奥多罗斯记述的基础上，法国建筑师约卢瓦和德维勒推断他们在这些遗迹中发现了“奥兹曼迪亚斯之墓”。而商博良和罗塞里尼在1828—1829年的考察中确认了这个说法，但是他们坚信比起陵墓，这个遗迹看起来更像是陵庙，并给这个建筑群起名为“拉美赛昂”（Ramesseion）。

第71页上图

达普尔攻城战

《古迹》篇，卷二，印刷图三十一

底比斯&拉美西乌姆

多柱式大厅中这些可爱的浅刻浮雕展示了拉美西斯二世在叙利亚指挥的一场攻势。在公元前1271年侵入赫梯人的领土后，埃及军夺取了这座位于卡迭石北部的城市。右图中可以看到这座修筑在石堤上的要塞正被埃及军攻打。图中下方可以看到攻城方手持盾牌抵御箭矢坚持攻城。左上图中，法老正在和他的军事顾问商议战法。左下图中是一架赫梯战车和其上的三名士兵。

第70页图

建筑的描绘

《古迹》篇，卷二，印刷图三十

底比斯&拉美西乌姆

版画中描绘了底比斯一侧第二个庭院和多柱式大厅中的部分建筑元素。其中有一座奥西里斯立柱的侧视图和正视图以及两个柱头，分别被刻成打开和合上的纸莎草样。

第70—71页图

纵切图

《古迹》篇，卷二，印刷图二十八

底比斯&拉美西乌姆

这是想象中的陵庙复原图。如下图所示：第一塔门（图中仅示部分）之后是有着法老巨大坐像的第一庭院。其后是当时已经几乎消失的第二塔门，和有着奥里西斯立柱的第二庭院。再之后（与上图相接）是一座有四十八根立柱的多柱式大厅。

4

5

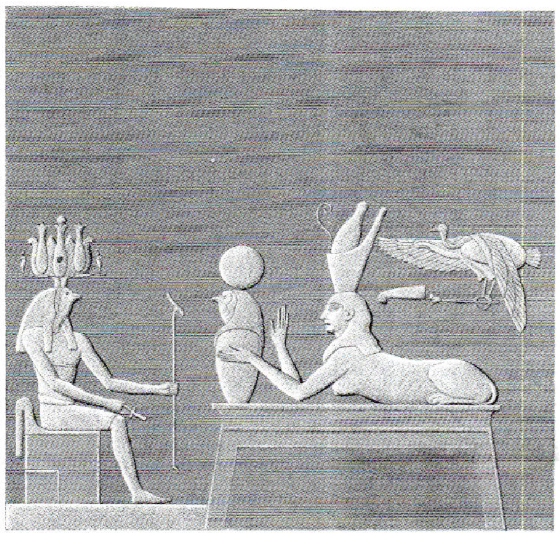

6

7

第72页图

哈托尔神庙浅刻浮雕

《古迹》篇，卷二，印刷图三十六

底比斯&马迪奈

第73页图

哈托尔神庙内部

《古迹》篇，卷二，印刷图三十七

底比斯&马迪奈

此处的浅刻浮雕取自拉美西乌姆旁一座稍小的神庙。在神祇和诸王旁边，我们可以辨认出一根哈托尔立柱——即有这位人脸牛耳女神形象的立柱。

这是对哈托尔神庙的复原——它坐落于拉美西乌姆不远处的马迪奈（Deir al-Medina）古村，该村是修筑不远处帝王谷内王陵的工匠们的居所。这座庙可以追溯到托勒密王朝时期，用以祭祀哈托尔——司快乐、舞蹈和音乐的女神。其中的某些壁画被拿破仑远征时期的艺术家们如实绘制了下来。

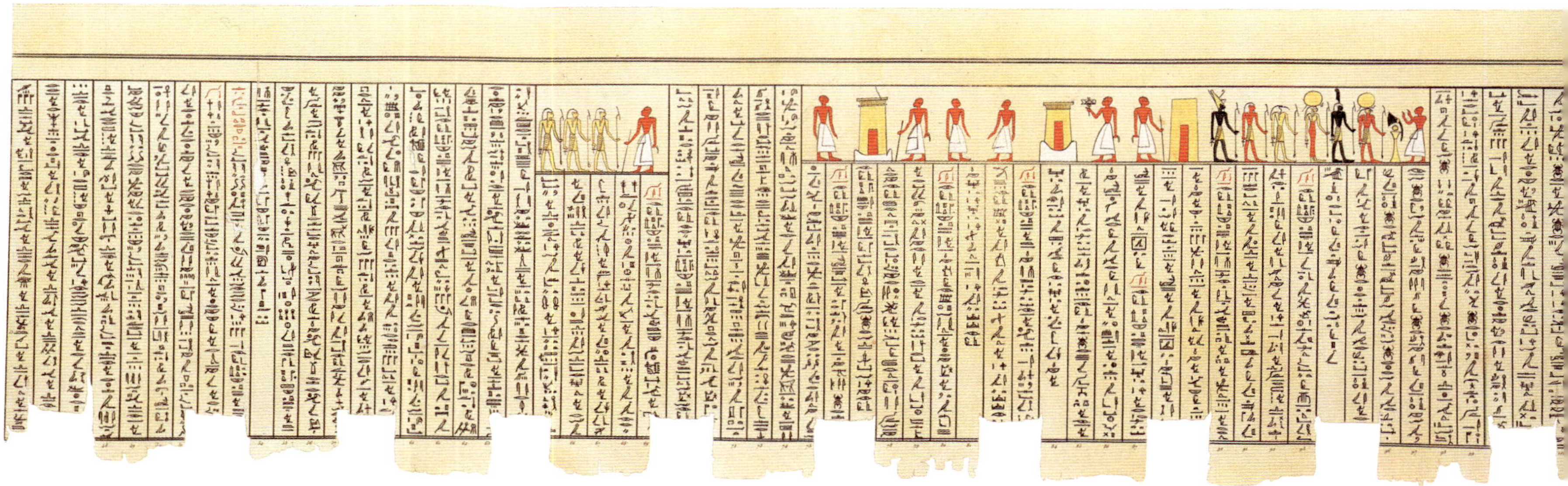

第74页上图

帕迪亚蒙·尼布内斯托维（Padiamon Nebnesuttawy）的《亡灵书》

《古迹》篇，卷二，印刷图七十二

今天我们所说的《亡灵书》，是1842年由普鲁士裔埃及学家理查德·莱普修斯（1801—1884年）所创，古埃及文的本意是“重见光明之法”，是一套葬礼上使用的宗教经文。通常被写在莎草纸上或刻在石棺和墓墙上。莎草纸在葬仪上具有重要地位，通常在生前根据立嘱人地位准备。《亡灵书》以象形文字圣书体或僧侣体写成，在葬礼时置于石棺内（通常是死者胸部）。《亡灵书》之风启于新王国时期（约公元前1550—前1080年），由一百九十二章组成，页边配以精美的插图。它的功能是保护死者免于多种威胁，确保他在彼世（古埃及称Duat）的重生和存活。此处展示了委员会在底比斯发现的最大篇莎草书，可以追溯到托勒密王朝时期（公元前305—前30年），现藏巴黎的国家图书馆。它长9米余，宽22厘米，通篇以圣书体写就。由于莎草书从右向左书写，故而第一张图展示的是莎草书的结尾。全书共有515列，文中的红色字符可能用以指示新一句或新一段。《亡灵书》展示了古埃及人对于冥界来生的信仰，集中表现于书中第一百二十五章，这是书中最著名的一章，对应段落“权其心之重”。古埃及人认为为了进入来世，死者的心脏——或者说是他的良心——应该被道德准则权衡并在称上称量。在画中我们可以看到帕迪亚蒙立于右侧念诵祷文，他旁边是玛特（Maat），司正义的女神，宇宙和谐的化身。死者心脏被置于右侧盘中，左侧盘里被荷鲁斯置以鸵鸟毛——代表玛特的字母，也是她的标志。由死神阿努比斯检查天平是否平衡。在这里，死者的心是无罪的，因此它“轻如鸿毛”。这是唯一可以使他得蒙救赎的方法，他将被核准进入“芦苇之地”，并在那里耕植富饶的土地。如果心灵充满罪恶而使得天平向那端倾斜，它将被呈给“吞噬者”阿米特（Amit），即审判场景中站在奥西里斯前边的神兽。神兽有鳄鱼头，狮子上身和河马下身，它代表着人灵魂的一部分（ba）被消灭，因此不得转世。审判场景中还有负责审判其他罪过的四十二位法官以及朱鹭头的神“托特”（Thoth），他是奥西里斯法庭的法官，为最终的判决进行记录。

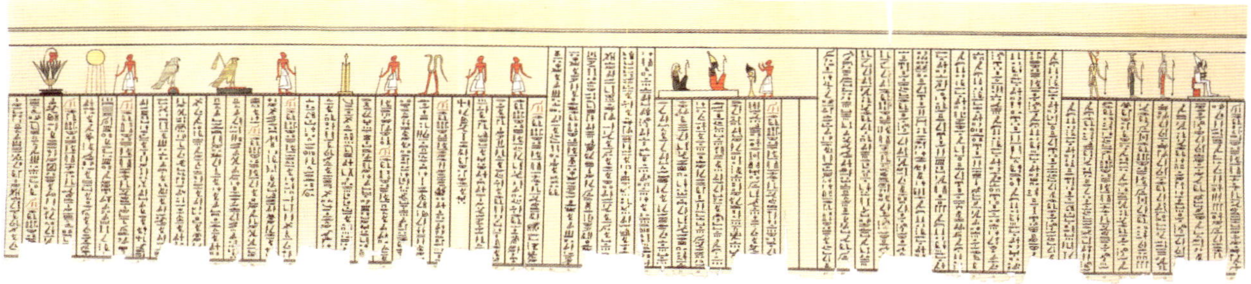

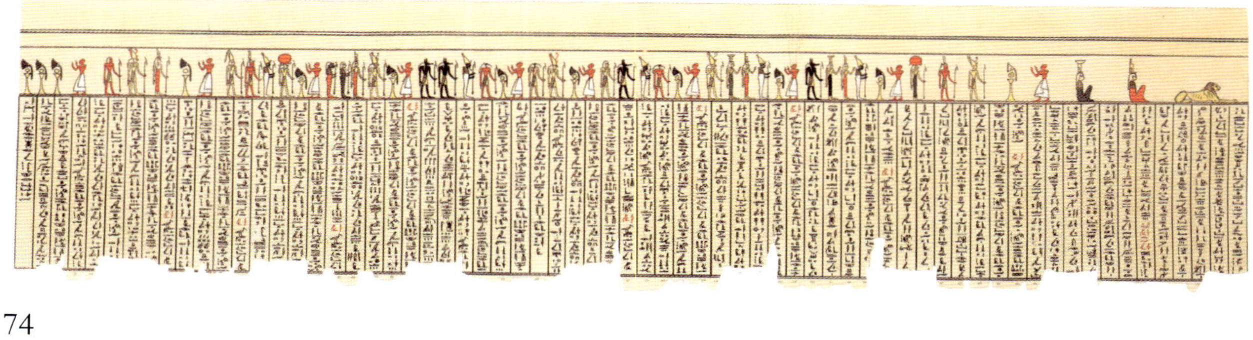

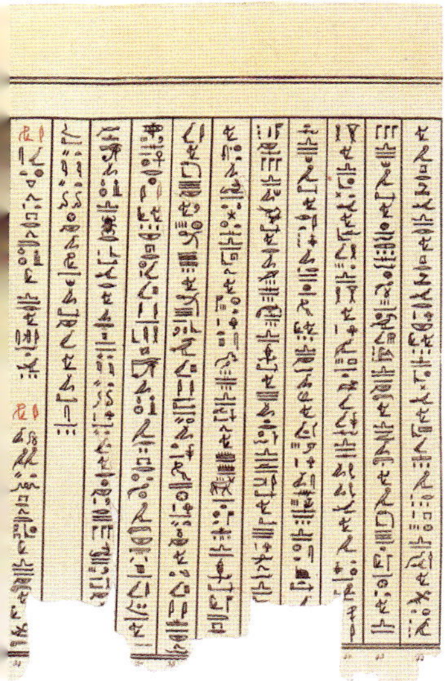

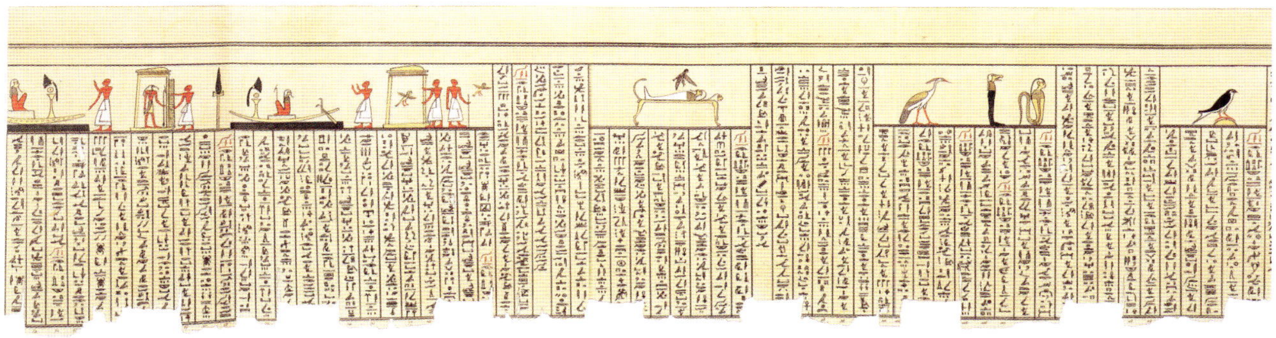

第74页下图

帕迪亚蒙·尼布内斯托维的《亡灵书》

《古迹》篇，卷二，印刷图七十三

画中展示了死者念诵祷文的场景，他面前有许多神祇，诸如奥西里斯、他的配偶伊西斯、奈芙蒂斯以及荷鲁斯（右上，《亡灵书》第十八章）。上方的莎草书节选中，有两段没有文字（即第四十二与第四十三列之间），也许是出于书吏的授意。

第75页上图

帕迪亚蒙·尼布内斯托维的《亡灵书》

《古迹》篇，卷二，印刷图七十四

画中展示了页边插图和让死者或化为鹭或被吞噬的准则。此处展示了帕迪亚蒙的肖像——在他打开三座古刹的山门而得见诸神时——似乎在恳求诸神应允他在彼世做和在现世相同的事，换言之，继续存在。和第一百一十章对应的，图中还绘制了死者抵达“芦苇之地”（_aru Fields）并在那里耕地、刈麦的场景。其中蜿蜒的折线代表灌溉渠。

第75页下图

帕迪亚蒙·尼布内斯托维的《亡灵书》

《古迹》篇，卷二，印刷图七十五

画中第一百三十六列（右下的起始句）及其后的部分代表了引领死者进入彼世道路的起始部分。在对拉·哈拉胡提（即太阳神与司地平线的荷鲁斯合体后）进行了膜拜后，帕迪亚蒙开始了他奔向“芦苇之地”（在《亡灵书》第十六章和第十七章中有详细描写）的漫长旅途。旅途中有部分神祇与他伴行，包括上图所示的拉·哈拉胡提、奥西里斯以及赫普里（Khepri）。

第76页图

不同陵墓中的壁画

《古迹》篇，卷二，印刷图八十三

底比斯&帝王谷

从上到下，第一幅取自拉美西斯六世之墓，它对应的是“门之书”。根据古埃及神秘的宗教信仰，它生动地描写了阳光穿越十二个门的旅途，这十二个门由妖怪和毒蛇看守，代表了彼世的十二界。最上方我们可以看到奥西里斯坐于王座之上，手持代表生命的权杖。右侧有九个字母（亦即代表九位死者的灵魂）到王座前等待审判。一位木乃伊样的天才肩扛天平，这座天平即将被用来称量死者们在现世的所作所为。第二幅图展示了一条蛇分开倾斜的两岸（可能是湖岸或河岸），两岸有十二个人，代表“彼世的时间”。最下方的几幅图展示了“缠着绷带”的奥西里斯和孟菲斯之神普塔赫被像木乃伊一样包裹起来。

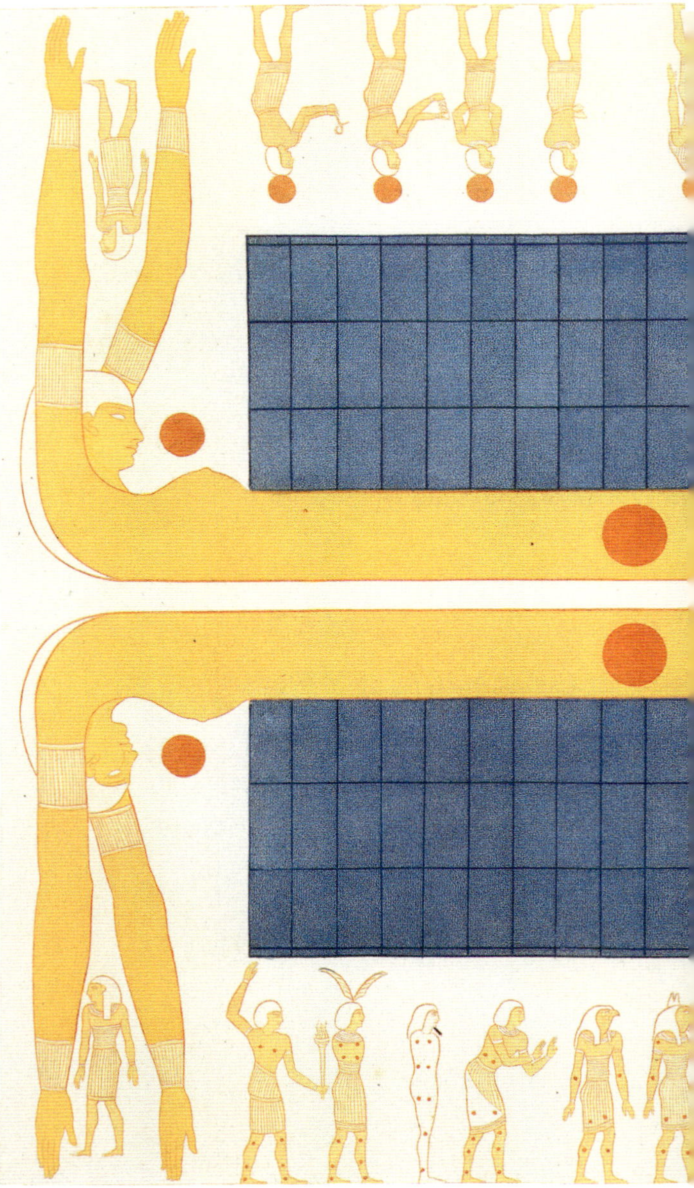

第76—77页图

有星象学壁画的墓顶

《古迹》篇，卷二，印刷图八十二

底比斯&帝王谷

这幅画取自拉美西斯六世的墓顶，长8米，宽4米。在古埃及人的天体演化学说中，天实际上是一位女神——努特（Nut），她的身躯如弓一样弯曲，盖住下边的现世。她是大地之神盖布（Geb）之妻，太阳神之母，她每晚吞下金盘一样的太阳，转天早晨再赋予它生命。这幅画展现了努特拥抱夜空（上）和日空（下）。外边栩栩如生的人物和野兽则代表了夜空中的不同星座。

第77页下图

取自底比斯、帝王谷和拉美西斯三世陵墓的装饰

《古迹》篇，卷二，印刷图八十七

该版展示了不同壁画中一系列的花瓶和鱼，还有一头具有代表意义的公牛。左侧是一幅低层壁画，画中女神玛特坐在由百合撑起的篮中，张开双翼以代表保护。

第78页图

武器和官章

《古迹》篇，卷二，印刷图八十八

底比斯&帝王谷

拉美西斯三世之墓

该版展示了埃及人使用的多种进攻和防御武器。从上到下：一件兵士的甲胄、一把匕首、两把弯剑、一柄马刀和一杆长矛。然后还有箭筒、辫子、头盔、盾牌以及两个官章。

第79页图

王冠与王座

《古迹》篇，卷二，印刷图八十九

底比斯&帝王谷

拉美西斯三世之墓

该版描绘了墓室内王冠和王座的壁画，它们属于法老陪葬的一部分。这些优雅的高背椅都有着精美的雕饰，狮爪样的椅腿和多彩的坐垫。椅子侧面则以金、半宝石和象牙雕出精美的花纹。在该版左下角和右下角还有两张带头枕的床。

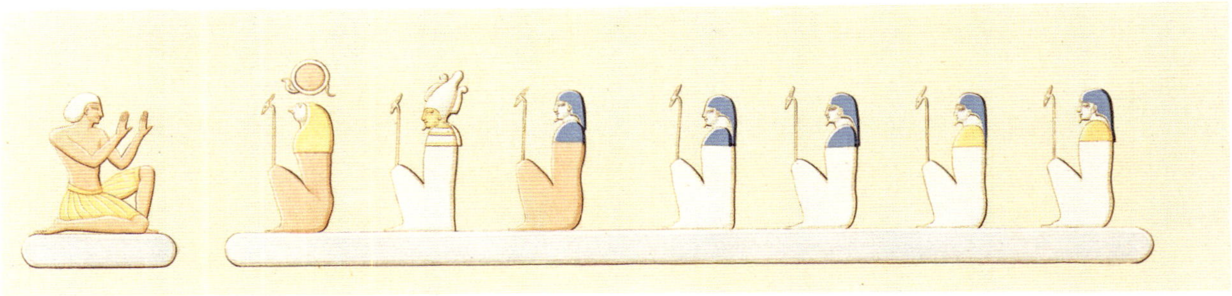

第80页图

拉美西斯三世之墓

《古迹》篇，卷二，印刷图九十

底比斯&帝王谷

该版展示了拉·哈拉胡提和阿图姆，这两位太阳神在赫里奥波里斯（曾经上埃及地区重要的宗教中心）受人敬拜的场景。在他们面前摆放着牲醴。画面中还可以看到人们想象中“芦苇之地”的情景：人们在其间收获莲花和高粱，并再次犁地，播种。

第81页图

拉美西斯三世之墓

《古迹》篇，卷二，印刷图九十一

底比斯&帝王谷

该版取自拉美西斯三世巨大墓葬中的一个小厅，包含两幅著名画作。虽然它们现在保存状况堪忧，但在拿破仑时代它们却栩栩如生，风华不减。两位盲人音乐家正在演奏，他们的乐器是有十一根或者更多弦的竖琴。竖琴的共鸣箱上雕刻有戴着下埃及王冠（上图）和上下埃及双王冠（下图）的法老形象。演奏对象是太阳神拉的两个儿子：安赫（Anhur，上图）和舒（Shu，下图）此外，图旁还有一对花瓶和两件带弦乐器——也许和竖琴类似。拉美西斯三世的墓葬于1768年被两位探险家——苏格兰人詹姆斯·布鲁斯（James Bruce）和意大利人路易吉·巴鲁加尼（Luigi Balugani）所发现，他们当时正肩负着探索尼罗河之源的任务，因而艰难地行走在今天的埃塞俄比亚境内。

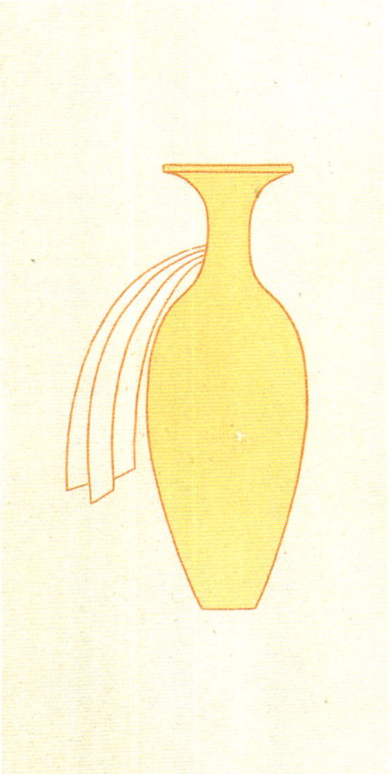

第82—83页图

底比斯的墓葬壁画

《古迹》篇，卷二，印刷图九十二

底比斯&帝王谷

除了颜色风格各异的花瓶，本版上方可以见到一位女神，具有玛特、伊西斯和哈托尔的特征。她身边的是防腐之神阿努比斯，正在为死者举行仪式。下方梯形图则展示了“创造太阳”和“他将时间隐藏”，展示了一个神以及围绕他的十二个代表夜晚时间的女性人物。

Antiquités

Volume 3

《古迹》篇，卷三

第84—85页图

多柱式大厅纵切面（一）

《古迹》篇，卷三，印刷图二十二

卡尔纳克，阿蒙拉神庙

卡尔纳克神庙的第二座塔门和多柱式大厅的部分重建图详细再现了墙壁和立柱上的部分雕饰。当法国探险队到达卡尔纳克，惊讶之余制作了这幅雕版画，当时碎石覆盖着这座图特摩斯三世建造的房间，艺术家们看不到实景，只能发挥想象力。

Terreins incultes
Karnak
Village de Louqsor
élevé sur des décombres
Fours à Poulets
Obélisques
et Colosses
PALAIS
Santon
Terreins cultivés
LE NIL

第86页上图

地形图

《古迹》篇，卷三，印刷图一

卢克索

这幅矩形平面图展示了位于开罗南部约750千米处的这座著名考古遗址。出于疏忽，委员会绘图时将尼罗河岸画在距古渡口约30米远处。然而，尼罗河水时常会触及古渡口，有时甚至会蔓延到岸上的各种建筑物边。在山顶上，我们看到了绵延至卡尔纳克的山脉。古埃及人称这座城为“瓦塞特”——“强大的”，而不知为何希腊人将它张冠李戴地认为是底比斯。荷马在《伊利亚特》中称这座城市为“千门底比斯”，以表明这里不计其数的塔门。卢克索这个名字来源于阿拉伯语“al-qusur”——宫殿，7世纪时阿拉伯人来到埃及，惊诧于这些非凡的庙宇，因而得名。

第86—87页图

总览

《古迹》篇，卷三，印刷图二

卢克索

遗址的这个角度取景于前方的岛屿。在塔门和两座方尖碑（其中一座只能看到尖顶）后面，是阿布·哈加格（Abu al-Haggag）清真寺。其后是底比斯的两位伟大统治者阿蒙霍特普和拉美西斯二世（公元前14—前12世纪）修建的整个神庙建筑群，它们被用于祭祀阿蒙拉。法国陆上和船上的部队发射空包弹，却足以让当地人两股战战。右侧前景中有一条巨大的鳄鱼，当时鳄鱼统治着尼罗河，今天却几乎在埃及绝迹。

第88—89页图

通向阿蒙拉神庙的入口

《古迹》篇，卷三，印刷图三

卢克索

这幅版画展示了大神庙中的塔门，以及它们前方仅有的在埃及留存到19世纪早期的一对方尖碑。在这两块分别高25米和33米的粉红色花岗岩后面，可以看到拉美西斯二世的两座半掩的雕像。塔门上的浮雕讲述了著名的卡迭石战役场景——公元前1275年，这位第十九王朝的著名法老与叙利亚人英勇作战。而圣殿内外，有鸽子筑巢的草庐、成堆的沙子和碎石陪伴了遗迹几十年。右侧的方尖碑后来由穆罕默德·阿里赠予法国，1836年10月25日被运到巴黎，并在协和广场上竖立起来。前景中还可以看到一个法国士兵，一个在画画的学者和一个被年轻女孩领着的盲人。

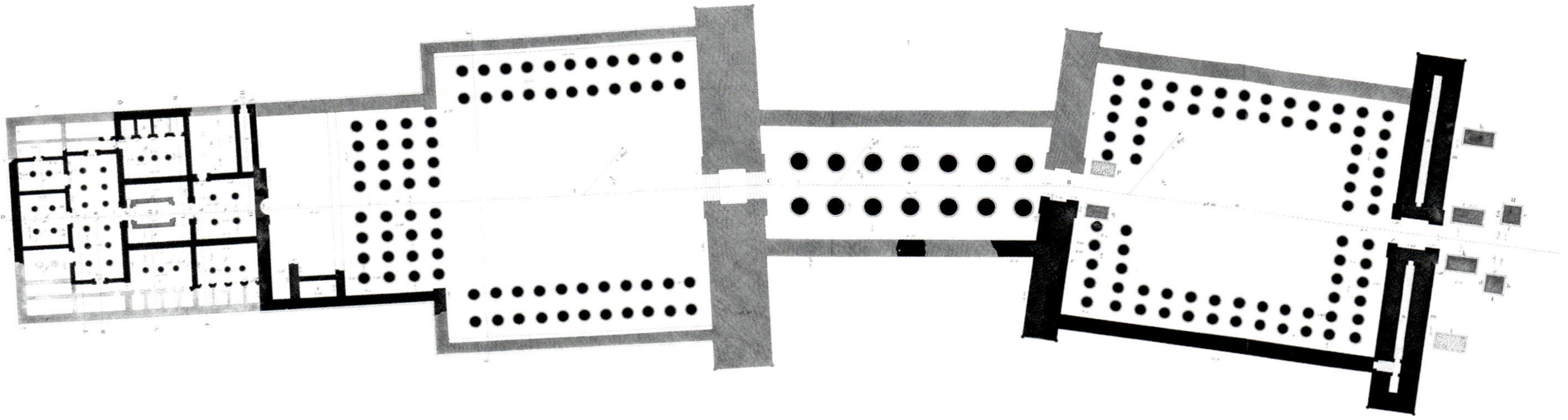

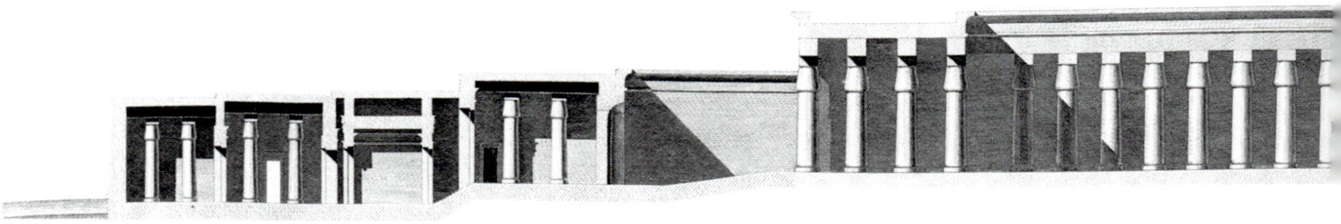

第90—91页上图

神庙南向观

《古迹》篇，卷三，印刷图四

卢克索

该版展示了从南方能看到的阿蒙拉神庙。寺庙包括由32根纸莎草图案立柱组成的多柱式大厅，有14根柱子的列柱廊和阿蒙霍特普三世的大庭院。背景是阿布·哈加格清真寺、塔门和两座方尖碑。这座宏伟的寺庙建筑也半埋在沙石中。

第90页中图&第90—91页下图

俯瞰与纵切

《古迹》篇，卷三，印刷图五

卢克索

经过塔门和第一庭院后，是阿蒙霍特普三世的列柱廊。然后，我们就来到了广阔的中央庭院，同样由阿蒙霍特普建造——多柱式大厅和其他不太重要的区域（如带内殿的圣所，里边供奉阿蒙拉的神像）。在右侧的塔门前，在两座半埋的方尖碑后，曾经有拉美西斯二世的六座巨像。只有两个尚存，其中一尊为坐像，另一尊是立像。一条长达2千米的，布满狮身人面像的大道连接着这座神庙和卡尔纳克。

第92页上图

东侧方尖碑

《古迹》篇，卷三，印刷图十一

卢克索

该版展示了东侧较高方尖碑的三个面，对应遗迹左侧的那一座。在绘制这幅图的时候，方尖碑底部有近5米都被黄沙覆盖着。学者莱斯利·格林那（Leslie Greener，1900—1974年）在观察仍然矗立在神庙入口前沙地上的遗址时说：“这座塔门将永远看起来像头长着一根象牙的大象！”

第92—93页图

神庙入口

《古迹》篇，卷三，印刷图六

卢克索

该版以想象移除了几乎淹没雕像和方尖碑的沙石，展示了阿蒙拉神庙的塔门。塔门上的浅刻浮雕因为保存状况较差，而且位置较低，所以没有被完整记录下来。

第94—95页图

拉美西斯二世巨像

《古迹》篇，卷三，印刷图十三

卢克索

该版中的前三个图案是东侧雕像的假想复制品。原雕像当人站在神庙正面时矗立在左边。此处展示了它的正面观、侧面观和后面观。在最后一张视图中，我们可以看到沙子的高度，它一直淹没到巨人的肩膀。最后一张图展示了西侧雕像的侧面观。

第96—97页下图

西北向总览

《古迹》篇，卷三，印刷图十三

卡尔纳克&阿蒙拉神庙

古底比斯的考古遗址位于尼罗河东岸，对去埃及的游客来说是必须打卡的景点。在新王国时期，这座城市曾经是埃及重要的宗教和政治中心，它见证了一座宏伟的阿蒙拉神庙从奠基到竣工。阿蒙拉在当时被认为是埃及众神中最重要的神祇。该版大致可以想见法国远征军所能看到的遗迹。从右到左，我们可以看到大部分倒塌的第一座塔门，有一根巨大纸莎草图案立柱的庭院，第二座塔门的花岗岩乱石堆，还有一端有方尖碑的巨大多柱式大厅的废墟。

第96—97页上图

地形图

《古迹》篇，卷三，印刷图十六

卡尔纳克

卡尔纳克位于卢克索东北约3千米处，该版展示了委员会眼中的卡尔纳克这座巨大的考古遗址。三座主要建筑群，每一个座都有高耸的垣墙包围，排列在南北轴线上。神庙分别供奉蒙图（Montu，战神）、阿蒙和穆特（从左到右）。一条两旁立有狮身羊面像（公绵羊是阿蒙的圣物）的大道连接了阿蒙神庙和穆特神庙，而一条更长的立有狮身人面像（人面为法老的形象）的大道则通向卢克索。

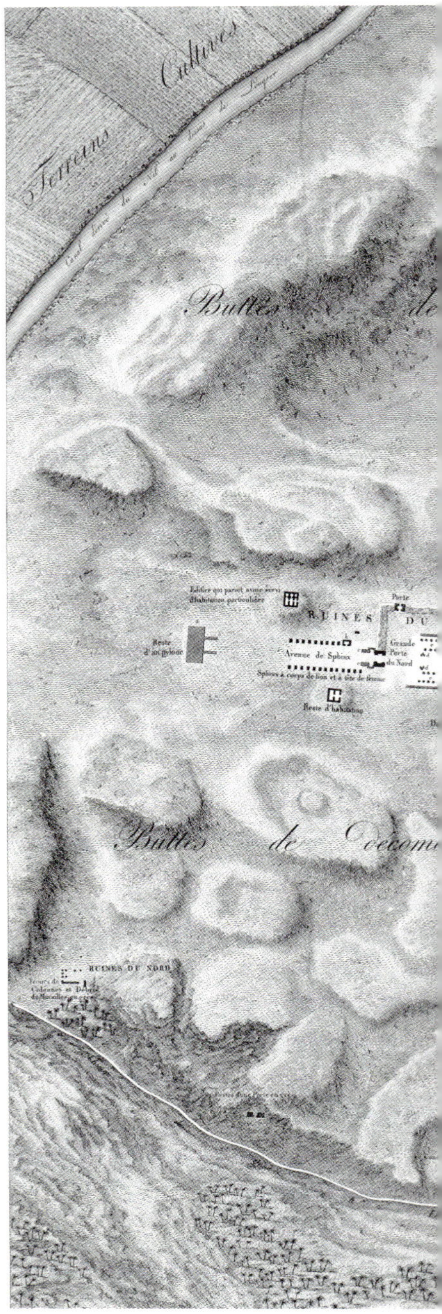

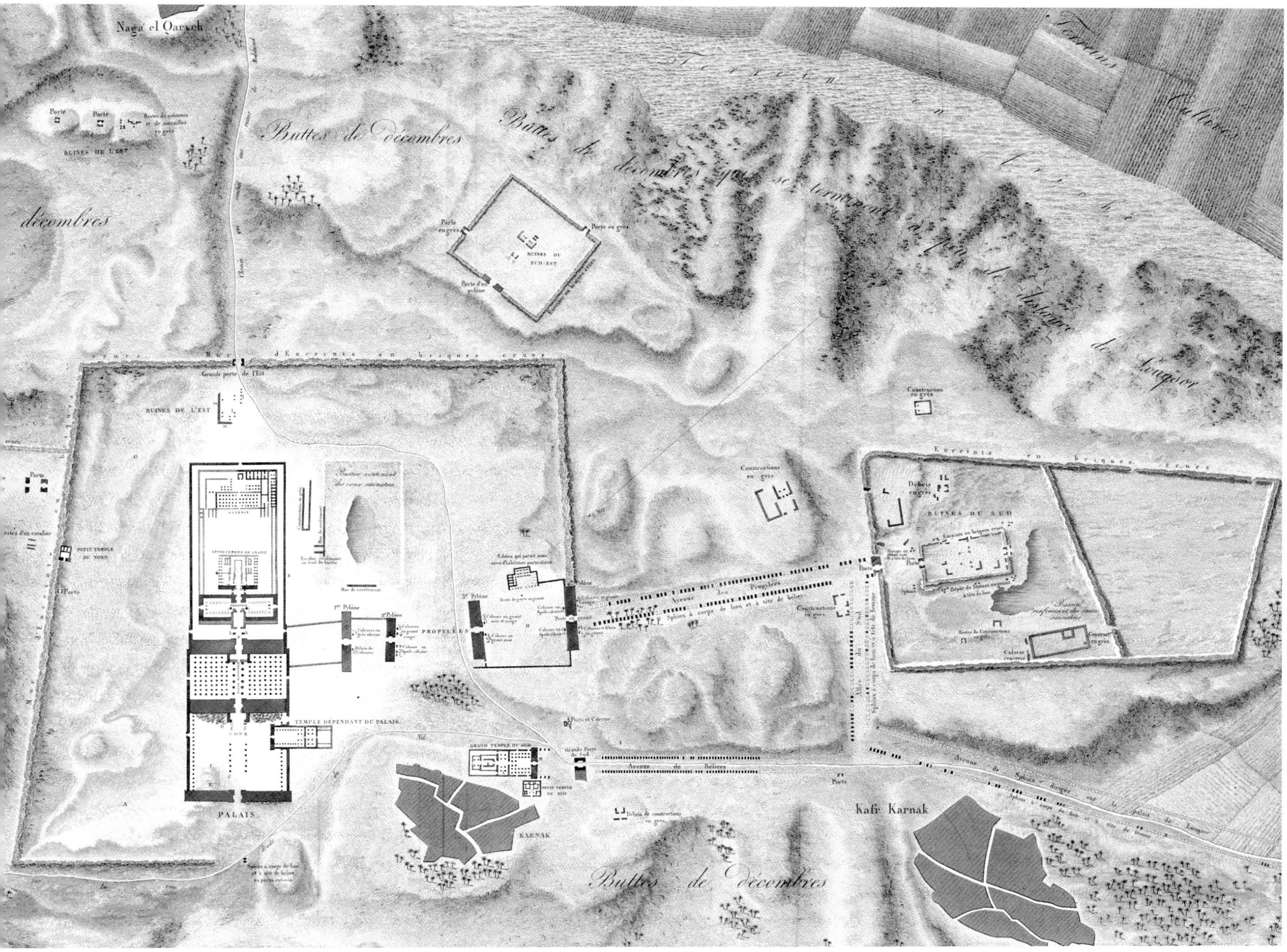

Buttes de Décombres
décombres
RUINES DE L'EST
RUINES DU SUD-EST
Grande porte de l'Est
PETIT TEMPLE DU NORD
PROPYLÉES
TEMPLE DÉPENDANT DU PALAIS
PALAIS
GRAND TEMPLE DU SUD
Avenue de Béliers
KARNAK
Constructions en grès
RUINES DU SUD
Kafr Karnak
Buttes de Décombres

第98页上图

拉美西斯二世巨像

《古迹》篇，卷三，印刷图二十

卡尔纳克

这座花岗岩雕像目前矗立在寺庙的第二座塔门前，描绘了著名的第十九王朝法老——拉美西斯二世。该版展示了这尊雕像在远征时期的样子——没有头部或手臂。在左边，一位拿破仑带来的学者（他的穿着相比埃及更适合欧洲的气候）似乎在愉快地注视着这尊雕像。

第98—99页图

多柱式大厅

《古迹》篇，卷三，印刷图十八

卡尔纳克&阿蒙拉神庙

由于其巨大的规模（超过2.5千米长），卡尔纳克神庙在古代世界是绝无仅有的。该版从另一个角度展示了多柱式大厅和阿蒙霍特普三世的列柱廊。它是塞提一世和他的儿子拉美西斯二世在公元前1300年前后建造的，有不少于134根纸莎草图案的立柱，有15～23米高，共16排——组成了一曲赞美诸神的石头圣歌。图中两座方尖碑清晰可见：背景中的那座是图特摩西斯一世在公元前1500年前后建造的，而前景中的另一座是在同一时期由哈特谢普苏特女法老下令建造的。左边还有另一座方尖碑的顶部，它也是由女法老下令建造的。目前，这些遗迹都位于圣湖附近。

第99页图

第一庭院

《古迹》篇，卷三，印刷图十九

卡尔纳克&阿蒙拉神庙

我们可以看到圣所第一庭院中的乱石堆。部分倒塌的第二座塔门清晰可见，在它的后面，我们可以看到多柱式大厅的中央走廊。前景是一根巨大的纸莎草图案立柱，它是一座亭子的唯一剩余部分，而亭子可以追溯到埃塞俄比亚裔法老塔哈卡（公元前7世纪）时期。右边是拉美西斯三世神庙的塔门。

第100—101页上图

多柱式大厅纵切图第二部分

《古迹》篇，卷三，印刷图二十三

卡尔纳克&阿蒙拉神庙

这是对第二座塔门和多柱式大厅的部分假想重建。墙壁上和立柱上的部分装饰被复制了下来，但其余部分出自艺术家的想象——因为图特摩西斯三世所建造的房间被大量的沙石所淹没了。

第100页中图&第101页下图

多柱式大厅内景

《古迹》篇，卷三，印刷图三十二

卡尔纳克&阿蒙拉神庙

这些点缀了阿蒙拉神庙多柱式大厅内墙的浮雕是由法国绘图员精心复制的。左图显示法老向底比斯三柱神——阿蒙、穆特和洪苏（Khonsu，阿蒙与穆特之子，月神）献祭囚犯。而另一页上的多柱式大厅浮雕则展示了一位法老和一位祭司向一位神献祭。

第100页下图

宗教场景

《古迹》篇，卷三，印刷图三十二

卡尔纳克&阿蒙拉神庙

多柱式大厅的浅刻浮雕展示了祭司们以肩扛运送阿蒙拉圣舟的过程。圣舟的两端各装饰着一只公绵羊的头——公羊是阿蒙拉的圣兽。

第101页中图

宗教场景

《古迹》篇，卷三，印刷图三十三

卡尔纳克&阿蒙拉神庙

其中一幅图里，法老将焚香作为祭品献给阿蒙拉的圣舟。

而另一幅图里，阿蒙拉圣舟被一艘承载许多神祇的船所牵引。

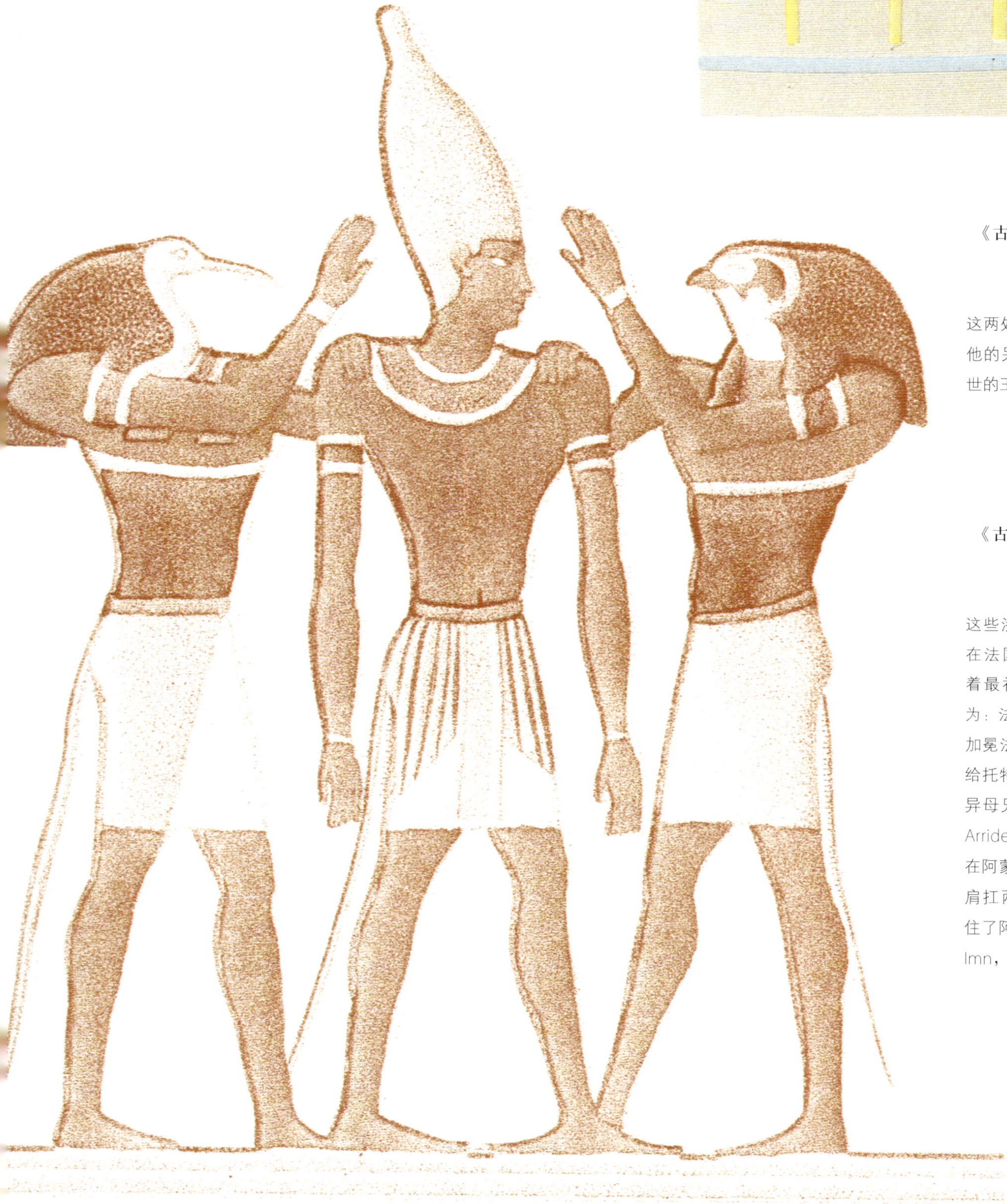

第102—103页上图

宗教场景

《古迹》篇，卷三，印刷图三十四

卡尔纳克&阿蒙拉神庙

这两处雕饰上都刻着阿蒙拉的名字和他的另一些称号，还有图特摩西斯三世的王名圈（底部）。

第102—103页中图&下图

宗教场景

《古迹》篇，卷三，印刷图三十四

卡尔纳克&阿蒙拉神庙

这些浅刻浮雕来自内殿里的一堵墙。在法国远征的时候，它们仍然保留着最初的色彩。上图从左至右依次为：法老的沐浴更衣，托特和荷鲁斯加冕法老，阿图姆和蒙图将法老引荐给托特，最后是亚历山大大帝的同父异母兄弟腓力·阿里德乌斯（Philip Arrideus，公元前323—前316年）跪在阿蒙拉面前。下图描绘了祭祀队伍肩扛两叶阿蒙拉圣舟。一幅窗帘遮住了阿蒙神的形象（阿蒙Amun又作Imn，意为“隐藏的”）。

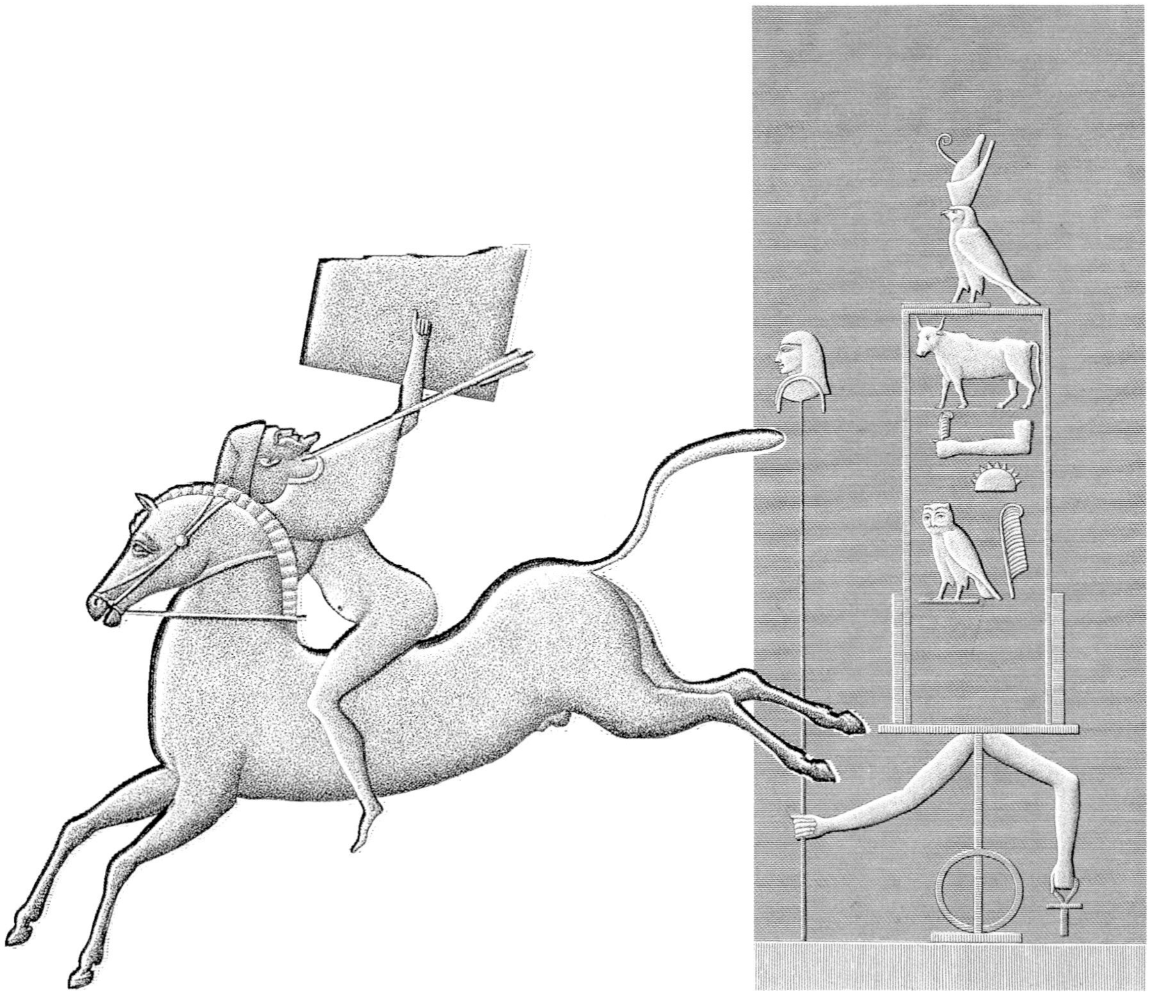

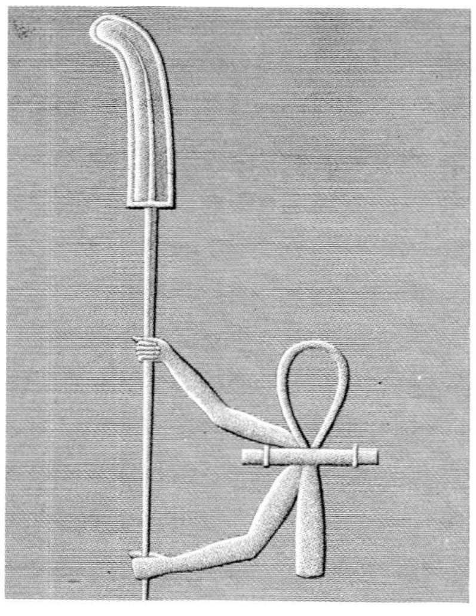

第104页中图

军事场景

《古迹》篇，卷三，印刷图四十

卡尔纳克&阿蒙拉神庙

图中的中心人物塞提一世，在一群战殁者中间开弓射箭，并在之后追亡逐北。其中一些人向法老伸出手臂，似乎在哀求宽恕。

第104—105图

军事场景

《古迹》篇，卷三，印刷图四十

卡尔纳克&阿蒙拉神庙

这个战争场景取自圣殿外的浮雕，法老塞提一世（脸有一半被抹去）在一场毫无悬念的胜仗后，从战车上下来并获得了胜利战役所带来的荣誉。

第105页中图

军事场景

《古迹》篇，卷三，印刷图三十九

卡尔纳克&阿蒙拉神庙

拉美西斯二世父亲的神化宣传仍在继续，这次的形象更为经典。法老不再坐在战车上，而是用脚踏着一个敌人，用箭扎向另一个敌人。

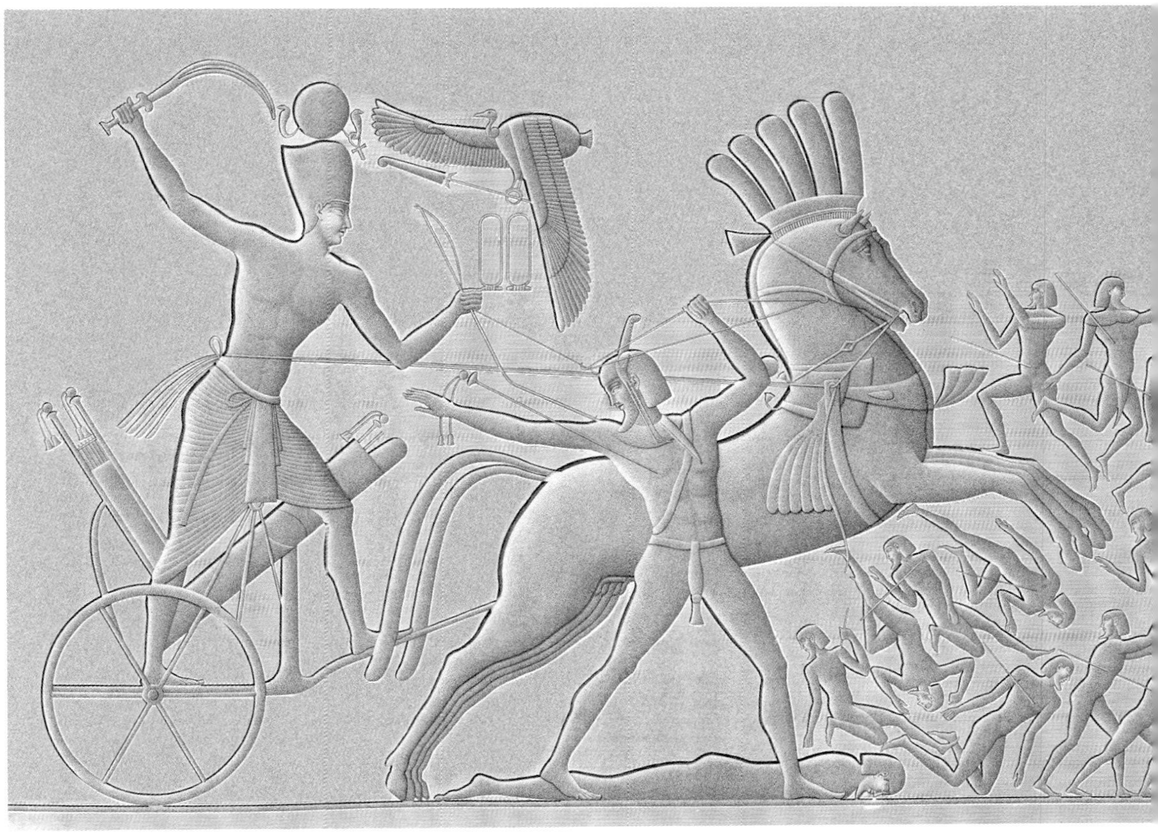

第105页下图

塞提一世的军事行动

《古迹》篇，卷三，印刷图三十八

卡尔纳克&阿蒙拉神庙

这幅浅刻浮雕取自多柱式大厅。它描绘了塞提一世在战车上击败敌人。这一场景是为了纪念法老在公元前1320年前后在巴勒斯坦和叙利亚进行的两场战役。

第106—107页图

庭院总览

《古迹》篇，卷三，印刷图四十一

卡尔纳克&阿蒙拉神庙

这是对神庙前庭院的假想重建。尽管考古遗址的各个部分都来自不同的时代（第十八王朝至第二十王朝），但第二十五王朝的努比亚裔法老塔哈卡所修建的亭子还残留有纸莎草图案立柱，只不过除了一根以外其他的都被摧毁了。在高高的旗杆和迎风飘扬的旗帜之前，塔门上还有诸神化身和纪念卡迭石战役中拉美西斯二世的场景。值得注意的是，现实中立柱只有10根，而非图中所绘的12根。

第108页上图

多柱式大厅总览

《古迹》篇，卷三，印刷图四十二

卡尔纳克&阿蒙拉神庙

这是有134根立柱的多柱式大厅的假想重建。这幅图版显示了由12根立柱组成的中央柱廊，每根高21米，柱头呈展开的纸莎草形状。

第108—109页图

遗迹东北向总览

《古迹》篇，卷三，印刷图四十三

卡尔纳克&阿蒙拉神庙

这是卡尔纳克雕梁画栋的另一个角度。塔门、立柱和方尖碑等建筑元素在场景中到处可见，地面上伫立着很多花岗岩块，看起来像战场上受伤的巨人。

让-弗朗索瓦·商博良在和罗塞里尼一同领导法国-托斯卡纳大公国联合探险队时，在写给他哥哥雅克-约瑟夫的信中说："在欧洲的我们就像小人国里的人一样。没有一个古代或现代人能像古埃及人那样，将建筑艺术升华得如此崇高、巨大而宏伟。"（选自1828年11月4日的一封信）

第110页上图

斯芬克斯（狮身羊面像）

《古迹》篇，卷三，印刷图五十六

卡尔纳克&阿蒙拉神庙

一条两旁立有狮身羊面像的大道连接着阿蒙拉神庙和穆特神庙。雕刻显示了一只半埋在沙石中的公羊头。其他类似的绘图，可以在印刷图五十六中看到（本书未收录），显示了它身体的其余部分——很可能是雕像的假想重建。

第110—111页图

南方神庙群总览

《古迹》篇，卷三，印刷图四十九

卡尔纳克&阿蒙拉神庙

卡尔纳克的神庙群在新神庙的建成中不停向南扩展。其中就包括为穆特和她的儿子洪苏修建的神庙，他们与阿蒙共同组成了底比斯的三柱神。图为拉美西斯二世建造的洪苏神庙。它的前面是两旁立有狮身人面像的大道，大道通向一座托勒密王朝时代的宏伟大门。然后是大神庙的多柱式大厅和两座方尖碑——分别由图特摩西斯一世（背景）和哈特谢普苏特敕令建造。图中还增加了法国士兵和当地居民（包括戴面纱的取水妇女），使画面有了一丝生活气息。

第111页上图

南方大门

这是公元前230年前后托勒密三世统治时期修建的大门，位于洪苏神庙前，面向卢克索的神庙。因为大门在某种意义上类似凯旋门，故而委员会在该版中描绘了一位法老成功抵御外侮后凯旋的场景。法老由士兵和仆人引路，接受祭司和当地居民的注视。雕饰和浅刻浮雕复制得非常精确，但其上象形文字却没有得到同等待遇，因而至今完全无法读懂。

Antiquités Volume 4

《古迹》篇，卷四

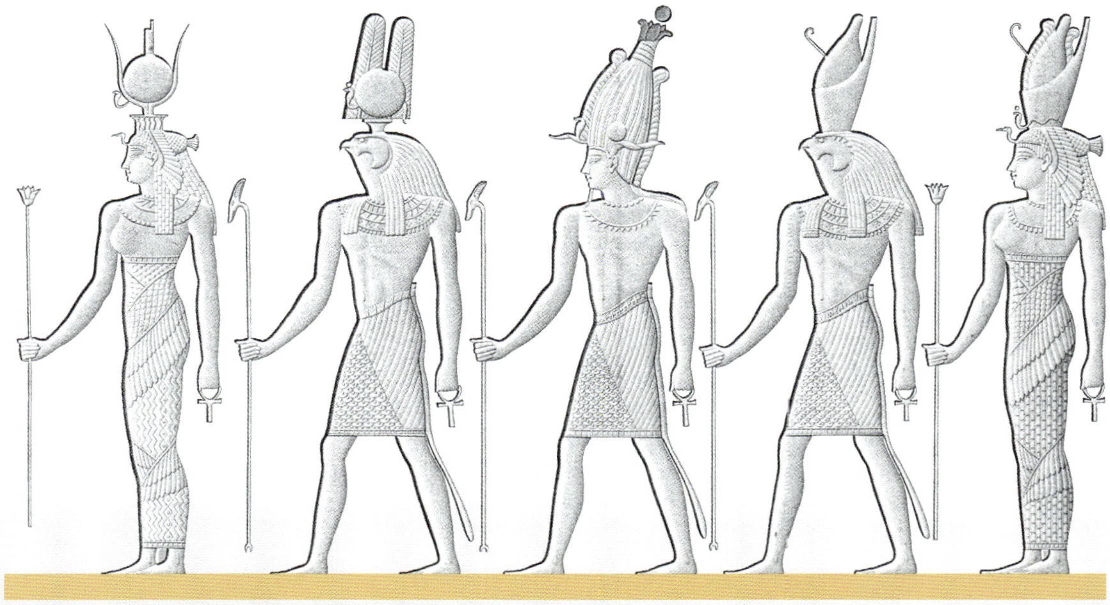

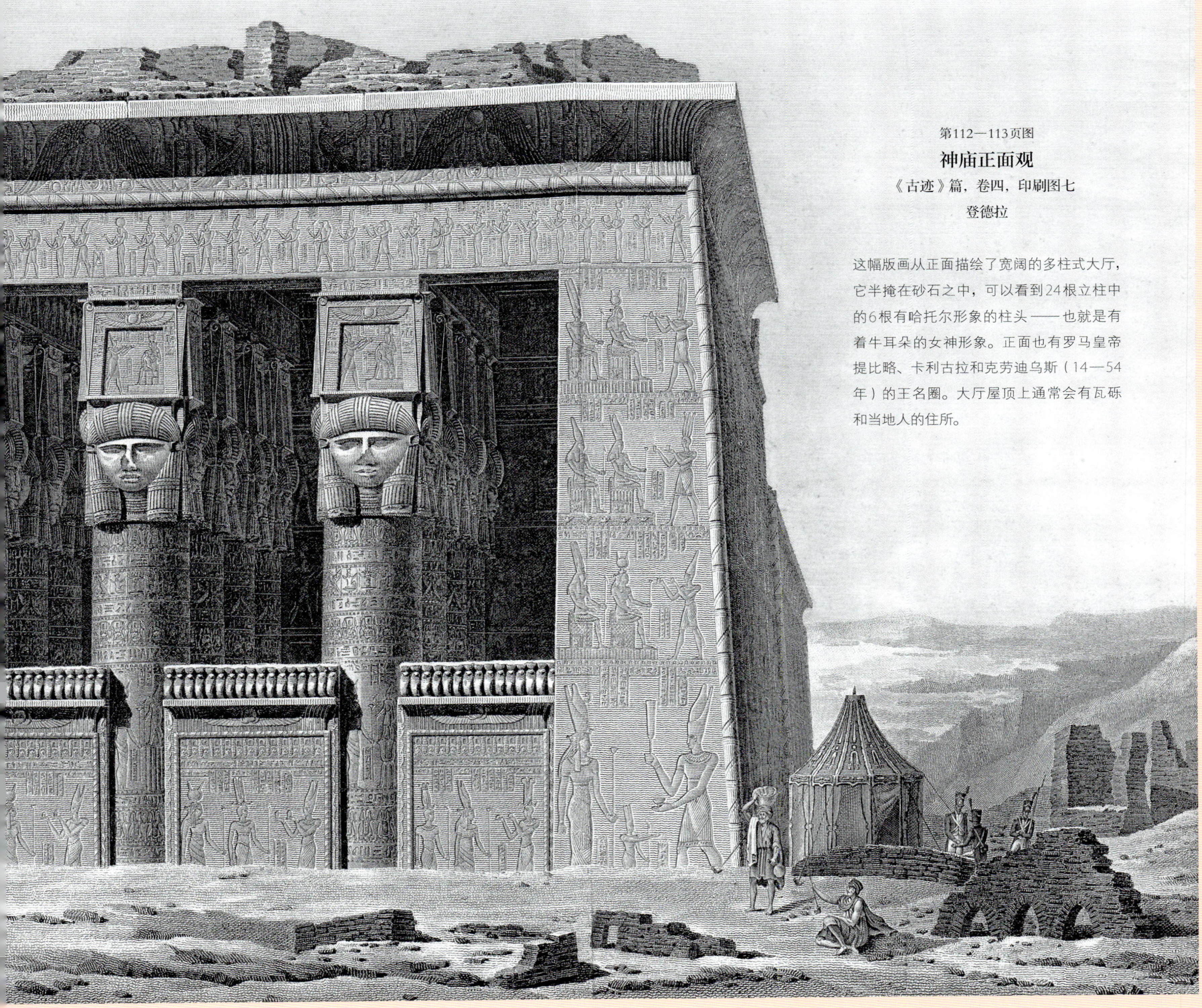

第112—113页图

神庙正面观

《古迹》篇，卷四，印刷图七

登德拉

这幅版画从正面描绘了宽阔的多柱式大厅，它半掩在砂石之中，可以看到24根立柱中的6根有哈托尔形象的柱头——也就是有着牛耳朵的女神形象。正面也有罗马皇帝提比略、卡利古拉和克劳迪乌斯（14—54年）的王名圈。大厅屋顶上通常会有瓦砾和当地人的住所。

第114页上图

北侧大门

《古迹》篇，卷四，印刷图四

登德拉

这座大门半掩在沙石之中，其上镌刻着罗马皇帝图密善（81—96年）在位和图拉真（98—117年）在位的王名圈。在罗马帝国时代曾经有地底的道路通向这些神庙，但现在几乎都消失了。

第114—115页图

遗迹西向总览

《古迹》篇，卷四，印刷图三

登德拉

登德拉神庙群（Dendra，即古代的Tentyris城）位于卢克索以北60千米处，是古埃及的主要祭祀中心。它曾经占有（并且在某种程度上仍然占有）一个巨大的区域，且被12米高的围墙环绕。这个在尼罗河左岸遗世独立的建筑群始建于内克塔内布一世时期（第三十王朝），贯穿了公元前1世纪托勒密王朝最后的统治者们，并在罗马帝国时代最终建成。这个建筑群被用于祭献司欢乐、爱情和音乐的女神哈托尔。图中描绘了法国远征时期的巨大遗迹群，我们可以看到左侧的北门和右侧的哈托尔大神庙。

第115页上图

北侧大门重建图

《古迹》篇，卷四，印刷图六

登德拉

这是法国工程师夏布洛尔（Chabrol）和若马尔（Jomard）设想中登德拉建筑群北门的重建图。正如在卡尔纳克建筑群南门中的构思，入口被设计为凯旋门式样，镌刻着描绘神祇和法老的浅刻浮雕。其中一个浮雕描绘的场景讲述了尼罗河每年洪水泛滥，并且民众由于尼罗河泛滥带来的养分哺育植物而欢欣鼓舞。

第116—117页图

神庙西侧总览

《古迹》篇，卷四，印刷图十

登德拉

这是从西侧所能看到的外墙雕刻。它完全用浮雕装饰，展示了典型的埃及肖像画法，如法老对登德拉各路神祇的祭拜和供奉。

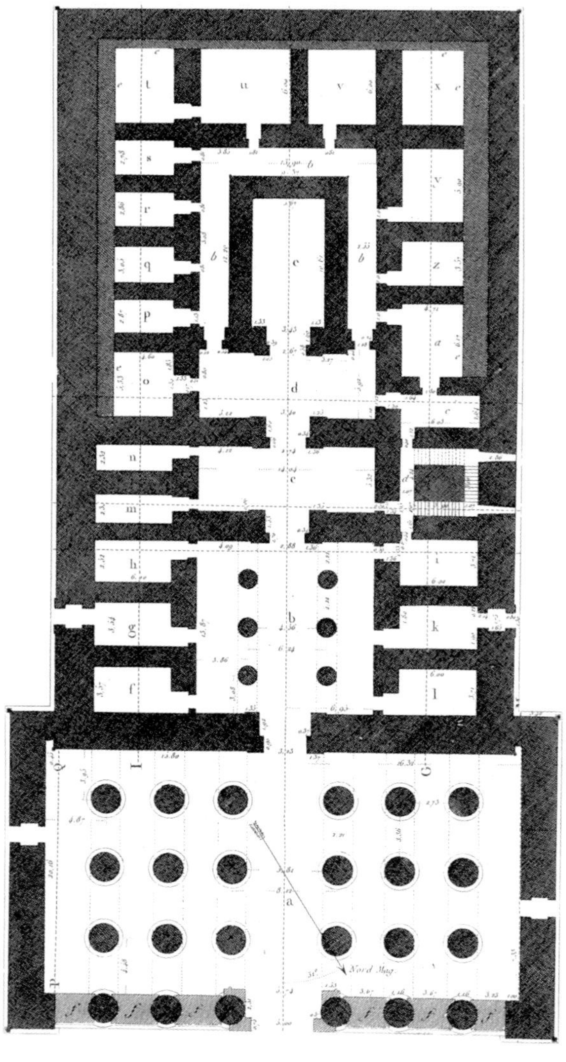

第116页下图

神庙平面图

《古迹》篇，卷四，印刷图八

登德拉

与伊德富的神庙一样，登德拉的哈托尔神庙也是托勒密王朝时期建筑法式的典范。神庙以砂岩建造，但没有塔门和庭院。这幅平面图展示了带有24根立柱、一座前庭和其他次级区域的多柱式大厅，包括供有女神化身的内殿。

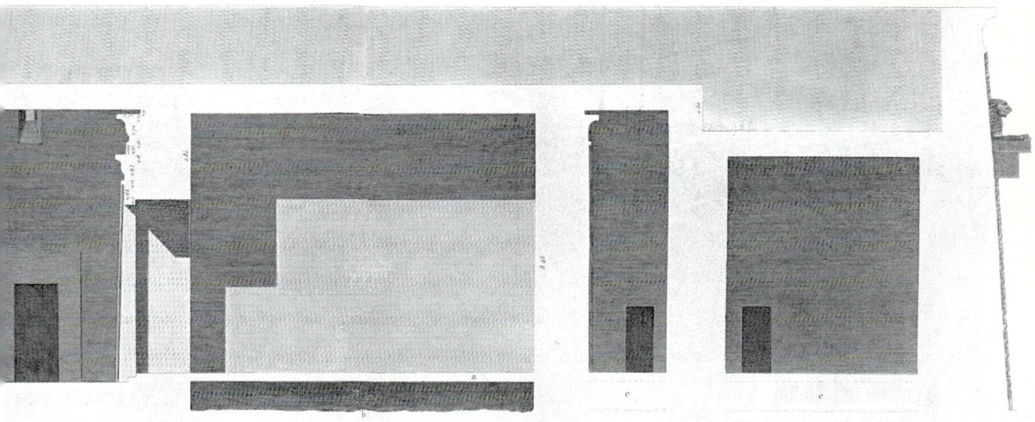

第117页右图

一根立柱的细节

《古迹》篇，卷四，印刷图十二

登德拉

这幅图描绘了多柱式大厅中的24根立柱中的一根，经过了重建和上色（仅见于《埃及记叙》的第一个版本）——这部分归功于19世纪早期立柱上仍然可以见到颜料的痕迹。这些立柱的柱头在形状上类似于哈托尔女神的乐器——叉铃。在顶部还有一个小神龛，用来供奉女神的儿子伊希。中央的场景显示女神和她的小儿子手持一个叉铃，其旁还有罗马皇帝克劳迪乌斯的形象。这里的象形文字是随意绘制的。

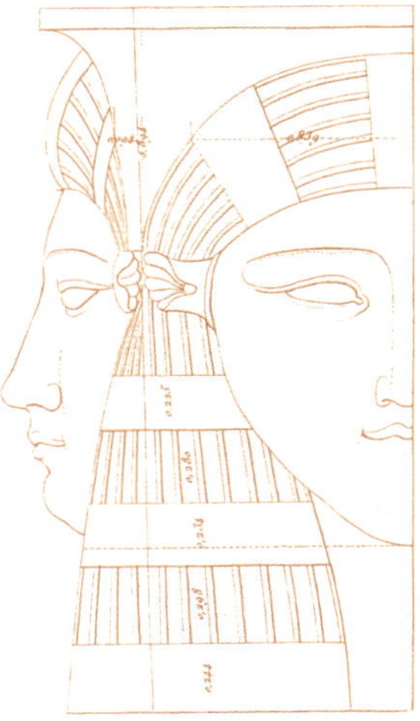

第118—119页图

神庙后面观

《古迹》篇，卷四，印刷图十六

登德拉

这幅图描绘了神庙的后墙。在墙面中央我们可以辨认出哈托尔女神；在狮兽首石像下，这幅大场景从右至左描绘了著名的女王克利奥帕特拉七世（以哈托尔的形象出现），她的儿子恺撒里昂正在为登德拉祭祀的各路神祇焚香，包括哈托尔和荷鲁斯。

这幅镜面像（左侧同样刻有这对母子向其他神祇敬拜的场景）是埃及托勒密王朝最后一位女王和恺撒里昂［尊号托勒密十五世（公元前47—前30年）］的唯一遗存，恺撒里昂也是埃及托勒密王朝的最后一位法老。

第120—121页图

黄道十二宫图

《古迹》篇，卷四，印刷图二十一

登德拉

这幅黄道十二宫图被刻在哈托尔神庙一座高级神殿的屋顶上，它代表着天空以及天空中不同的星座。在右边和左边，女神努特的画像带有古典时代的绘画风格。1821年，法国工程师让-巴蒂斯塔·勒罗兰（Jean-Baptiste Le Lorrain）以一种相当冒险的方式将这件艺术品运到了巴黎，并卖给了路易十八。黄道十二宫图起初被认为相当古老，但实际上可以追溯到希腊-罗马时期。它现在保存在卢浮宫，在埃及的神殿原位则被安装了一份复制品。

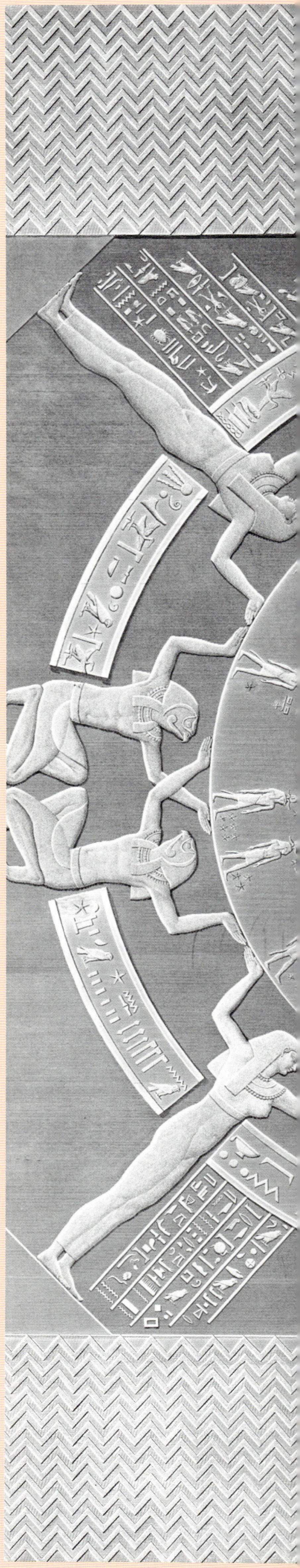

第122页上图

多柱式大厅内景

《古迹》篇，卷四，印刷图三十

登德拉

这是多柱式大厅的重建图，大厅内有24根立柱，每根立柱高15米，分四排布置。大厅里有一列想象中的人，昏暗的灯光并没有遮盖住精美绝伦的哈托尔雕像柱头。

第122—123页图

神庙正面重建图

《古迹》篇，卷四，印刷图二十九

登德拉

拿破仑时代的学者们不得不想象出哈托尔神庙的正面。值得注意的是，它缺少通常神庙法式中建筑入口的塔门和前庭。画中的浅浮雕大多是原作的精确复制。

Antiquités Volume 5

《古迹》篇，卷五

第124—125页图

日落时分的金字塔和狮身人面像总览

《古迹》篇，卷五，印刷图八

吉萨

当希腊人称吉萨金字塔为“古代世界七大奇迹”之一时，这些建筑已经经历了二十余个世纪的风吹日晒。今天，其他六大奇迹几乎没有分毫存留，但是已有近五千年历史的金字塔却仍然是古埃及绘卷中最令人难忘的一幅，也无愧于世间最著名的遗迹。该版还展示了狮身人面像，一些法国学者正对它的头部进行检视。这座世界著名的雕塑一半埋在沙子中，通体以石灰石凿就，形似一头卧狮，代表着法老的力量。这座狮身人面像于公元前2500年前后受法老哈夫拉之命建成，数千年来一直守护着法老陵寝，一直带着神秘的微笑望向太阳升起的东方大地。

第126页上图

狮身人面像与第二座金字塔的总览

《古迹》篇，卷五，印刷图十二

吉萨

这是埃及委员会所绘的另一幅狮身人面像。这座雕塑由一整块石灰岩切割而成，长约70米，高约20米。希腊语中的“狮身人面像”（Sphinx，即斯芬克斯）一词几乎可以肯定是源于埃及语中的“Shesep Ankh”（意为“活着的雕像”），几千年来一直代表着一头长有人脸的狮子（在本例中人脸为法老法夫拉），这是法老权力的象征，意指法老是太阳神阿图姆的化身（阿图姆常表现为狮子形象）。背景中是哈夫拉金字塔，入口在1818年3月2日由意大利探险家乔瓦尼·巴蒂斯塔·贝尔佐尼发现。

第126—127页上图

金字塔建筑群的地形图

《古迹》篇，卷五，印刷图六

吉萨

这幅图再现了吉萨地区的地形。吉萨地区现在是开罗的西郊，但在拿破仑远征时期，它西侧是利比亚山脉，东侧是耕地。吉萨高原上矗立着三座大金字塔、狮身人面像（右侧，位于胡夫金字塔正前方）、周围一系列埋葬王后的小金字塔，以及构成第四和第五王朝（约公元前2600—前2300年）高官墓地的众多石制墓室。

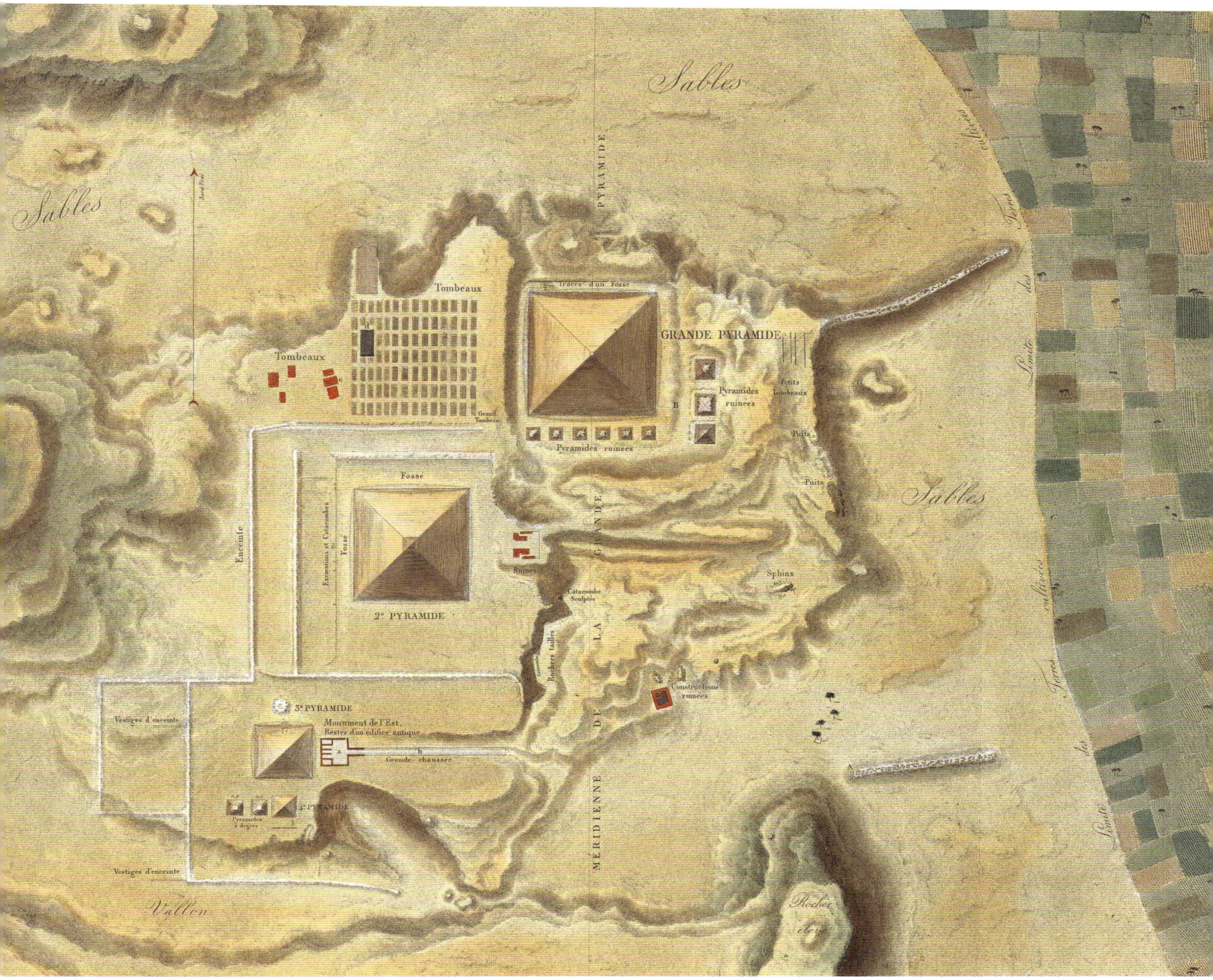

第126—127页下图

金字塔东南向总览

《古迹》篇，卷五，印刷图七

吉萨

“Regum pecuniae otiosa ac stulta ostentatio”——“这是君主对他财富华而不实且愚蠢之极的炫耀。”（老普林尼，23—79年）

“全世界都畏惧时间，但时间畏惧金字塔。”（13世纪阿拉伯谚语）

“我的士兵们！请你们记得四千年的历史正在金字塔顶注视着你们，并会为你们的胜利鼓掌喝彩！”（拿破仑·波拿巴，1769—1821年）

作为强力统治者的王陵，这些巨大的石山仍然被游客叹为观止：人们越是深入思考它们的存在，就越是发觉它们的神秘、深不可测。这幅版画展示了吉萨的沙漠平原和其上的胡夫、哈夫拉、孟卡拉的著名遗迹。第四座金字塔是一位王后的坟墓，在形制上要小得多。

第128页图

胡夫金字塔中的主走廊

《古迹》篇，卷五，印刷图十三

吉萨

该版展示了大金字塔走廊两侧的斜坡。图中左侧是工程师让·巴蒂斯塔·勒佩尔站在他建造的轻便楼梯底部；他正在观察上尉让·约瑟夫·库泰勒——上尉进入了他们刚刚发现的一个小房间，所以我们只看到了右腿。在右边的场景中，其他法国学者在当地人的帮助下，正沿着主走廊上行，去往石棺所在的房间。

第129页图

平面图、纵切图和大金字塔的入口

《古迹》篇，卷五，印刷图十四

吉萨

这是胡夫金字塔的纵切面，有入口、上行走廊、下行走廊、主走廊、前厅、法老的墓室和“王后的墓室”。

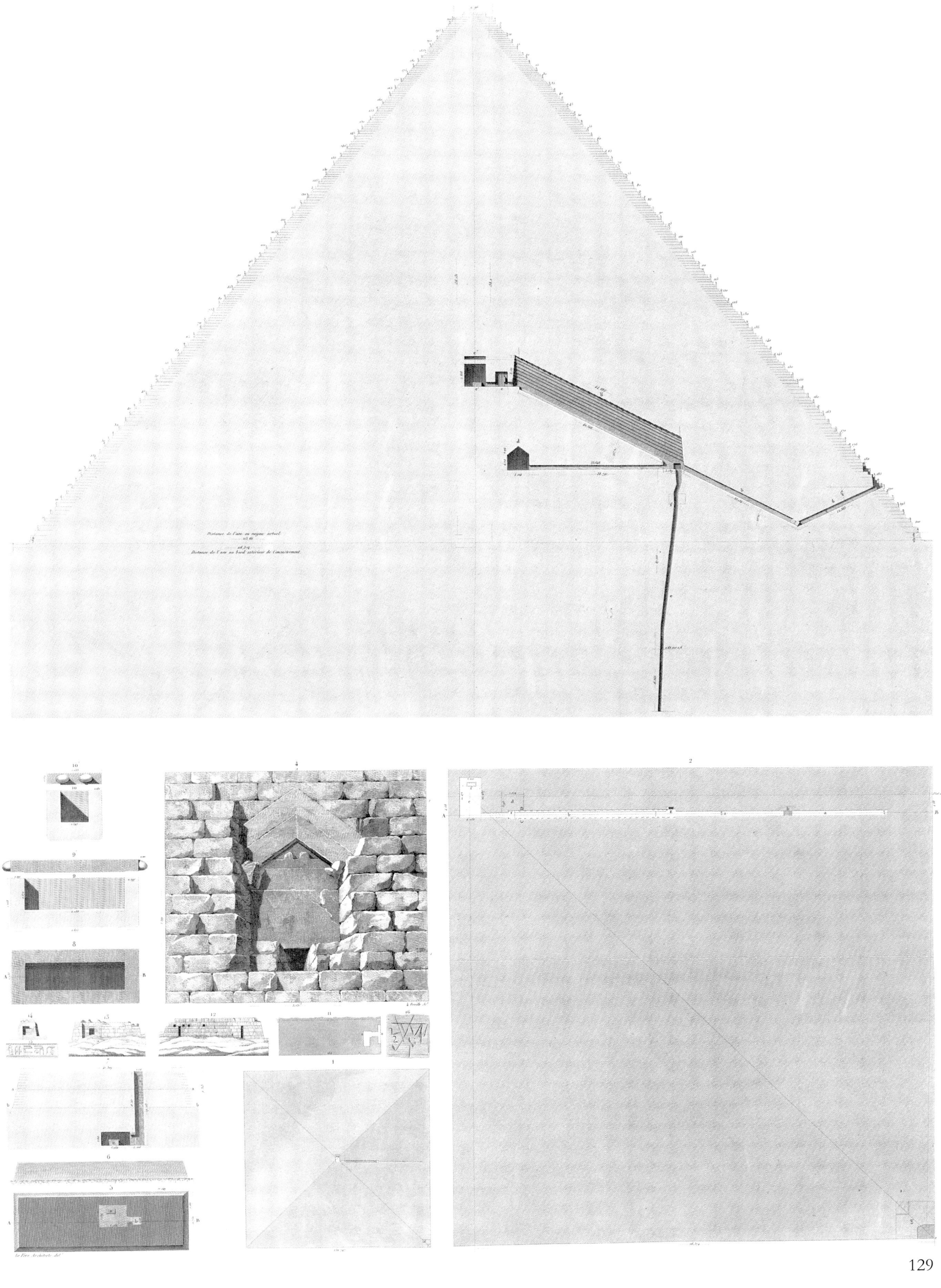

第130页上图&下图

庞培石柱

《古迹》篇，卷五，印刷图三十四

亚历山大城

在现代亚历山大里亚的西南部，人们仍然可以欣赏这座被误称为“庞培石柱”的遗迹。事实上，这与庞培的死无关，庞培败于恺撒后在埃及海滩避难，且公元前48年在那里被杀。而这根石柱是在300年前后为纪念戴克里先皇帝而建造的。它由粉色花岗岩制成，高度超过20米，有一个可爱的科林斯式柱头，可能支撑着罗马皇帝的骑像。在版画的远景中，在运河的另一边，可以看到阿拉伯式的房屋和清真寺的宣礼塔。

第130—131页图

克利奥帕特拉之针

在这座著名城市的大港口附近发现了两座方尖碑，一座矗立着，另一座倒卧在地上——这座方尖碑在14世纪就已经倾颓，一部分还埋在沙子中。几个世纪以来，这两块巨石被许多游客称为“克利奥帕特拉之针”。这是一个奇怪的名字，而且还提到了埃及托勒密王朝最后一位女王（公元前51—前30年在位），事实上，这两块巨石最初由图特摩西斯三世于公元前1470年前后在赫利奥波利斯建造。公元前22年，罗马皇帝奥古斯都下令把它们运到亚历山大，放在恺撒勒姆（Caesareum）神庙前——这座神庙是埃及艳后为安东尼而建的。今天，这两座方尖碑已经不在埃及了，因为它们被分别捐赠给了英国和美国。倒塌的方尖碑于1878年在伦敦泰晤士河岸上被重新竖立起来，而另一座则于1881年被安置在纽约市中央公园。

第二部分

伊波利托·罗塞里尼
眼中的古埃及

弗兰科·塞里诺

第133页图
一位正在祭献的法老
底比斯，帝王谷
《历史遗迹》篇，卷二，印刷图十六
（细节）

第134—135页图
拉美西斯二世的赫赫武功
阿布辛贝勒，大神庙
《历史遗迹》篇，卷三，印刷图八十一

第136页图
塞提一世与众神
底比斯，塞提一世之墓
《宗教遗迹》篇，印刷图五十九

第137页图
向神祇上贡
底比斯，拉美西斯三世之墓
《宗教遗迹》篇，印刷图七十四
（细节）

第138—139页图
拉美西斯二世与底比斯三神
阿布辛贝勒，大神庙
《历史遗迹》篇，卷三，印刷图八十四

Bos.

Nº. LXXXVI.

Ippolito Rosellini

伊波利托·罗塞里尼与19世纪古埃及的再发现

第140页图

罗塞里尼像

画中的伊波利托·罗塞里尼穿着东方服装，蓄着长胡须。这幅画来自比萨裔埃及学家朱塞佩·安杰雷利（Giuseppe Angelelli）所完成的大型绘画《联合探险队在埃及》（1828—1829年）。

得益于拿破仑对埃及的远征，尤其是在他的命令下进行的科学考察，200年前的欧洲重新发现了古埃及文明。而在这场让欧洲人见识尼罗河畔散落珍珠的前无古人的运动中，德农《上下埃及行记》（1802年）中描绘的精美雕刻艺术，以及两版《埃及记叙》（1809年和1821年）厥功至伟。

尽管所有的功劳都归功于法国和著名科学家让-弗朗索瓦·商博良（因为他在20年后最终破译古埃及象形文字的秘密），但意大利也曾因为诞生了商博良的学生和精神继业者而在这场盛事中分享了荣光——这个人就是被誉为“意大利埃及学之父”的伊波利托·罗塞里尼（Ippolito Rosellini）。

罗塞里尼1800年8月13日出生于比萨，很快就显示出“笔耕”的天赋。事实上，他在年仅17岁的时候已经在当地大学研习希伯来语和天主教历史。1821年，他获得了神学博士学位，并移居博洛尼亚，在通晓多种语言的著名东方学家朱塞佩·梅佐凡蒂（Giuseppe Mezzofanti）门下学习东方语言课程。回到比萨后，年方24岁的罗塞里尼被任命为比萨大学东方语言和希伯来语讲师。

当罗塞里尼发现了商博良在1824年出版的《古埃及象形文字体系》后，他立刻怀着“大丈夫当如是”般的热情投入到这一新学科的研究中。

1825年夏天，几乎可以肯定的是，他在佛罗伦萨见到了“破译者”（罗塞里尼喜欢如此称呼这位伟大的法国学者）。商博良前一年就已经抵达意大利都灵，并在那里研究德洛维蒂（Drovetti）的藏品和其他古埃及文物。罗塞里尼在回忆录中写道：“是自然的神秘法则把那些被统一塑造的灵魂捆绑在一起，

进行同样的研究，我们几乎没有见过彼此，但我们神交已久。我们一见如故，他对他的机密和发现毫不保留，我感觉心中对埃及的爱越来越强烈而立刻决定追随他去任何他该去的地方。”

关于埃及文字的破译，那年年底，这位年轻的比萨人发表了一篇论文，他在其中阐述了（并且以受教育程度较低读者也能理解的语言阐述了）商博良的发现，并表示了对商博良的支持和对他反对者如兰奇（Lanci）、科尔德罗·迪·圣昆汀诺（Cordero di San Quintino）和塞法特（Seyffarth）的批判。这篇文章因其简明流畅而深受商博良的赞赏。

第二年春天，罗塞里尼再次在意大利见到了商博良，彼时商博良正忙于研究其他古埃及文物和参观意大利城市，他接管了英国驻埃及领事亨利·索尔特（Henry Salt）的藏品——这些藏品已经经过了他的检视，且刚刚被法国政府收购。

这两位学者共同度过了四个月的时光，这真正使得他们情比金坚。罗塞里尼此后将成为“破译者”最青睐的弟子，后者甚至还称他为“我忠实的同伴和学生，一位精力充沛的年轻人”。商博良在给他哥哥雅克-约瑟夫的信中说：“我注意到（当我在罗马和那不勒斯进行研究时）这位年轻人对专业研究的真正热情，他对科学的全心投入，同时也欣赏到他与众不同的品质。埃及考古学对他而言就是命中注定的事业。而如果我能和他一道对古埃及展开研究，为他提供力所能及的帮助，使他以这种热情和毅力在语文学的其他分支中取得进展，对我来说也是人间幸事。埃及学的范围是如此的大，以至于有时我觉得自己无法完成所有的研究，同时更需要像罗塞里尼那样致力于科学研究的合作者。”

几个月后，商博良向开明而野心勃勃的托斯卡纳大公利奥波德二世（Leopold II）提出要求，允许罗塞里尼在巴黎完成他对东方语言和象形文字的专业研究。这进一步证明了他对这位年轻比萨学者的青睐。

在获准离开（并且从教学工作中脱身一年）后，罗塞里尼于1826年12月动身前往法国首都。他在都灵稍做停留，去拜访东方学者阿米迪奥·佩龙（Amedeo Peyron）和牧师科斯坦佐·加泽拉（Costanzo Gazzera），后者是一位哲学讲师和热情的语言学家。这次见面标志着加泽拉和这位比萨学者之间长期友谊的开始，最好的证明就是他们的长期通信——从1826年到1840年。

罗塞里尼在巴黎逗留了七个月，其间帮助他“敬爱的大师”分类整理了卢浮宫在这之前不久购买的索尔特藏品和德洛维蒂的第二批藏品。

罗塞里尼在巴黎以坚定不移的热情学习着，他会见了一些法国的东方学家，并与商博良就组建法国-托斯卡纳大公国联合探险队（以下简称“联合探险队”）在埃及进行探险的计划进行了多次交流。希望能对这个古文明的遗迹进行科学的探索，并在象形文字的发掘和破解上取得决定性成果。

1827年7月，罗塞里尼返回意大利时向大公利奥波德二世呈阅了该项目，大公表现出了极大的兴趣，他批准了该项目并保证了必要的资金支持。同年9月，罗塞里尼回到巴黎，想知道这个项目是否得到了法国政府的批准，但法国政府似

第141页上图

往生世界中太阳的轨迹

底比斯，塔沃斯塔&塞特纳克特之墓

《宗教遗迹》篇，印刷图七十

（细节）

该图象征了新的一天，或黎明的诞生。

第141页下图

有着鹰隼头的拉-哈拉胡提

底比斯，麦伦普塔赫之墓

《历史遗迹》篇，卷三，

印刷图一百一十八（细节）

画面中是拉-哈拉胡提，他左手拿着象征永恒生命的安克架（ankh）。

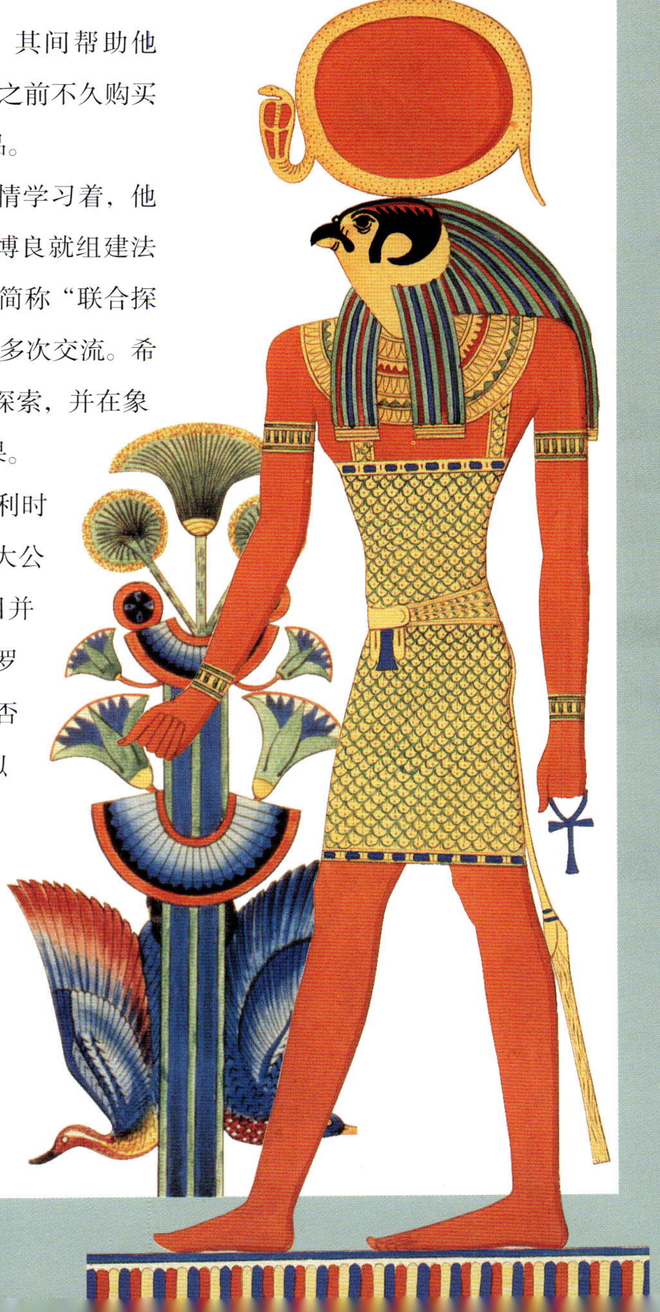

第142页图

让-弗朗索瓦·商博良

莱昂·科涅（Léon Cogniet）绘

商博良在学生时代就对古代东方语言充满热情，1808年他从罗塞塔石碑入手破译象形文字，罗塞塔石碑由布夏尔（Bouchard）船长于1799年发现，现藏于大英博物馆。经过多年的学习，商博良以其敏锐的直觉和丰富的语言知识，终于在1822年9月宣布他成功地破译了古埃及文字。

乎对它敬谢不敏。接下来的一个月，这位比萨学者将自己的感情生活置于对埃及的热爱之上，迎娶了著名作曲家路易吉·凯鲁比尼（Luigi Cherubini）的女儿泽诺比娅（Zenobia），泽诺比娅是他前一年遇到的，他们一共生育了四个孩子，包括一个夭折的女孩。

在1828年的前几个月，项目的最后障碍被克服了——他们获得了法王查理十世的支持和资助。探险队在同年7月开始工作，他们在埃及和努比亚进行了考察，并于1829年秋季结束行程。在这期间所发生的重大事件，如对研究工作的评论、对考古遗址发掘以及联合工作的记录等，都被罗塞里尼写入了他趣味盎然的旅行日志里。这份旅行日志1925年由加布里埃尔出版。

1830年1月，罗塞里尼返回了比萨，并致力于重新整理他在考察中获得的大量科学材料。1831年7月他回到巴黎，计划与商博良合力出版一部作品。然而，1832年3月，商博良英年早逝，加上商博良的哥哥，被称为“菲雅克的商博良”的雅克-约瑟夫出于不信任选择了拒绝联合出版，这两部巨著只能分别付梓。

1834年和1835年，罗塞里尼因其杰出的功绩（这也是他的功绩首次在意大利得到承认），被允许在比萨大学开设科普特语和古埃及语课程，并被大公利奥波德二世任命为比萨大学图书馆馆长。

那时，罗塞里尼已经成为埃及学的领军人物，受到了国际学术界和欧洲文豪们的认可和赞誉。

例如在1836年，年轻的德国学者理查德·莱普修斯前往比萨，在罗塞里尼门下完成了学业，两年后，当时的莱顿博物馆馆长荷兰人康拉德·利曼开始与他进行长期而成果显著的通信。如同商博良和雅克-约瑟夫的通信一样，罗塞里尼发起了一场持续数年的、同样有趣的书信交流，对象则是意大利著名的文人、考古学家，如路易吉·玛丽亚·昂加雷利（Luigi Maria Ungarelli）。从1838年到1841年，罗塞里尼夜以继日地完成他的各项工作，并和他的反对者们在日益激化的矛盾中争论不休，这些都导致了他的健康状况的恶化——由于他早已患有肺部和肠道疾病，这无疑是雪上加霜。1843年6月4日，罗塞里尼如同他天不假年的“导师”一样，在比萨过早故去。

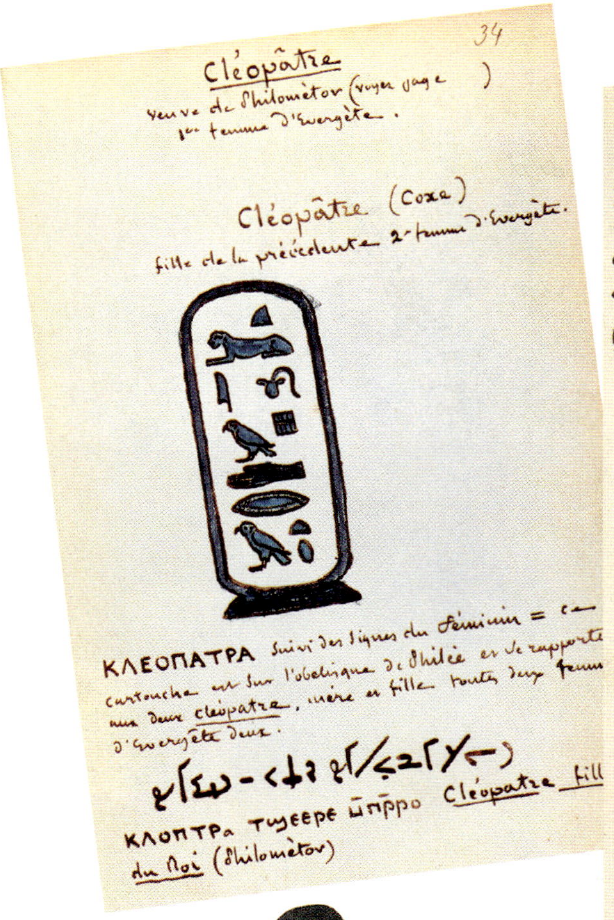

34

Cléopâtre
veuve de Philométor (voyez page)
1re femme d'Evergète.

Cléopâtre (Coxa)
fille de la précédente 2e femme d'Evergète.

ΚΛΕΟΠΑΤΡΑ suivi des signes du féminin = ce cartouche est sur l'obélisque de Philée et se rapporte aux deux cléopatre, mère et fille toutes deux femmes d'Evergète deux.

ΚΛΟΠΤΡΑ ΤΥϢΕΕΡΕ ϢΠΡΡΟ Cléopatre fille du Roi (Philométor)

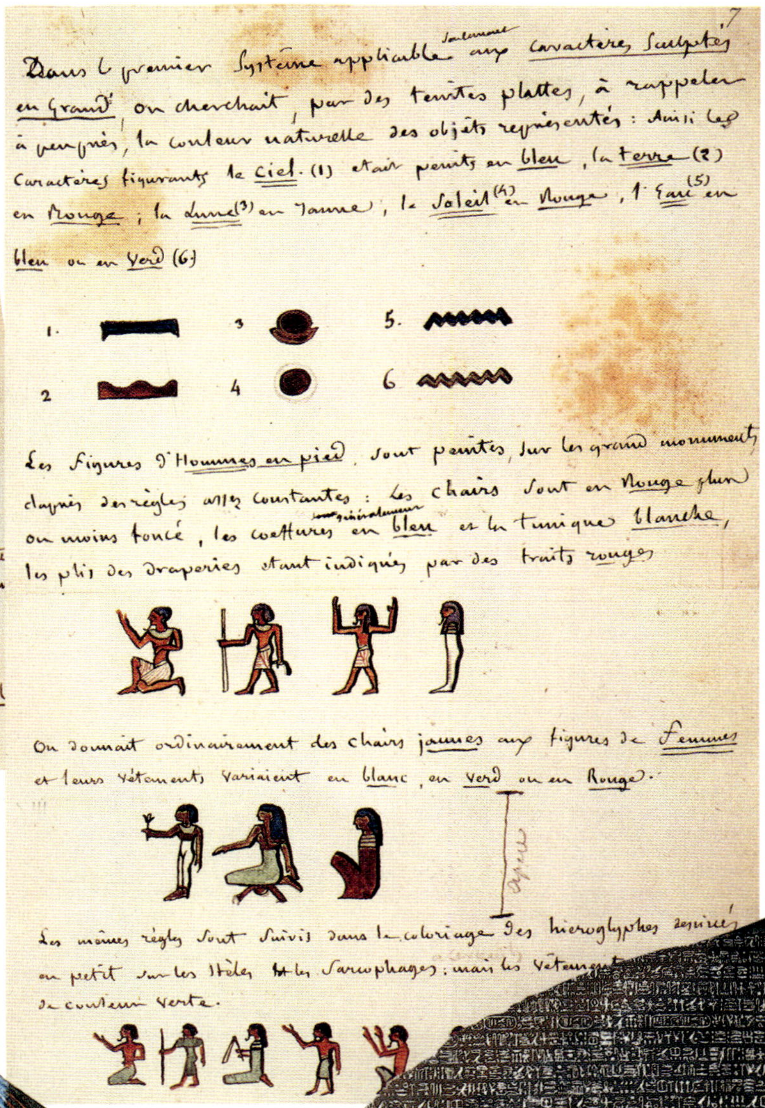

Dans le premier système applicable seulement aux caractères sculptés en grand, on cherchait, par des teintes plattes, à rappeler à peu près, la couleur naturelle des objets représentés : Ainsi les caractères figurants le ciel (1) étaient peints en bleu, la terre (2) en rouge ; la lune (3) en jaune, le Soleil (4) en rouge, l'Eau (5) en bleu ou en vert (6)

1. 2. 3 4 5. 6

Les Figures d'Hommes en pied sont peintes, sur les grands monuments d'après des règles assez constantes : les chairs sont en rouge plus ou moins foncé, les coeffures généralement en bleu et la tunique blanche, les plis des draperies étant indiqués par des traits rouges

On donnait ordinairement des chairs jaunes aux figures de Femmes et leurs vêtements variaient en blanc, en vert ou en rouge.

Les mêmes règles sont suivies dans le coloriage des hiéroglyphes dessinés en petit sur les stèles et les sarcophages ; mais les vêtements [illegible] de couleur verte.

第143页上图

古埃及语文法

这里展示了他手稿的两页，在这本《文法》中，商博良重申了他的理念，即象形文字同时具有象形性、象征性和表音性。

第143页中图&下图

罗塞塔石碑

商博良将托勒密的王名圈（它曾经多次出现在这座著名的石碑上）与克利奥帕特拉的王名圈（刻在菲莱岛发现的方尖碑上）进行了比较，这为他提供了完美的破译方法。

The Franco-Tuscan Expedition in Egypt

联合探险队在埃及

（1828—1829年）

第144—145页图

联合探险队

朱塞佩·安杰雷利

这幅画（3.47米×2.28米）由朱塞佩·安杰雷利于1835年前后创作，描绘了法国-托斯卡纳大公国联合探险队的所有成员。这位艺术家将布景选在古底比斯遗址中，不过远景中的自然风光大部分是虚构的。几乎所有人都穿着东方服装，从左到右依次是：法国画家阿尔伯特·贝尔丹（几乎看不见）、萨尔瓦多·凯鲁比尼、亚历山德罗·李奇（穿着红色束腰外衣）、涅斯托尔·洛特以及一名衣着华丽的向导兼翻译。在洛特身后的是安杰雷利，手里拿着一张纸。他旁边是皮埃尔·勒乌、朱塞佩·拉迪（坐着，看着膝盖上的一些植物）以及两个埃及人。在前景中，法国画家亚历山大·杜谢恩几乎躺在地上。站在画中间的是罗塞里尼，他左手拿着一幅画，身后是他的叔叔盖塔诺。商博良坐在一块石头上，蓄着浓密的胡须，手里拿着穆罕默德·阿里送给他的一把刀；他的脚边有一些他们刚刚发掘的物品。赤裸上身的人是挖掘工人的领队。最右边一位是当地的酋长（sheikh），他正在指引其他发掘地点。

第145页图

探险队章程

这是联合探险队在探险和研究过程中需要遵守的十七条章程中的部分。

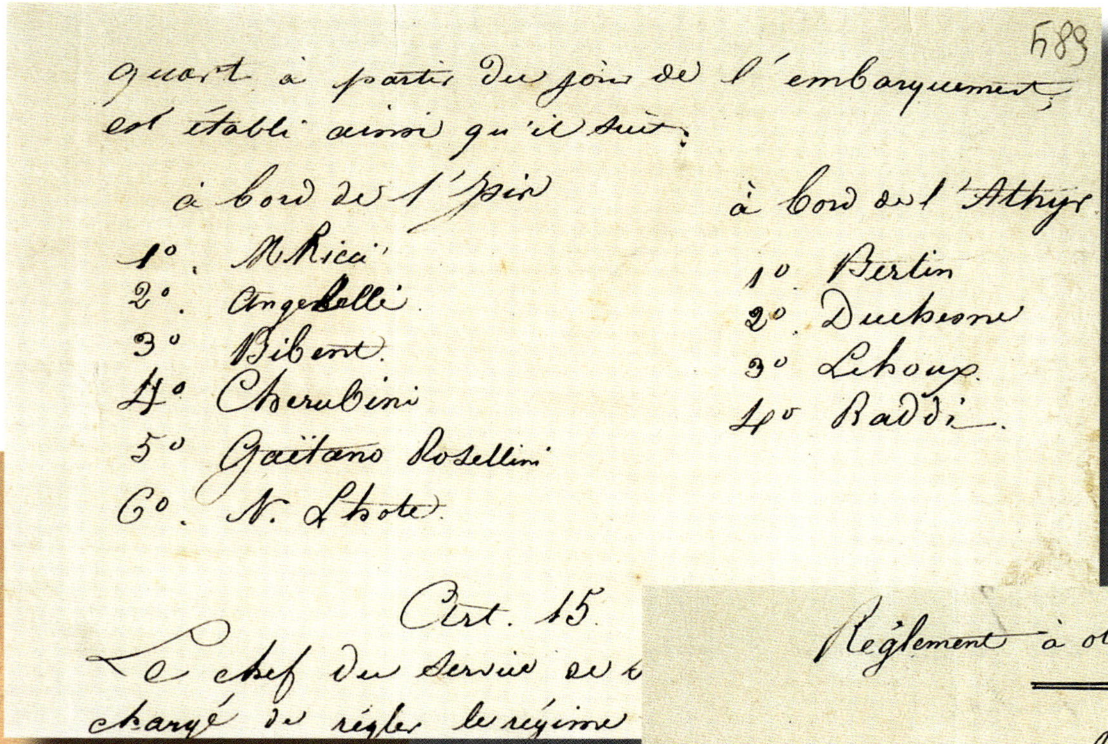
589

quart à partir du jour de l'embarquement, est établi ainsi qu'il suit:

à bord de l'Isis	à bord de l'Athyr
1°. M. Ricci	1°. Bertin
2°. Angelelli	2°. Duchesne
3° Bibent	3° Lehoux
4° Cherubini	4° Raddi
5° Gaëtano Rosellini	
6°. N. Lhote	

Art. 15.

Le chef du service de ... chargé de régler le régime ...

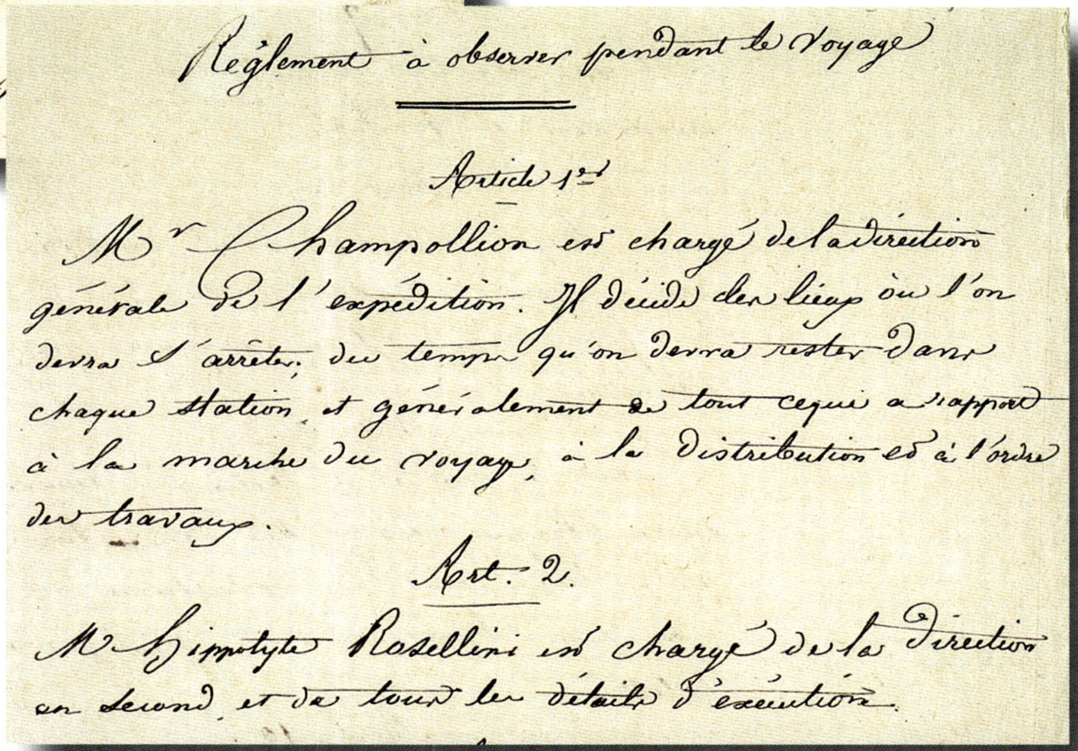
Règlement à observer pendant le voyage

Article 1er

Mr Champollion est chargé de la direction générale de l'expédition. Il décide des lieux où l'on devra s'arrêter, du temps qu'on devra rester dans chaque station, et généralement de tout ce qui a rapport à la marche du voyage, à la distribution et à l'ordre des travaux.

Art. 2.

Mr Hippolyte Rosellini est chargé de la direction en second, et de tous les détails d'exécution.

罗塞里尼和商博良之间的亲密友谊催生了他们在法老的国度执行共同使命的想法。尽管法王查理十世在这方面犹豫不决，但托斯卡纳大公利奥波德二世（Leopold II）对该项目充满热情，并推动了史上第一次旨在“探索埃及现存历史遗迹”的国际科学任务。

与拿破仑的远征相比，这一次“远征”不仅是为了描绘和描述古埃及尚存的大部分遗迹，更是为了借由探险队理解象形文字的能力，在埃及这个最近被重新发现的国家对其文物进行有针对性和系统性的研究。

联合探险队共有十三名成员。

法方成员包括

- 让-弗朗索瓦·商博良
- 安托万·比邦（Antoine Bibent），一位年轻建筑师，在抵达埃及不久就因病返回法国
- 涅斯托尔·洛特（Nestor L' Hôte）
- 亚历山大·杜谢恩（Alexandre Duchesne）
- 阿尔伯特·亨利·贝尔丹（Albert Henry Bertin）
- 皮埃尔·弗朗索瓦·勒乌（Pierre François Lehoux）。

托方成员包括

- 伊波利托·罗塞里尼
- 盖塔诺·罗塞里尼（Gaetano Rosellini），伊波利托的叔叔，建筑师兼工程师
- 亚历山德罗·李奇（Alessandro Ricci），医生兼画家
- 朱塞佩·安杰雷利（Giuseppe Angelelli），画家
- 朱塞佩·拉迪（Giuseppe Raddi），植物学家
- 盖塔诺·加拉斯特里（Gaetano Galastri），拉迪的助手，在抵达埃及不久就因足部受伤返回托斯卡纳
- 萨尔瓦多·凯鲁比尼（Salvador Cherubini），画家，同时也是罗塞里尼的妻兄，一位加入意大利籍的法国人。尽管他在名义上是托斯卡纳探险队的成员，但他实际上听命于双方。

statue. Ce qui peut le faire presumer est un beau fragment d'une statue Colossale de guerrier en porphire, qui se voyoit il y a quelques années sur le rivage de la mer et que le C.en Cassas a fait enlever pour l'ambassadeur Choiseul.

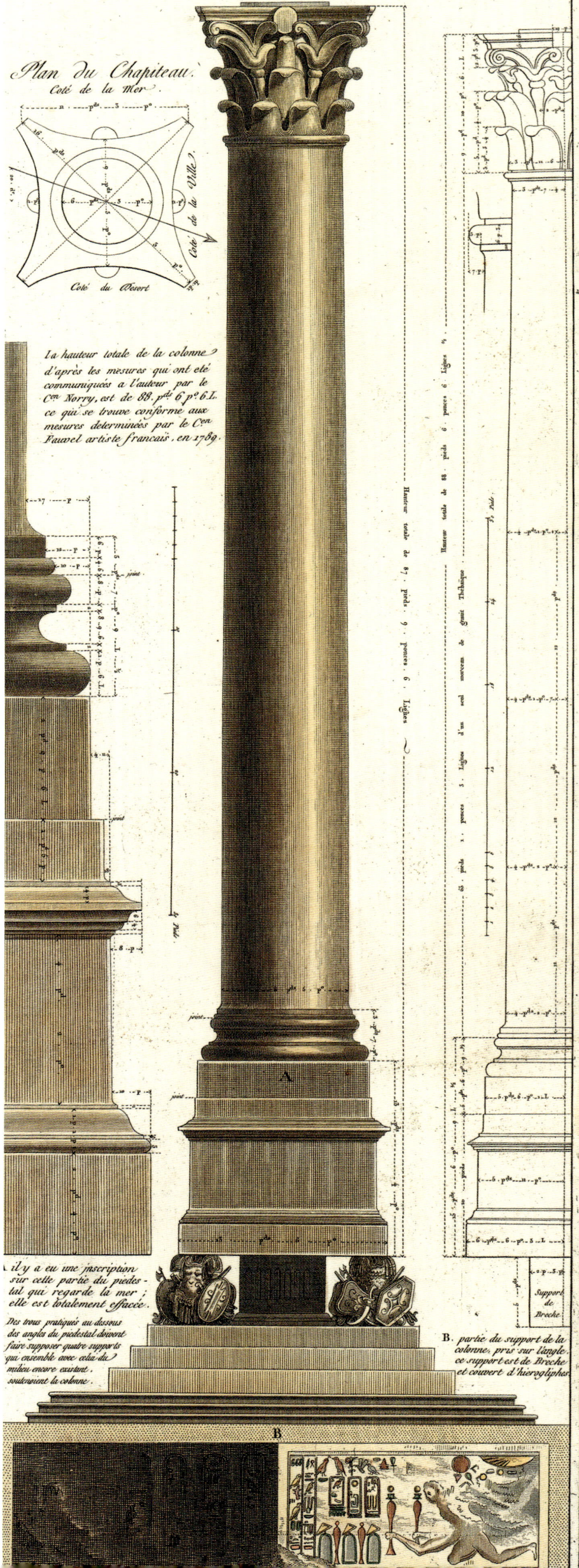

The Journey to Egypt and Nubia

通往埃及和努比亚的旅程

法国护卫舰埃格雷号（Eglé）于1828年7月31日从土伦港启航，船上载有十四名探险队成员，在西西里岛稍做停留后，于8月18日抵达亚历山大港。

在商博良和罗塞里尼热切的期盼中，探险队踏上了埃及的土地。

到岸后的头几天，考察队忙于拜见地方当局以及欧洲外交官，如托斯卡纳总领事卡洛罗塞蒂和多年来担任法国领事代表的伯纳迪诺·德洛维蒂。

在一个多月的时间里，考古队员们流连在这座公元前331年由亚历山大大帝建造的城市里，他们探访了最著名的街区，更熟悉了埃及的风土人情。当时最著名的古迹是一对被称为“克利奥帕特拉之针”的方尖碑和一根被称为“庞培之柱”的立柱。关于那两座方尖碑（其中一座在14世纪就已经倒塌了），我们知道它们是在奥古斯都时代由赫里奥波里斯运过来的，当时的亚历山大城是拥有三十万居民的大都会，是世界商业中心和文化荟萃之地。人们无从得知方尖碑何时被赋予了埃及托勒密王朝最后一位女王的名字。这两座方尖碑在19世纪中叶告别了故土。倒塌的一座被赠予英国，1878年被竖立在泰晤士河畔；另一座被赠予美国，1881年被竖立在中央公园。

在检查仍然矗立着的方尖碑时，罗塞里尼注意到“方尖碑地基周围的开掘是以一种不规则的方式进行的，以至于使人们认为是有人试图把它‘击倒’的”。“庞培之柱”这个名字没有历史依据。人们认为它与庞培的死有关，庞培在被恺撒打败后逃到埃及海岸边，公元前48年在那里被杀。实际上，这根高21米的立柱有科林斯式的柱头，是为了纪念戴克里先皇帝而在3世纪晚期竖立起来的。

第146&147页图

“庞培之柱”与“克利奥帕特拉之针”

这些石版画是法国艺术家路易-弗朗索瓦·卡萨斯（1756—1827年）创作的，他在1785年的一次近东之旅中访问了埃及。图中是亚历山大港的两座方尖碑，左侧是“庞培之柱”，右侧是“克利奥帕特拉之针”。这两幅版画都是从他的《叙利亚、腓尼基、巴勒斯坦和下埃及之旅》中摘取的，该书包括一百八十幅版画，1799年在巴黎出版。

Egypt at the Time of the Franco-Tuscan Expedition

联合探险队时代的埃及

19世纪初，埃及是奥斯曼帝国的一大行省，却由于内部冲突和财政困难而十分衰败，而且当世界不断向前发展的时候，埃及似乎停滞在中世纪。随着拿破仑的远征，这个国家接触到了新的制度，迎来了复兴和繁荣的希望。事实上，被认为是现代埃及开创者的穆罕默德·阿里在此时执政，成为埃及政治和社会的转折点。

这位领导人行事果决、不择手段而又残忍无情，他在各个领域都发起了巨大的改革运动。穆罕默德·阿里深知西方文明的重要性，因而毫不犹豫地聘用欧洲专家和顾问。结果就是在19世纪早期的几十年里，旅行者、技术人员、探险家和冒险家大量涌入这个国家寻找文物。就考古学领域而言，各国驻埃及的外交官们几乎都在全力以赴搜集文物，以供各自国家的博物馆展出和收藏。这种古物狩猎并不总是波澜不惊的公平竞争，事实上，有时甚至会伴随硝烟。

9月14日，在设法获得授权他们在埃及各地旅行，进行挖掘和研究的证明文件或敕令后，探险队成员乘两艘船前往开罗。由于脚痛，年轻的加拉斯特里被迫放弃旅行，返回意大利。

两叶扁舟在村庄和茂密的植被中航行了一个星期。“尼罗河沿岸，”罗塞里尼写道，“都有植被覆盖，作物长势极好，因而一直让人们感觉心旷神怡。棉花和其他植物长得非常漂亮……柽柳和尼罗河含羞草非常茂盛。”他又写道：“尼罗河的两岸都显得如此迷人，如此葳蕤。河两岸有许多村庄，村人们起初显得多疑而畏惧，但是他们很快意识到我们的意图，所有的孩子都聚集在我们周围，好奇地看着我们，或者渴求得到一枚硬币。”

9月20日，探险队成员在开罗的一个河港布拉克下船，徒步前往这座近在咫尺的名城。在他们抵达的时节，开罗由于纪念先知诞辰的庆典活动而热闹非凡。

“开罗从整体上来说与我们生活的世界大相径庭，”我们可以在罗塞里尼的日志中找到这样的记录，“宽阔的广场上挤满了人：大声地叫卖，风笛和横笛的旋律……还有杂技演员们的叫喊声，他们用高超的技巧和一种巨大而可爱的狒狒（古埃及的一种神圣动物）的舞蹈为许多人表演。在车夫、骑手和人群的呼喊声中，小驴、双峰驼、单峰驼和马匹不断地在人群中穿梭；衣着、声音、语言——总而言之，一切都是新鲜的、奇异的、难以言状的。”

他们在开罗的时间被用来参加其他庆典和参观城市的大街小巷，包括最具有特色的集市、清真寺和哈里发的坟墓，这些在当时都是伊斯兰建筑的典范。

罗塞里尼关于邪恶奴隶市场——这在埃及一直存续到19世纪中叶——的评论非常令人动容：“在开罗那些大广场旁的房屋中，就会有一栋被用来出卖男奴和女奴。奴隶们的数量非常之多，这一景象既让人感觉新奇，却也让人唏嘘不已……”

探险队在孟菲斯蹉跎了数日，发现那里几乎没有留存任何往日荣光，沮丧至极的罗塞里尼描述它为“而今已是残砖碎瓦”。之后，他们在附近的塞加拉扎营，参观那里尚存的大量古王国时期墓葬和

第148页图

图松（Tusun）帕夏喷泉

罗伯特·海伊（Robert Hay）

图松帕夏喷泉可追溯到19世纪初，该图是罗伯特·海伊的《开罗绘卷》（*Illustrations of Cairo*，1840年出版）中版画的复制品。

第149页图

娜菲莎喷泉

罗伯特·海伊

这个喷泉是伊斯兰建筑艺术的典型范例。英国旅行家、画家罗伯特·海伊（1799—1869年）在1818年至1838年间多次访问埃及。在他的助手中，欧文·布朗·卡特（Owen Browne Carter）和查尔斯·拉弗（Charles Laver）尤为值得一提。

第150页左上图

伊西斯女王

《历史遗迹》篇，卷一，印刷图八

（细节）

这幅图展示了拉美西斯六世的母亲伊西斯王后，她的坟墓位于王后谷。

第150页右下图

在纸莎草丛中的鸟类

贝尼哈桑

《城镇遗迹》篇，卷一，印刷图十四

（细节）

画面中展示了在纸莎草丛中的朱鹭巢。

第150—151页图

贝尼哈桑大墓地

《城镇遗迹》篇，卷一，印刷图一

（细节）

这幅图展示了开罗以南299千米的一处重要的中王国时期（公元前2000—前1800年）考古遗址。

第151页图

莲花枝叶图案范例

《城镇遗迹》篇，卷二，印刷图十四

（细节）

这根立柱是贝尼哈桑陵墓建筑中的一个典型元素，它的柱头部分象征性表现了一束束莲花。

金字塔，复制雕刻和绘画，并在当地年轻人的帮助下进行发掘。

在经历了因劳累过度和生活条件差（按照欧洲标准，通常是相当艰苦的）而引起的疾病和不适应之后，他们骑着骆驼和驴到了吉萨，那里有当时半掩在沙土里的金字塔和狮身人面像。

这些已经由数百名游客记述和绘制的“名胜古迹”给探险队成员留下了深刻的印象，他们毫不犹豫地爬上胡夫金字塔（或切奥普斯金字塔）的顶端，在那里他们可以欣赏三十年前拿破仑和马穆鲁克人发生著名战役的平原。

1828年10月11日，随着第一次考古发掘的完成和精美画作的绘制，探险队载着对皇帝陛下的记忆继续向南航行，10月22日到达了埃及中部的一个叫贝尼哈桑的地方。

他们登陆后，首先开始观察周围环境——这片地区由小山或中等大小的山围绕。“阿拉伯的山脉都非常陡峭，”日志中写道，“而且绵延不绝，其上布满岩石洞穴，我们爬上去远眺，发现比我们以前看到的任何景色都漂亮。”

探险队在此没有按原计划逗留一天，而是在那里待了两周。事实上，那里有许多非常有价值的地方统治者的坟墓，如阿门内姆哈特（Amenemhet）和克努姆霍特普（Khnumhotep）的坟墓。大部分墓穴都是在石灰岩山体中开凿出来的，并在墓门处排列有一排被商博良称为“原始多立克式”的立柱，这些墓穴使探险队的所有成员都欣喜若狂，他们不停地复制墙壁上的绘画作品，“真正的蛋彩画，以其精湛的绘画技巧而闻名”。（商博良）

这里保存有抵达埃及以来学者们所看到最美的居家生活和市民生活场景——它们被复制成了四百幅图画：农业、畜牧业、手工业、游戏、音乐、舞蹈——全都在他们眼前一帧帧流动。还包括一系列色彩鲜活的人物和动物，它们在19世纪早期还栩栩如生，但现在早已湮灭于天灾人祸。

在参观了贝尼哈桑和附近的其他地方后，探险队冒险走了几英里远，去参观安提诺波里斯（Antinopolis）和荷莫波里斯（Hermopolis），安提诺波里斯曾经是哈德良皇帝心爱的城市，而荷莫波里斯是另一个重要的考古遗址。然而，根据罗塞里尼的说法，这两个地方都变成了废墟，“因为政府和当地居民的野蛮破坏”。

他们随后在更远的南方登陆，发现了一座“未知的城市”，这座城市让他们感兴趣，但却无法辨认：这是阿玛纳（Tell al-Amarna）的“异端”法老埃赫那吞的城市。

旅途中，很显然会有某些日子比其他日子更忙。他们会登陆购买必需品，参观村庄或参加由卡什夫（当地长官）组织的晚餐或聚会——在聚会上吸正宗水烟和观看当地美女舞蹈都是例行公事的一部分。

11月16日，在参观过尼罗河两岸的村庄和城镇（如艾斯尤特和阿赫姆）之后，探险队抵达了登德拉，这是法国和意大利旅行者们耳熟能详的地方。他们第一次远足是晚上去看古城遗址。在步行了几英里后，他们来到了尼罗河左岸的一座巨大的神庙内，这座神庙被笼罩在月色中。“天上皓月千里，夜

第152—153页上图

体育与军事场景

来自贝尼哈桑与艾斯尤特（Asyut）的许多陵墓

《城镇遗迹》篇，卷三，印刷图一百一十七（细节）

装备棍棒、弓、箭和盾牌的士兵在练习攻击和防御。

晚虫声唧唧，身边棕榈、梧桐随着微风摇曳，如此多样的美丽，使人觉得自己似乎已经超脱凡俗、遗世独立”——这是罗塞里尼在他的旅行日志中记下的第一笔。“再往前看，我们看到了一扇大门，以及门内宽阔广大的内庭……我们对如此优雅的结构和如此和谐的线条赞叹不已……‘多美啊！’我们不约而同说道。

于是我们迈步走入了近在咫尺却又在月光里若隐若现的圣殿……我们惊讶、惊诧、惊异，我们在那一刻哑口无言。夜晚和灯光闪耀在神庙中，带给人的感觉是难以言喻的。”

第152—153页下图

沿尼罗河而下的旅行

来自贝尼哈桑的陵墓

《城镇遗迹》篇，卷三，印刷图一百零九（细节）

图中展示了一艘有十二名划船者的船正忙于靠岸停泊。船舱里是法老后宫的妃嫔。

第152—153页中图

猎鸭

来自底比斯的陵墓

《城镇遗迹》篇，卷一，印刷图四

（细节）

图中展示了一个巨大的六角形网被铺设在湖中，用一根杆子和绳子固定。一个藏在植物丛中人正在发信号，指示什么时候应该拉绳子来抓鸟。捕获的鸟（左）被带到一个小屋，在那里它们被杀死，拔毛，腌制，并放在大罐子里。

第二天天气晴朗，队员们回到原处去瞻仰哈托尔神庙。这座遗迹始建于最后一位托勒密王朝统治者在位的公元前1世纪，完工于罗马时期，是古埃及文明末期的艺术表现之一。

因为一路风向有利，探险队在前往传奇之城底比斯的路上十分轻松。他们11月20日抵达，只剩下一周时间对底比斯以及附近的卢克索、卡尔纳克等地的建筑遗迹进行初步勘察。他们必须充分利用这个季节良好的天气条件首先赶往努比亚，不过回程时他们将在底比斯停留更长时间。

探险队员们不久就重新开始了旅程，他们参观了其他有趣的考古遗址，如拥有一座神庙遗迹的古城赫尔蒙特（Hermonthis），然后是被希腊人称为拉多波里斯的伊斯纳。欣赏过这座大型罗马时期神庙（虽然彼时大部分建筑都被黄沙掩埋）后，他们决定前往尼罗河左岸，伊斯纳对面的一处名为孔特拉多（contra-lato，因其位于拉多波里斯对面）的遗址游览。“法国的埃及委员会，”罗塞里尼写道，“已经为孔特拉多的一座小型神庙作了画，而我们也去看了看。”

经过几条崎岖的小路，乘坐渡船，和田野中很长的一段路，几乎所有探险队员都到达了既定位置，但他们什么都没看到。“我们询问了一位保护各种庄稼免受鸟类侵害的老阿拉伯人，”罗塞里尼在他的日记中写道，“他指着一堆灰白色的碎石告诉我们，那座神庙几天前在那迪尔（当地州长）的命令下被摧毁

了。怒火在我们心中越烧越旺，因为我们连知道或理解摧毁的原因都做不到。现在我们已经知道土耳其领导人经常为了制造水泥砂浆而毁坏由石灰石制成的古代遗迹，但是孔特拉多的神庙是用砂岩建造的，不能达到这个目的……因此，这座神庙毁于野蛮，无情和强烈的野蛮。”

让我们把罗塞里尼的评论记在心里，继续这段旅程。11月底，探险队到达了以供奉荷鲁斯出名的伊德富村。这座神庙始建于公元前327年托勒密三世统治时期，在1世纪完工，罗塞里尼在参观过后直赞它是“全埃及保存极为完整的遗迹之一……”，但是遗迹大部分都埋在沙子里。此外，“阿拉伯人在这座巨大的建筑内外都用尼罗河河泥修建了他们可怜的小屋，几乎把这座建筑层层围困起来”。

探险队继续顺流而上，在吉贝尔·阿尔-希尔西拉停下来参观砂岩采石场，然后又在考姆翁布停留，参观另一座托勒密时代的神庙。1828年12月4日，他们到达了阿斯旺——努比亚的重镇，通向非洲的门户。

努比亚是尼罗河流域的一部分，它连接着埃及和非洲大陆的中央—东部地区，努比亚大致的地理位置从如今的阿斯旺延伸到喀土穆——现代国家苏丹的首都。该地区分为下努比亚，从阿斯旺到瓦迪哈勒法（现代苏丹北部城市）；上努比亚，从瓦迪哈勒法到喀土穆。努比亚被认为极其不适宜居住，部分因为炎热的气候，部分也因为沟通困难。

在法老王们的时代，努比亚由于盛产小麦、家畜、珍贵的木材、黄金和半宝石矿而经常受到埃及统治。它作为一个总督区显然受到了强大埃及的影

响，但它却成功保持了自己的独特性。最重要的是，在新王国时期（公元前1600—前1100年），几位法老为了宣示自己在该地区的主权而建造了神庙和其他建筑群。

参观完阿斯旺岛和象岛（“那里的棕榈树可爱至极”）后。探险队团成员在第二日动身前往菲莱岛，这座小岛被称为“尼罗河的珍珠”，它周围的自然环境无与伦比，岛上建有供奉伊西斯的神庙建筑群，几个世纪以来都是该岛的标志。1970—1980年，这座巨大的建筑群被转移到附近的阿加勒凯（Agilkia）岛，以避免它因为阿斯旺水坝建成而消失在水中。

这些来自欧洲的游客们花了几天时间参观这个考古遗址，做了笔记，绘制了图纸，并勘测了这片土地。然后，在12月中旬，他们离开了菲莱岛，继续他们的尼罗河之旅。

由于拿破仑的埃及委员会最远的探索也止步于此，因此人们对努比亚地区所知甚少。然而，必须指出的是，1738年1月，丹麦探险家弗雷德里克·路德维希·诺登（Frederik Ludwig Norden，1708—1742年）到达了阿尔德尔（al-Derr），这是自“威尼斯无名氏”（1589年）以来欧洲人到达过的最远端。无论如何，诺登是第一个对努比亚大部分寺庙进行描绘和描述的人——尽管有些纰漏。1812—1814年，英国旅行家托马斯·勒格（Thomas Legh，1793—1857年）以无比的幸运和勇气成功到达了阿布·辛贝勒以北50千米处的伊布里姆堡（Qasr Ibrim）。

探险队继续其行程，他们在尼罗河沿岸300千

第154页左图&第155页右图

托勒密王朝的法老和王后们

菲莱岛

《历史遗迹》篇，卷二，印刷图二十四

（细节）

整个图版描绘了马其顿托勒密王朝的诸位法老，他们承自亚历山大大帝，在公元前323年—前30年（克利奥帕特拉七世去世的那一年）统治埃及。在这幅图中，我们只看到两个人物：托勒密七世（右）向神灵献酒，他的妻子阿尔西诺伊（Arsinoe）一手拿着莲花，另一只手上则是安克架。

第154—155页上图

埃及神话中的场景

菲莱岛

《宗教遗迹》篇，印刷图二十一

在众多神灵的包围下，法老向世界的创造者——普塔神献祭。

第156页上图

向阿蒙神致礼

《宗教遗迹》篇，印刷图四十一

（细节）

图中，阿蒙诺菲斯三世在拉-哈拉胡提的介绍下跪在阿蒙神面前，后者则坐在他的神龛里。

米的路程中停留了数次，参观了从达布德（Dabod）到凯塔西（Qertassi），从丹铎（Dendur）到达克（al-Dakka），再到阿尔德尔和伊布里姆堡的众多神庙（1960—1980年，在联合国教科文组织努比亚遗迹援救运动的主持下进行整体迁移，所有这些神庙都被拆解，切割成块，然后转移到更高的地方重建）。

12月26日，他们到达了阿布辛贝勒，这里因为拉美西斯二世在公元前1250年前后建造的两座神庙而闻名于世。其中更大的一座神庙直到1813年还无人知晓，因为它选址孤立，而且几个世纪以来完全被沙子所覆盖。那一年的3月22日，传奇的瑞士探险家和东方学家约翰·路德维希·伯克哈特（Johann Ludwig Burckhardt，1784—1817年，他曾在1812年发现了佩特拉古城）通过他的第二次考古挖掘，向全世界展示了阿布辛贝勒大神庙的存在。

联合探险队首先探访了用来祭祀奈菲尔塔利（Nefertari）王后的小神庙，之后动身前往大神庙。大神庙是为了彰显拉美西斯二世的权力和神性而建造的，是法老“百万年的居所”。商博良对阿布辛贝勒神庙有如下评论：“如果全努比亚只有这一座遗迹也是不虚此行：即使它置身底比斯的建筑群里，也可称奇观。”

罗塞里尼与商博良所见略同：“这座建筑物完全按照它原本的尺寸从岩石中凿出，是全努比亚最震撼人心的建筑。石窟神庙正面有四个巨大的坐像……沙子覆盖着神庙入口，深达石像膝盖上方……我们一行六十多人试图在沙土中打洞以便钻进去，但我们的努力几乎是徒劳的，沙子一挖走就会迅速填满洞口……直到晚上他们才最终打开了一个小口……几位队员钻进了入口内，发现这里的温度像锅炉舱一样。”

第二天，商博良、罗塞里尼和李奇第一次探访了神庙内部。尽管由于日晒高温，这比夜晚进入更加困难，然而他们流着“比洗桑拿时要多得多”的汗进行了观察：“……神庙的主厅极其宽阔，由两排每排四根的巨大立柱支撑，每根立柱都有一座三十米高的巨像，如同女像柱一样。墙壁上全是经过着色的叙事性浅刻浮雕。”

第156页下图

关于奥西里斯的神话

菲莱岛

《宗教遗迹》篇，印刷图十六

（细节）

印刷图十六中的场景曾经是菲莱岛上伊西斯神庙的墙壁装饰画。这张细节图显示了奥西里斯的木乃伊躺在鳄鱼身上，并由伊西斯、哈伯克拉底（Harpocrates，即幼年荷鲁斯，代表初升的太阳）和阿图姆协助。据传说，在菲莱岛上有一座死神的坟墓。

探险队员们决定返程时在阿布辛贝勒停留更长时间，之后便继续南下。12月30日他们抵达了旅程的最后一个目的地，瓦迪哈勒法，这里曾经有尼罗河第二瀑布（现在沉睡在纳赛尔湖下）。只有一天时间供他们在神庙遗迹、石灰岩块和大河中间翠绿的小岛中探索。在结束他们前五个月的行程之后，在瓦迪哈勒法，“在用加农炮发炮并像所有人一样开心呼喊之后，我们顺尼罗河而下开始北归”。此时，时间已经指向1829年1月1日。

探险队在阿布辛贝勒的第二次停留从1月3日延续到16日。在这段时间里，探险队的所有成员都重新开始了他们的工作——由于天气酷热不得不三四个小时一轮班——描绘精美的浮雕，尤其是那些在大神庙中的浮雕（入口的沙子已经被移走了）。此后他们继续沿尼罗河而下，并停下来参观（或再次参观）努比亚的其他神庙，如瓦迪·阿尔-赛布亚（Wadi al-Sebua）、马哈拉克（al-Maharraq）、塔法（Tafa）和凯拉比舍（Kalabsha）。

2月1日，他们到达了菲莱，一周后抵达阿斯旺。在参观了花岗岩采石场后又继续行船（这其中有几小时的降雨），前往已经勘探过的地点，如考姆翁布、伊德富和伊斯纳。这次是为了完成测量工作并绘制各种遗迹的图纸。

罗塞里尼的日志记载，3月8日他们抵达了古代底比斯城的东部地区——卢克索。所有人都怀着极大的热情开始了他们所谓的“底比斯考古运动”。然而，由于利奥波德二世大公委托拉迪采集尼罗河三角洲的植物、矿物和动物样本，他不得不提前返程。

在对卢克索神庙进行研究时，罗塞里尼发现一些当地人在古尔纳（Gurna）西部的墓葬区域内发现了一座完整的坟墓。“那是一个夜晚，当我在集市上时，”罗塞里尼在他的日记中写道，“我进入了坟

第157页左图

塞提一世的赫赫武功

卡尔纳克，阿蒙神庙

《历史遗迹》篇，卷三，印刷图六十

这幅肖像图案经常出现在埃及神庙的塔门或墙壁上，展示法老打败了他的敌人。在他的脚下是受他的统治的。

第157页右图

一位囚犯

贝特艾尔瓦利（Beit al-Wali），努比亚

《历史遗迹》篇，卷三，印刷图六十三

画中塞提一世提着一名亚洲囚犯的头发，这幅画来自贝特艾尔瓦利的努比亚小石窟寺。

第158页左图

卢克索的方尖碑

底比斯，阿蒙拉神庙

《历史遗迹》篇，卷三，印刷图一百一十七

（细节）

这幅细节图取自拉美西斯二世在卢克索神庙塔门前建造的方尖碑。原版画包含了两座方尖碑的四面，其中一座自1836年以来一直矗立在巴黎的协和广场上。

墓，那是一个由岩石切割而成的拱形小房间，它十分低矮以至于人们不得不弯腰……墓室地面上有四具木乃伊棺材，头朝向入口。第一具超乎寻常的大，靠在左边的墙上，似乎属于一个女人。第二具是男性的棺材，然后是第三具，第四具似乎收殓了一个小孩。”每一具木乃伊都有形态各异的护身符。当时罗塞里尼写道：“我买那些护身符用了三十二泰勒，再加上十六个比索的巴克什（小费）。”

当考古队完成了对这座著名古迹的探索研究后，他们去了尼罗河西岸，尤其是帝王谷——那里，拉美西斯四世“热情好客”地请探险队在自己的陵墓中住了两个月。他们对大约二十座陵寝进行了复制雕像和抄写象形文字的工作，其中包括塞提一世宏伟的陵寝，它由贝尔佐尼在1817年发现。商博良和罗塞里尼从墓中搬走了两块浅刻浮雕，它们现存巴黎的卢浮宫和佛罗伦萨的国家考古博物馆。

尽管发现一座完整的墓穴是一件相当罕见的事情，但与工人们关于挖掘工作的激烈争辩却是家常便饭：当地雇工们变得越来越刻薄，出工不出力，而且经常偷取他们出土的一些物品。因此，商博良和罗塞里尼不得不暂时停止工作，并依照自己的观察解雇工人。

而事实上旅程中的“家常便饭”也着实令人不满意，“厨师的玩忽职守令人发指”。罗塞里尼以一种苦乐参半的语气说：“他不修边幅，而且烹饪技术奇差。今天晚上（我因为不舒服没有吃午饭）我点了肉汤，这道菜在别人手下很美味。它里边有鸽子肉和鸡肉。但在他手上，这汤不是索然无味，而简直是完全不能饮用。我命令一位宪兵用手杖打他十五下，宪兵非常乐意执行，因为他也被这道菜恶心到了。”

在拉美西乌姆和哈布村遗址之间进行的研究——也就是对拉美西斯王朝两位明君的更多例证发掘——是在考古队员们尤其难以抵挡的酷暑下进行的。8月7日，他们又前往东岸的卡尔纳克去探索阿蒙大神庙广阔的遗址。

罗塞里尼的旅行日记在8月9日结束，因此没有记录从底比斯到亚历山大再乘船回到里窝那的旅程。这位比萨学者可能认为，最好不要重复他在1828年8月至1829年6月间从埃及寄给在比萨同事的七封长信中所写的，关于历史和考古话题的各种注释和评论。然而，作为对他的日记的最后润色，他在1830年2月给杂志《文选》(*antologia*)主编“最亲爱的韦约素”发了一封长信，在信中罗塞里尼描述了卡尔纳克的巨大遗迹，探险队复制如此多浅刻浮雕的辛劳，以及前往登德拉、开罗和亚历山大港的旅程。

探险队9月23日抵达亚历山大港，但却知悉了一个噩耗：拉迪因为痢疾9月6日在罗得岛去世。

第158页右图

荷鲁斯

底比斯，塞提一世之墓

《历史遗迹》篇，卷四，

印刷图一百五十五（细节）

贝尔佐尼于1817年发现的塞蒂一世墓内壁画之一——猎鹰头的荷鲁斯。

第158—159页图

众神与诸王

底比斯墓葬群

《历史遗迹》篇，卷四，

印刷图一百四十六

（细节）

在帝王谷拉美西斯王朝墓葬中能看到的众神与诸王彩绘。

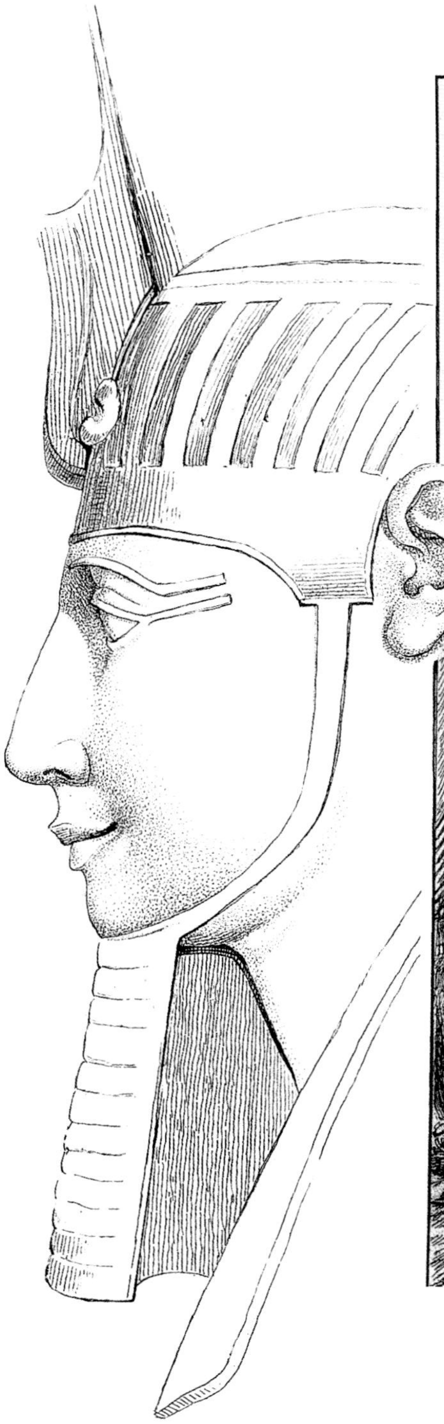

因为埃格雷号尚未到达，所以探险队的双方在参加过穆罕默德·阿里主办的告别宴会后，决定分别返回各自的国家。意大利探险队在10月7日离开埃及，罗塞里尼、他的叔叔安杰雷利和医生李奇最终在11月抵达里窝那，但被迫在船上隔离检疫到1830年1月6日。

不幸的是，在返回意大利几个月后，亚历山德罗·李奇因蝎子咬伤病情恶化，导致身体部分瘫痪和精神失常。这位曾经商博良口中"优秀的李奇医生"在1834年去世，死前他的挚友朱塞佩·安杰雷利在床边守候。

而法国探险队一方，只有商博良和凯鲁比尼在1829年12月初离开了埃及，绘图师们都留在了开罗以便完成他们的工作。

至此，历经十五个月，法国—托斯卡纳大公国联合探险队在法老国度的旅行终于结束了，虽然不可称为无憾，但大家都为取得了重要的科学成果而感到满足。

罗塞里尼带回意大利大约1400幅绘图——其中许多是彩色的，14卷笔记和象形文字铭文以及大约1000件在埃及发现或购买的物品——其中大部分都很小。罗塞里尼深知这次旅行的价值，因为它无疑会极大地促进埃及学的蓬勃发展，他以其特有的诚实，对他同事的热情和高效表示了由衷的赞叹和感谢："能和我的托斯卡纳同事们一同工作是让我大喜过望的事，"他总结道，"人们对我的成就会有些许恭维，但我深知这些成就中我的同事们厥功至伟。"

但鉴于欧洲学者以及意大利国内外各种学术机构给予他的极高认可，罗塞里尼获得的远不止"些许恭维"。而在此，我们为了总结他的功业，借用加布里埃利的说法：罗塞里尼以他对埃及学这门新学科的杰出贡献，以他作为历史学家、语文学家和科学家的高贵品格，得与商博良和莱普修斯并列现代埃及学三大奠基人。

第160—161页图

向拉美西斯二世致礼

《历史遗迹》篇，卷一，印刷图七十六

这些图由朱塞佩·安杰雷利绘制。在拉美西斯二世的侧像旁，我们可以看到1821年在孟菲斯附近的梅特拉希纳村，由意大利海军上校乔瓦尼·巴蒂斯塔·卡维利亚发现的法老巨像。第三幅的法老巨像半埋在卢克索神庙前的沙子里。

第162—163页图

为普塔-索卡尔神奉献食物和水

底比斯，拉美西斯三世之墓

《历史遗迹》篇，卷四，印刷图一百四十五

从帝王谷拉美西斯三世墓的浅刻浮雕中，可以看到这位第二十王朝法老向葬礼神普塔-索卡尔献祭。法老左手拿着香炉，右手把净水倒在坐着的神脚上。在神的背后，伊西斯展开翅膀作保护状。

The Monuments of Egypt and Nubia

埃及与努比亚的遗迹

商博良和罗塞里尼于1830年初分别回到了各自的国家，并在次年夏天再次见面，以期完成他们规划已久的"联合著作，它将通过在研究古迹方面的重大收获，同时为法国和托斯卡纳大公国带来荣誉"。

但正如前文所说，商博良的离世让这部合著胎死腹中。因此，罗塞里尼怀揣着对"导师"的敬佩，肩负着对大公利奥波德和科学的责任，准备独自完成这项"冗长而浩繁的工作"。从1832年到他去世的整整十一年里，罗塞里尼将自己的能量全部投入到工作中，孤身对抗疾病和诋毁。

这部巨著分为三个部分——《历史遗迹》篇（共五卷）、《城镇遗迹》篇（共三卷）和《宗教遗迹》篇（一卷）——并包含每篇对应的绘卷。1835年该书的法语版付梓，但其与原版的出版标准略有参差。

罗塞里尼的著作（最后一卷在他身后出版）着眼于不同王朝时期埃及文明的历史以及埃及文明日常生活和宗教的方方面面，这本书展示了他渊博的知识，也为绘卷提供了完美的注释。绘卷共有三百九十版，其中一百一十版为彩绘。它们现在仍不失为版画作品中的遗珠，而这些遗珠也让罗塞里尼的著作成为埃及学的"名胜古迹"。

Historic Monuments

《历史遗迹》篇

第166页左图

埃及诸王与诸王后

底比斯，帝王谷，拉美西斯三世之墓

卷二，印刷图十六

（细节）

在这幅图中，拉美西斯三世戴着华丽的头饰和法老王冠。该版是从法老的墓中复制来的。

第166页右图

埃及的统治者们

底比斯，帝王谷

卷二，印刷图十八

这张图显示了五个法老和一位王子（右下图右一）。上排从左到右依次是拉美西斯七世、拉美西斯四世和拉美西斯九世，他们都属于第二十王朝的法老。下排从左到右依次是阿蒙梅斯（第十九王朝）、内克塔内布一世（第三十王朝）和拉美西斯九世的一个儿子。绚丽的色彩衬托出他们华丽的服装。

第167页左图

埃及的统治者们

底比斯，帝王谷

卷二，印刷图十七

第167页右图

一位埃及王后

底比斯，王后谷

卷二，印刷图十九

（细节）

画中的法老们作献祭状，来自他们的坟墓。多亏了探险队成员精心复制的王名圈，我们可以从中从辨认出（从左到右从上到下）：阿蒙诺菲斯二世、拉美西斯一世、麦伦普塔赫、塞提二世（向玛特供奉）、塞特纳克特和拉美西斯六世。

这是一幅新王国时期埃及王后献祭的肖像。由于缺少王名圈，我们无法知道她的身份。值得注意的是她精美的服装和饰品。王后手里拿着一个肩带，这是欢乐的象征，还有一个叉铃，这是哈托尔女神的神圣乐器。

第168页上图&第169页右上图

亚洲游牧民族

贝尼哈桑，克努姆霍特普之墓（第十二王朝）

卷四，第二十七&二十八版

画面由十三个人组成，包括妇女和儿童，还有留着尖须，手持弓、箭和棍棒的男子。他们都有典型的鹰钩鼻，穿着五颜六色的衣服和凉鞋或皮鞋。相貌、衣着、弓箭和类似于希腊七弦琴的乐器使商博良认为这些人是“爱奥尼亚希腊人或小亚细亚人”。

第168页下图&第169页下图

亚洲游牧民族

贝尼哈桑，克努姆霍特普之墓（第十二王朝）

卷四，印刷图二十六

（细节）

这座坟墓的主厅里最有趣的一个场景是描绘来自东部地区的贝都因人驼队抵达埃及的场景。他们由首领阿比沙（见右下图）带领，向克努姆霍特普法老（不在图中）献上一对羚羊，并充满敬意地向他鞠躬。

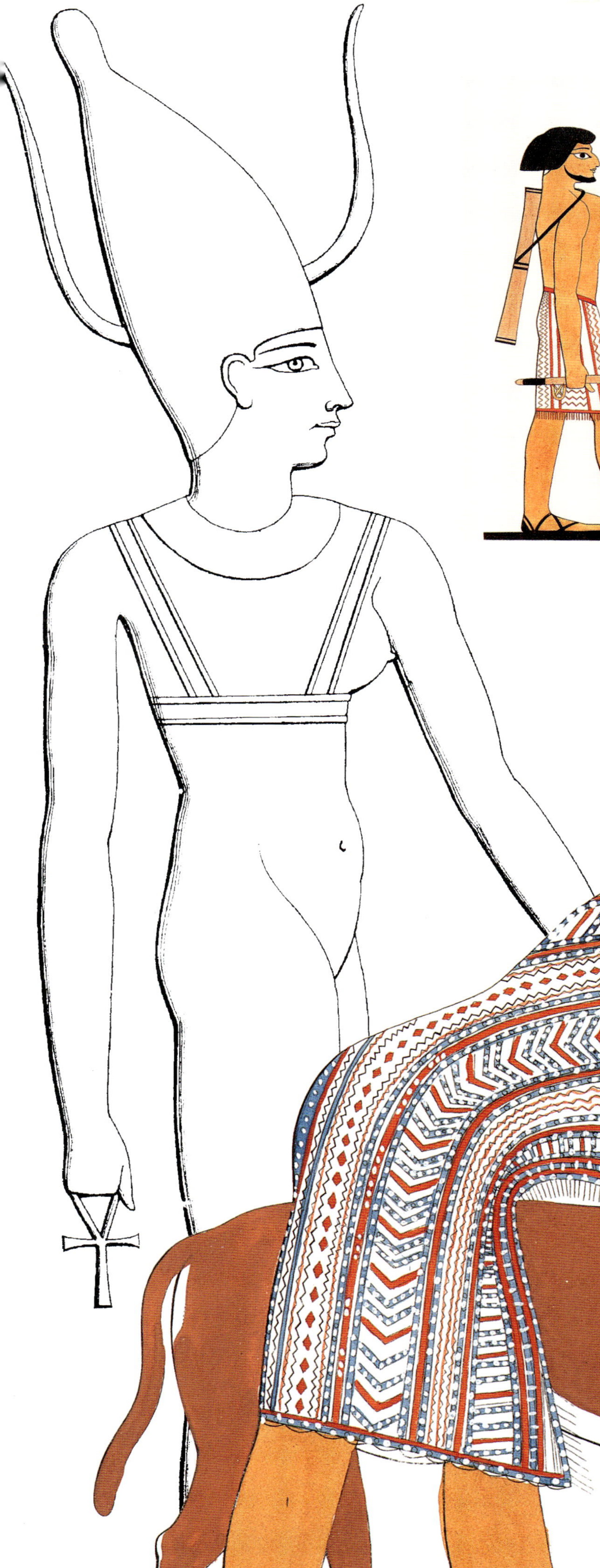

第169页左图

亚洲游牧民族

贝尼哈桑，克努姆霍特普之墓（第十二王朝）

卷四，第二十七&二十八版

本页最左边的人物与亚洲游牧民族（可能是叙利亚人）的画一起出现。她是狩猎女神，象岛的萨提特，戴着白色的王冠和羚羊角。

第170页图

拉美西斯二世在非洲的战役

贝特艾尔瓦利，努比亚

卷三，印刷图六十四

这幅画取自努比亚地区一座供奉阿蒙拉的小石窟寺，场景发生在拉美西斯二世漫长的统治时期。“拉美西斯二世正在攻击一个黑色的人，这是古实人（埃塞俄比亚人）的象征”（罗塞里尼）。如同努比亚的其他寺庙一样，在20世纪70年代，这座在阿斯旺大坝以南大约半英里处的寺庙被拆分、转移并重建，使它免于被纳赛尔湖的水淹没。

第170—171页图

拉美西斯二世的赫赫武功

阿布辛贝勒，大神庙

卷三，印刷图七十九

这是八版套图的第一张，来自拉美西斯二世大神庙门廊的浅刻浮雕。画中法老在阿蒙拉神面前击打一群不同民族的囚犯，而阿蒙拉神反过来又向拉美西斯献上了埃及特有的剑。

第172页图

拉美西斯二世的赫赫武功

阿布辛贝勒，大神庙

卷三，印刷图八十

一座位于悬崖顶上的叙利亚要塞正被法老围攻。当守卫者被埃及弓箭手射杀时，城堡顶部的一个女人举着一个孩子在高处唤起法老的怜悯。其下，一个叙利亚人带着他的羊群在逃窜。

第173页图

拉美西斯二世的赫赫武功

阿布辛贝勒，大神庙

卷三，印刷图八十二

这是战斗场景的最后一幕，描绘了法老的三个王子（可以通过他们头上的一缕头发来辨认）站在战车上，受盾牌手的保护；他们一只手拿弓，另一只手拿着装饰精美的彩色马缰绳。

第174—175页图

拉美西斯二世的赫赫武功

阿布辛贝勒，大神庙

卷三，印刷图八十三

该版和之后的绘卷继续着法老的自吹自擂。一个反复出现的图像主题展示法老脚踏着一个倒霉的敌方首领，并刺穿了另一个，他们都被认为是利比亚人。在这里，艺术家忽略了透视法的准则，为了不遮盖拉美西斯二世的脸，以一种不自然的方式描绘了长矛，使它从法老的头和左臂后面穿过。

第175页图

拉美西斯二世的赫赫武功

阿布辛贝勒，大神庙

卷三，印刷图八十五

这里有两组战俘，埃塞俄比亚人和努比亚人。囚犯们穿着兽皮，脖子和胳膊绑在一起，再次证明了这位著名统治者对非洲各民族的征服。这些人物的步态展现了埃及艺术家如何成功地为整个场景赋予了运动感。

第176—177页图

拉美西斯二世的赫赫武功

阿布辛贝勒，大神庙

卷三，印刷图八十四

这幅画描绘了法老的凯旋。在弓箭手的带领下，戴着蓝色的王冠的拉美西斯二世左手拿着一把弓，坐在战车上，战车前是一对戴着华丽马具的马。

第178—179页图

卡迭石战役

阿布辛贝勒，大神庙

卷三，印刷图八十七

该版微缩复制了阿布辛贝勒神庙中覆盖着整面门廊北墙的浮雕。它被分为两部分，上面的部分描绘了法老驾车攻击河边的一座城堡。下面的部分是战车和步兵的军阵、营地、法老的王庭以及法老亲自接待一名使节，最后是一场车战。这就是著名的卡迭石战役，它发生在叙利亚的奥龙特斯河流域，拉美西斯二世在公元前1275年前后与赫梯人在此交战。事实上，双方都没有赢得这场战争，但这位雄心勃勃的埃及统治者却把这一事件宣传成自己的丰功伟绩。

第179页左下图

卡迭石战役

阿布辛贝勒，大神庙

卷三，印刷图八十七

（细节）

这个场景显示了一个完美对齐的埃及步兵方阵，他们身着胸甲，被载有弓箭手的战车保护着。

第179页右下图

卡迭石战役

阿布辛贝勒，大神庙

卷三，印刷图八十七

（细节）

拉美西斯二世（右）从战车上射出一支箭，打乱了敌人的战阵。

29
28

第180&第181页图

卡迭石战役

阿布辛贝勒，大神庙

卷三，第一百&一百零一版

1829年1月，联合探险队的艺术家们巧妙地复制了阿布辛贝勒大神庙浅刻浮雕中叙述的卡迭石战役。本页和之后页面中的画作是对出版在罗塞里尼著作中十六幅相关版画后四幅的复制，它们因精美多彩而独受青睐。在左边的图中，戎装而坐的法老得知敌人即将发动进攻。其下是准备战斗的埃及军队，其中还包括外籍军团。在右边的场景中，两个仆人（上图）拿着拉美西斯二世的连枷和装在盒中的弓，其下是身被胸甲，手持斧子和长矛的士兵。这个长长的象形文字铭文包含了所谓“五角星诗”的一部分，这是一个关于战争的描述，这位伟大的法老也把它刻在了在其他寺庙的墙壁上。

第182页图

卡迭石战役

阿布辛贝勒，大神庙

卷三，印刷图一百零二

这幅画是对前一页中图画的总结。画中官员们跪在拉美西斯二世（未画出）面前窃窃私语，同时仆人正在试图安抚受惊的马。其下，人们正在拷打两个赫梯间谍，以期从他们口中得知敌人的位置。埃及人中的号手尤其瞩目。

第183页图

卡迭石战役

阿布辛贝勒，大神庙

卷三，印刷图一百零三

这是十六张版画中的最后一幅，说明了被刻在这座努比亚神殿中的著名事件。安杰雷利精美的彩绘展示了在画面左侧排列整齐的轻型埃及战车，每辆车有两名士兵。右边是载着三个士兵的较重的赫梯战车，他们正在逃跑，因为士兵和马都被埃及人的箭射中了。埃及艺术的一个典型特征是缺乏透视：所有人物都是大小相等，“垂直交错”的，即一个叠在另一个上面，而不是在同一平面上，这使整个作品缺乏深度。

第184—185页图

卡迭石战役

阿布辛贝勒，大神庙

卷三，印刷图一百零九

这是卡迭石战役的另一种表现形式——它被以浅刻浮雕的形式刻在拉美西斯二世陵庙的塔门上。再一次，为了与经典的埃及肖像画法保持一致，法老在他的战车上被描绘成射箭的样子，而战场则被敌方尸体和伤兵所覆盖。

第186页上图

正在献祭的法老

底比斯，麦伦普塔赫之墓

卷三，印刷图六十九

在上层图像的两侧，拉美西斯二世的太子——麦伦普塔赫被描绘成在为各种神灵提供酒装瓶。这一幕在左下方的场景中再次出现，而在最后一个场景中，尼罗河的两个拟人形象似乎是在为法老的王名圈送礼物。

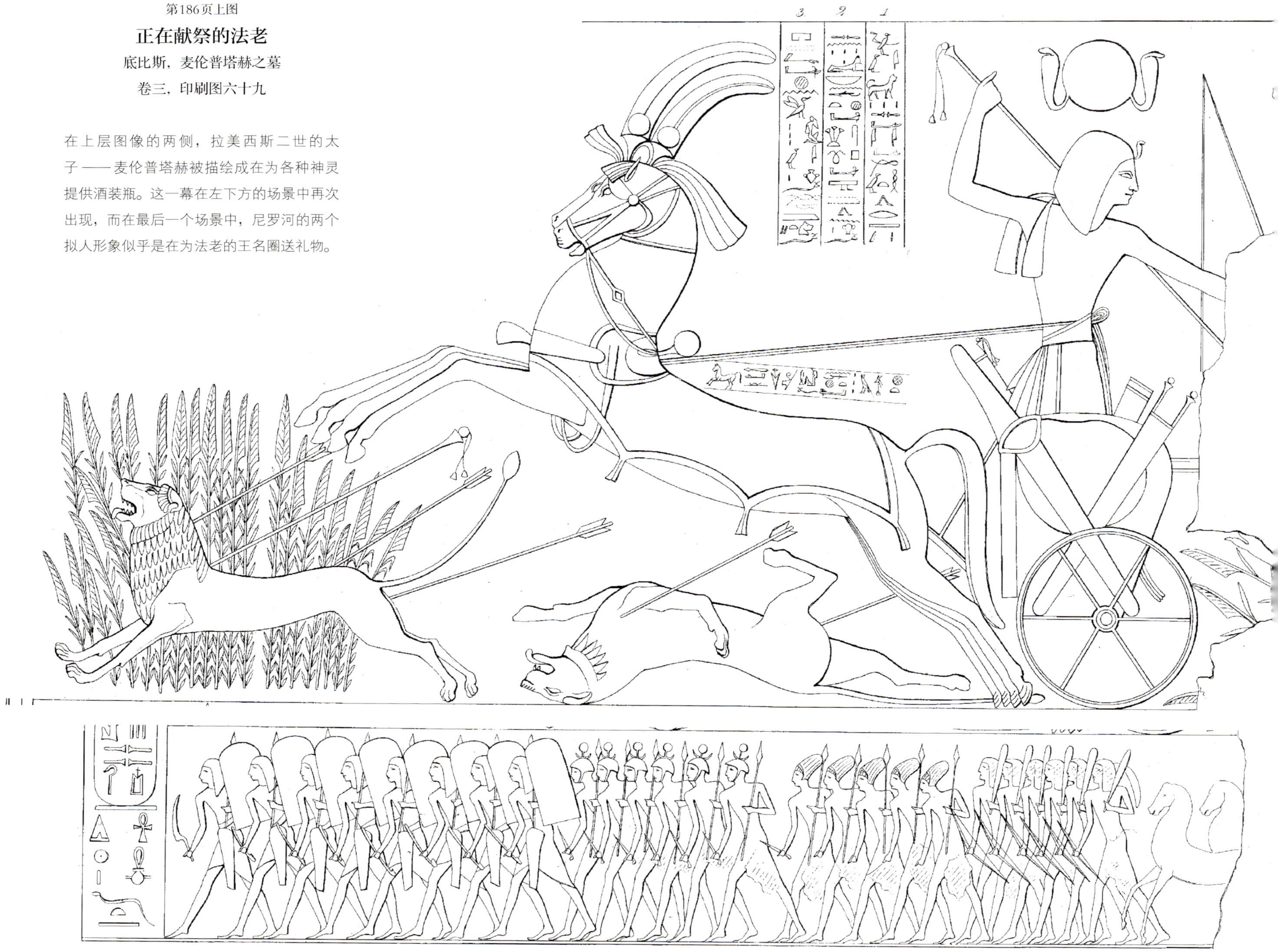

第186页下图

猎狮

哈布城，拉美西斯三世神庙

卷三，印刷图一百二十九

描绘军事实力和勇气的场景被拉美西斯三世刻在了这座公元前1200年前后建造的神庙中。除了展示部分埃及军队，该版还展示了法老狩猎狮子的场景。

第187页图

法老与一位神祇

底比斯，麦伦普塔赫之墓

卷三，印刷图一百一十八

这幅画展示了拉美西斯二世的太子身着华丽的服饰，戴着法老王冠，正在接受拉-哈拉胡提神赐予的稳定与和平，它们被象征性地描绘在神的左右手上。

第188—189页图

海战

哈布城，拉美西斯三世神庙

卷三，印刷图一百三十一

这一幕讲述了“海上民族”入侵埃及的尝试。海上民族来自地中海和小亚细亚，他们在公元前13—前11世纪活跃在这一地区。他们可能是伊特鲁里亚人、亚该亚人、撒丁人或利西亚人。大约在公元前1180年，拉美西斯三世在一场可能对他国家独立地位起决定性作用的战役中将他们赶走。该画展示了埃及人在陆地和海洋上的战斗，他们的对手有典型的羽毛头饰和圆盾牌。

M.R.

R... du B. M. Seul.

第190页图

埃及人与外国人的队伍

底比斯，塞提一世之墓

卷四，印刷图一百五十六

这些图片描绘了一些与古埃及人有联系的外国民族的代表。上层的四个努比亚人很容易辨认：真正的非洲黑人，皮肤黝黑，头发扭结，身穿长袍，手腕上戴着手镯。下层是另外四个人，他们的肤色很浅，鼻子笔直，头发上插着羽毛，左肩上裹着一件披风——他们被认为是利比亚人。

第191页图

战俘

西底比斯&拉美西乌姆

卷三，印刷图一百四十一

两名战俘跪在地上，一名非洲人和一名亚洲人，脖子和胳膊都被绑住。这是拉美西斯二世军事胜利的又一见证。

第192&第193页图

其他外国人

底比斯，塞提一世及其他法老之墓

卷四，第一百五十七&一百五十八&

一百五十九版

此处的三幅画中，有“在遗迹中出现的许多外国人形象……”（罗塞里尼）：利比亚人、非洲人、亚述人、亚洲人和爱琴海各民族。

M.R.

第194—195页图

外国人的头像

阿布辛贝勒&塞提一世之墓

卷四，印刷图一百六十

该图综合了上文所描绘的一些民族的身体特征。其中包括三名亚洲人、一名利比亚人和一名努比亚人。

N°. CLX

第196—197页图

沼泽上的猎鸟

贝尼哈桑

卷一，印刷图七

该版描绘了在沼泽中狩猎的场景。在两个六边形的大网中有各种被困住的禽类，它们细节鲜明、色彩丰富。旁边的狩猎者已经抓住了一只，并即将抓住另外一只。

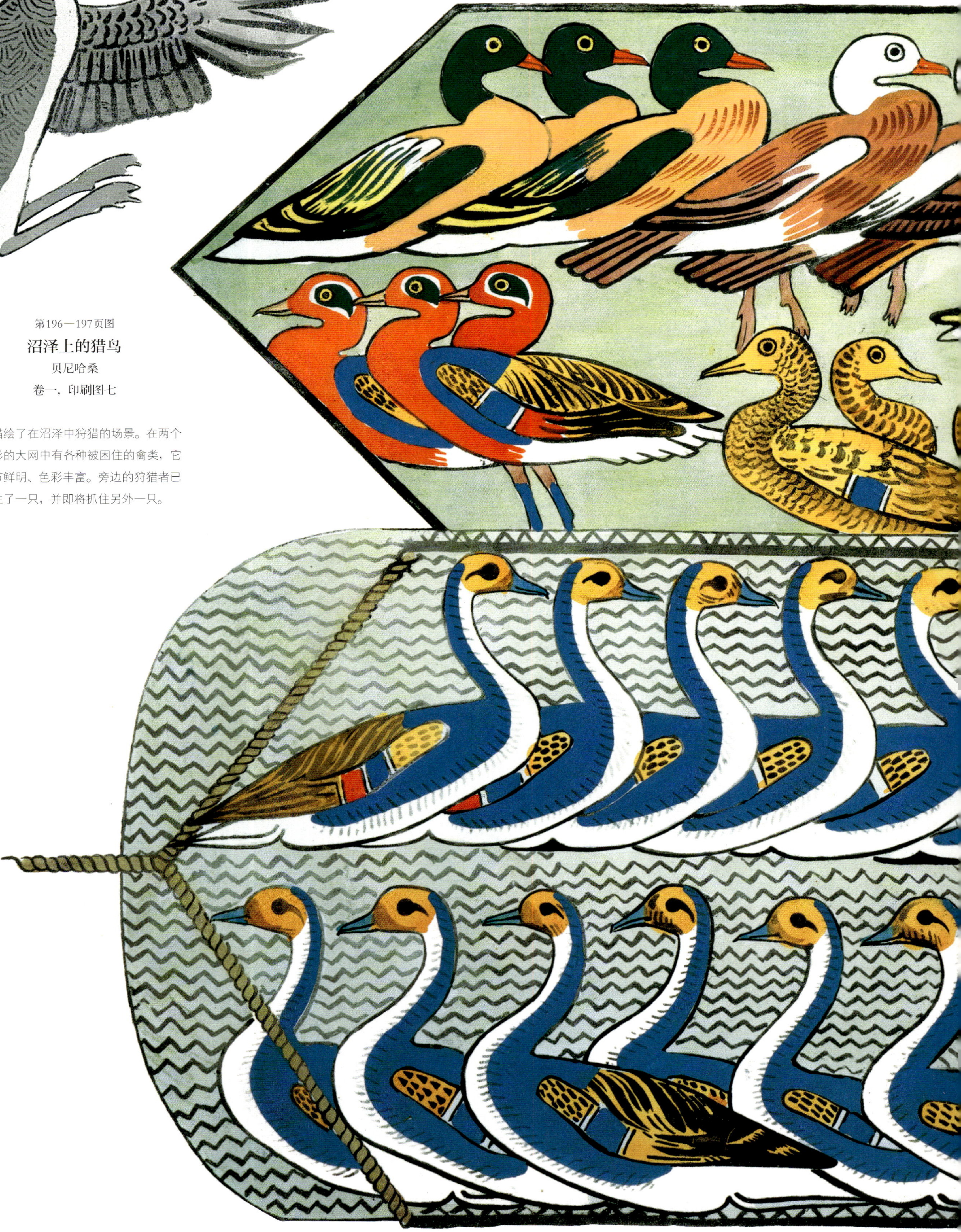

Civil Monuments

《城镇遗迹》篇

第198页上图

不同种类的异域动物

底比斯，大臣雷赫米拉（Rekhmira）之墓

卷一，印刷图二十二

这里描绘的四足动物都不来自埃及本土，并且大部分都和在向法老朝贡称臣的番邦人相关。从上到下从左到右的顺序为：一只长颈鹿和它脖子上一只可爱的猴子，它们被两位努比亚人牵着；一头有特殊标记的狮子，一只像熊一样的动物（图中左下）和一头小象（图中右下）正由驯兽员带领，而驯兽员的服装和胡须表明他可能是叙利亚人。中间是一个埃塞俄比亚人用皮带牵着一只豹子（或猎豹），他肩上扛着一块极其珍贵的乌木。

第198—199页下图

不同种类的四足动物

贝尼哈桑

卷一，印刷图二十

从左到右依次是一只尾巴打圈的狗、一头有荷花状项圈的亚洲公牛（瘤牛）和一只爬在纸莎草上的小型食肉动物。最后一种动物在古埃及很普遍，被罗塞里尼称为大灵猫（灵猫的一种）。

第199页上图

神奇动物

贝尼哈桑以及底比斯的一座坟墓

卷一，印刷图二十三

除了一只灰狗和一只被罗塞里尼称为“猎虎”的猎豹（右上和左下），这幅图中还有一些堪称“奇美拉”或“狮鹫兽”的动物，很可能出自墓室画家丰富的想象力。

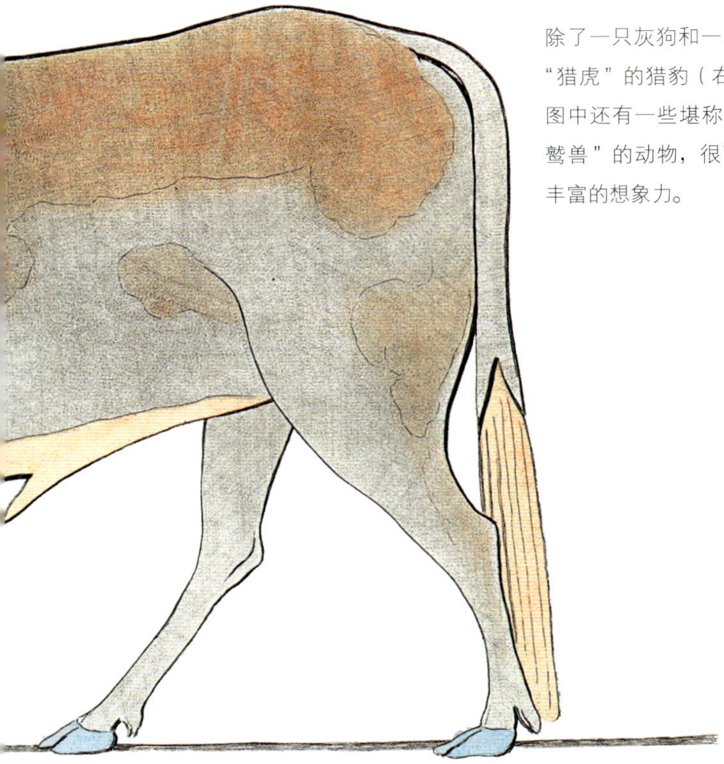

第200页上图

不同种类的水鸟

贝尼哈桑，克努姆霍特普之墓

卷一，印刷图十三

图中一些种类的鸭和鹅被描绘得非常精细。这其中还有两种朱鹭，古埃及人认为它们具有神性。

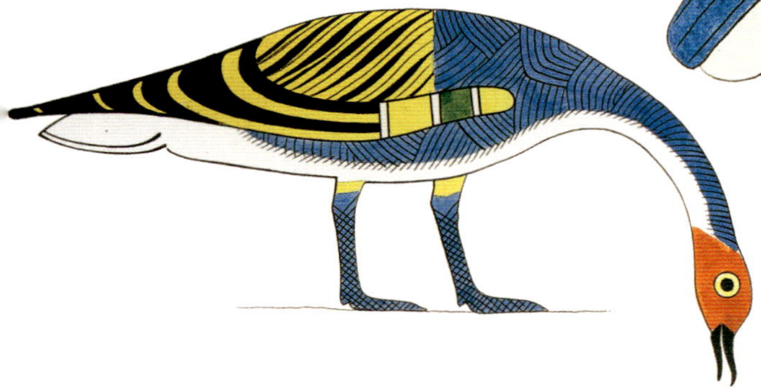

第200页&201页下图

不同种类的鸟

贝尼哈桑

卷一，印刷图十一

这些插图同样来自贝尼哈桑的一个墓穴中，插图描绘了其他的鸟类物种，其中大多数是水鸟。鸟类颜色鲜艳，其中最为令人瞩目的是一只立在花上的苍鹭。

第200—201页图

不同种类的鸟

贝尼哈桑，克努姆霍特普之墓

卷一，印刷图八

这里描绘的飞禽也同样有着鲜艳的色彩。其中有一只戴胜鸟和一只伯劳鸟栖息在一棵尼罗河含羞草的小树枝上，还有一只正在飞翔的松鸦。

M. C.

第202—203页上图

捕鱼

贝尼哈桑

卷一，印刷图二十五

这幅画以鱼叉捕鱼的场景和各种鱼种的表现为特色，所有这些都被详细地描绘出来，并且有着极其丰富和细腻的色彩。右上方有一个人正在切一条鱼，以便保存。

第202—203页下图&203页图

捕鱼场景

贝尼哈桑、科姆阿荷马（Kom al-Ahmar）

该版展示了埃及人不同的捕鱼技术。在这幅从贝尼哈桑坟墓的墙壁上复制的图画中，有些人在用拖网从岸边捕鱼，还有些人在用鱼钩和鱼线捕鱼。而右上角的场景是从科姆阿荷马的坟墓复制的，展示了如何使用鱼叉从一艘典型的纸莎草船上捕捉鳄鱼。

M. C.

C da Lhx

3

A. da Lhx.

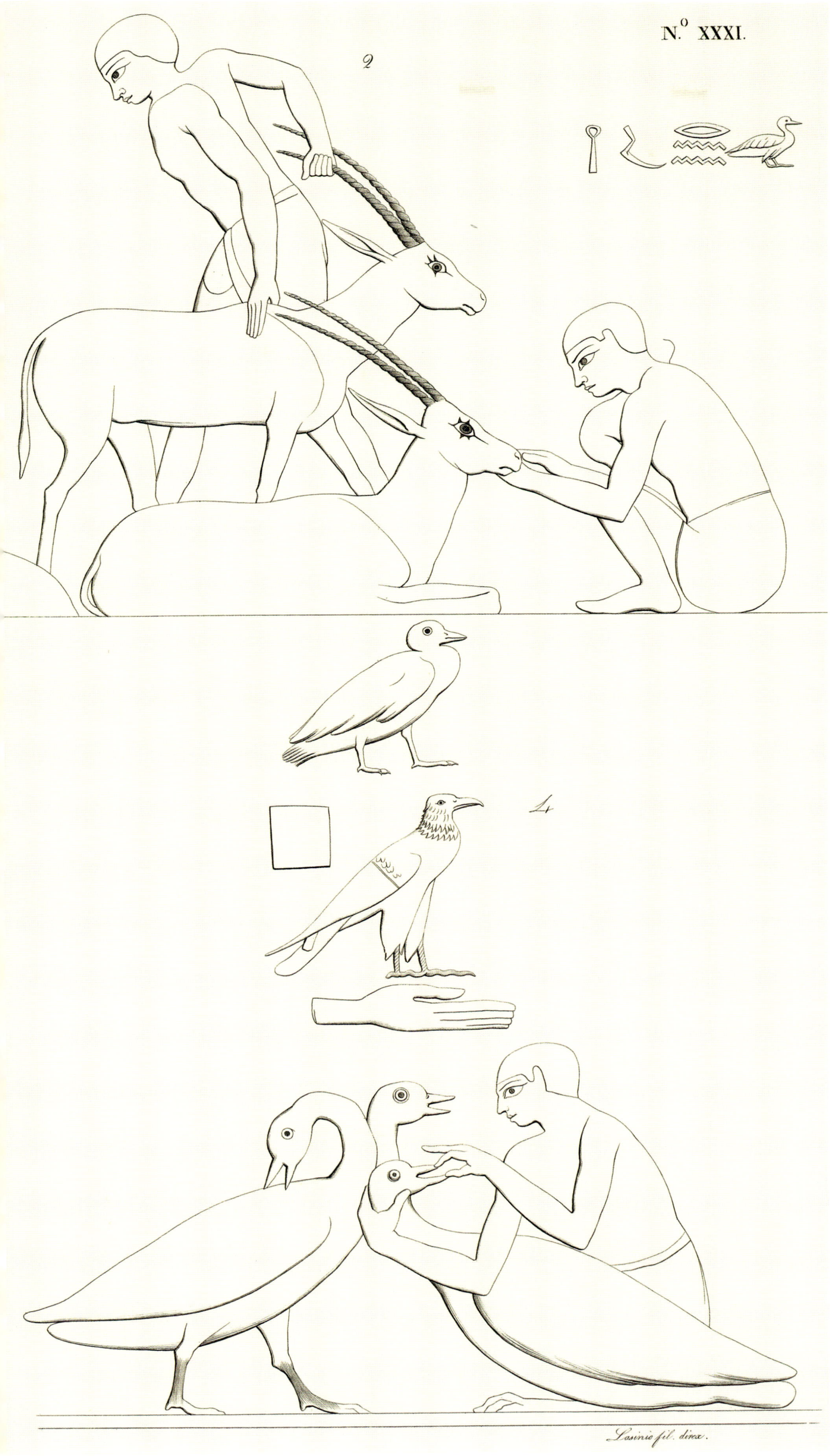

第204—205页图

畜牧

贝尼哈桑

卷一，印刷图三十一

尽管罗塞里尼认为这幅图描绘了“医治动物”的场景，但它更可能描绘了强制喂养动物的场景。事实上，这些人似乎在用力地把食物塞进牛、羚羊、山羊和鹅的嘴里。

第206页左图&上图

耕种

贝尼哈桑，阿尔喀布

这里展示了小麦收获的各个阶段，包括对小麦进行筛选、称重、运输和在书吏的监督下储存。下图中，谷物被运输并保存在一个两层的筒仓中，筒仓上有几个隔间，每个隔间上都标注了产量。

第206—207页图

酿酒

吉萨，贝尼哈桑以及底比斯

城镇遗迹，印刷图三十七

葡萄栽培以及酿酒技术很早就被引入了埃及，主要在尼罗河三角洲得以发展。葡萄酒几乎完全是“王谢堂前燕”一般专属上流社会的，而啤酒——主要是由大麦制成的——则大多数时候都会“飞入寻常百姓家”。葡萄在收获之后，会被用脚踏烂；图中所示的人为了不滑入缸内会紧紧抓住一个支撑物。然后，人们会借助袋子进行更充分的挤压。果汁会被收集到一个缸里，然后倒入陶制的双耳细颈椭圆罐中进行陈酿。古埃及人会在罐子上写下酒量、产地、土地所有者的名字和陈酿年份——十分类似现代的葡萄酒标签。一位耳后别有羽毛笔的书吏正在记下酒的产量。

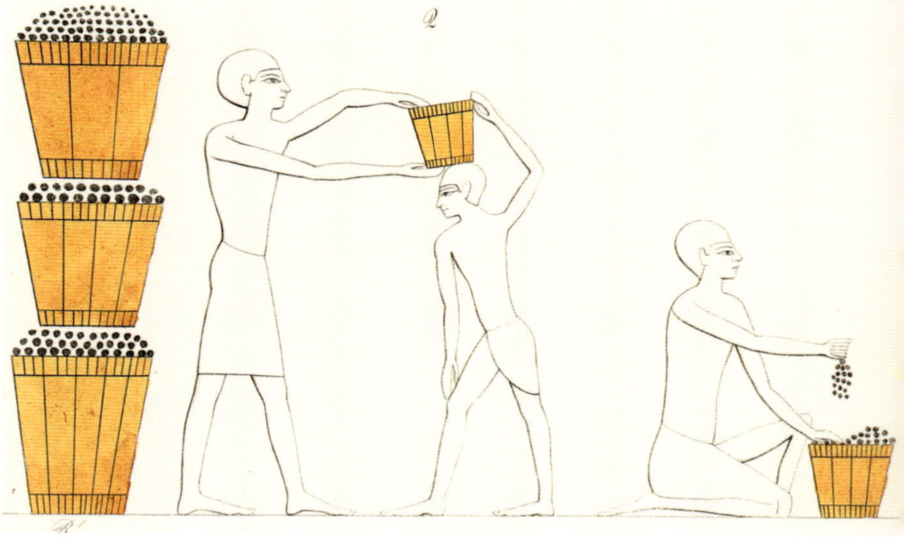

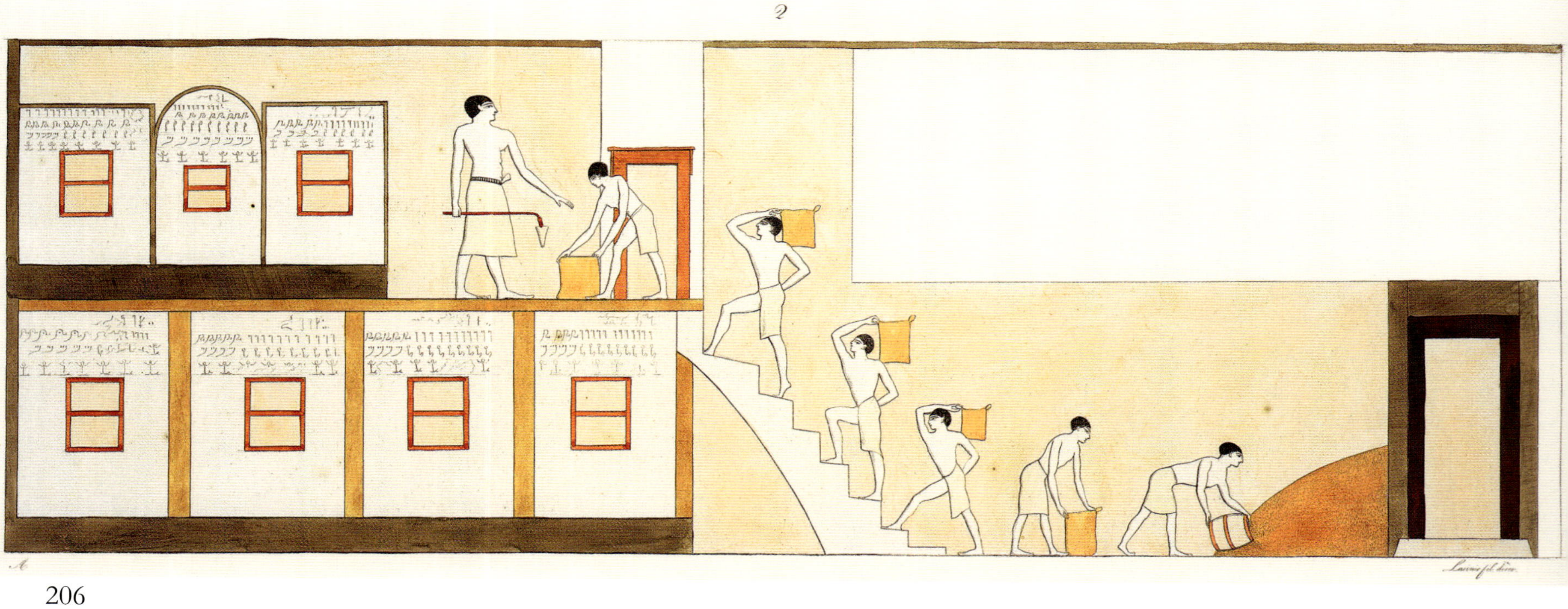

第207页下图

耕种

贝尼哈桑，底比斯地区

印刷图三十六

（细节）

上图的场景从左到右描绘了正在被收割的亚麻和作为食物的高粱“杜拉”，谷物正被切割、运输。下图的场景展示了对收割的粮食进行脱粒的过程，这个工序由一头牛和两个刚割了一些纸莎草茎的人来完成。纸莎草的纤维被用来制作书写材料。

第208—209页图

耕种与灌溉

贝尼哈桑

卷一，印刷图四十

该图展示了古埃及最常见的两种灌溉作物花卉的方法。人工的办法是由人扛着装满水的容器，然后把水倒进不同的地块上（如上图所示）；机械的办法是利用“沙杜夫”——一种一端有配重另一端有水桶的悬杆。这种装置曾被用来从尼罗河或星罗棋布的运河中取水。版画中还描绘了蔬菜、水果以及一株椰枣树。

第208页下图

耕种

来自许多不同的坟墓

卷一，印刷图三十二

（细节）

这一场景很可能发生在某条运河边的一块田地里，描绘了古埃及人在牛的帮助下犁地。这一幕的续集则是一个农民正在播种新开垦的土地。

第209页中图&下图

乡村场景与无花果的收获

阿尔喀布．贝尼哈桑

卷一，印刷图三十九

细节

这一迷人的场景描绘了两个人正在采摘无花果，而猴子则全神贯注地吃着甜甜的无花果。根据罗塞里尼的说法，这些农民曾经出现在另一个场景中，当时他们正在采集秋葵（一种木槿科的可食用蔬菜）。

第210页上图&下图；第211页右图&下图

纺纱与织布

卷二，印刷图四十一

（细节）

古埃及人唯一可用的织物纤维是亚麻，这种纤维从新石器时代以降一直被他们使用。前两个场景（左下角）显示了浸泡亚麻、用木槌敲打亚麻和抽线的步骤。在第三和第四个场景（下一页，底部）中，有些男人在水平织布机上织布，而在最后一幕（右上角）中，两个女人在垂直织布机上工作。

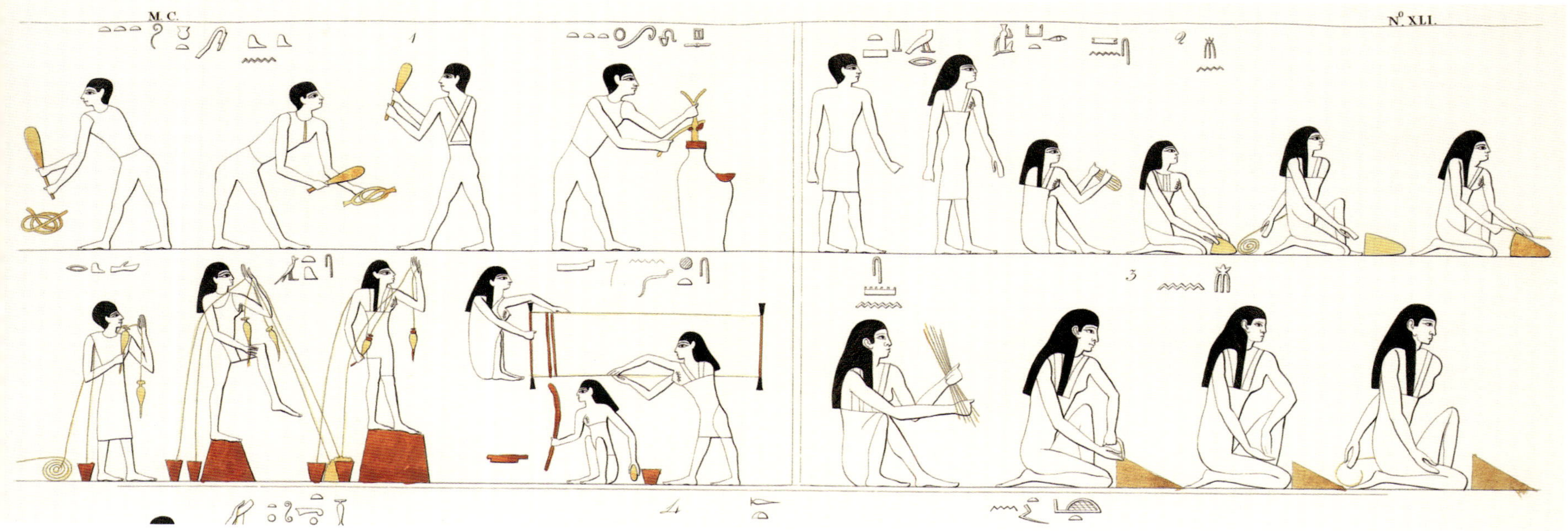

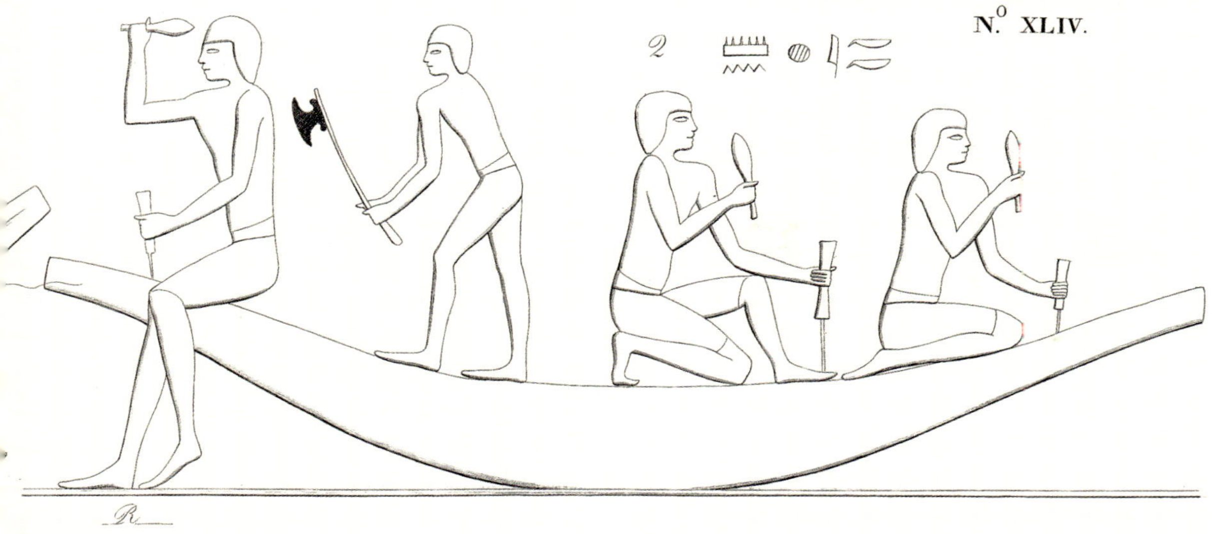

第210—211页图

木工

贝尼哈桑以及底比斯诸墓

卷二，印刷图四十四

该画的上半部分描绘了工人用斧头、木槌和凿子制造的两艘小船，中间的部分示范了战车的建造和组装，而最后一个部分则描绘了椅子的制作，其中包括使用弓钻和石制切割工具。

第212—213页图

雕刻艺术

底比斯诸墓，包括雷赫米拉（Rekhmira）之墓

卷二，印刷图四十七

这幅版画首先展示了工匠们在雕刻狮子和狮身人面像（图左）。随后，几个工匠对代表法老立像和坐像的红色花岗岩进行最后的润色（来自底比斯的雷赫米拉墓）。下方的场景展示了如何运输一段树干和一块石头。

第212页下图

巨像的转运

中埃及诸墓

卷二，印刷图四十八

（细节）

这张版画展示从贝尔沙村（Deir al-Bersha）的一座墓中拓印的著名场景。人们正在运送一座巨大的雕像：它被绑在“沙撬”上，由八排人拉着。巨像膝盖上站着的人正在用手打节拍，以使工人的动作同步。一个工人正在把水倒在沙子上，这样“沙撬”就可以更好地滑动，而在他下面还有三个挑水工正准备帮助他。

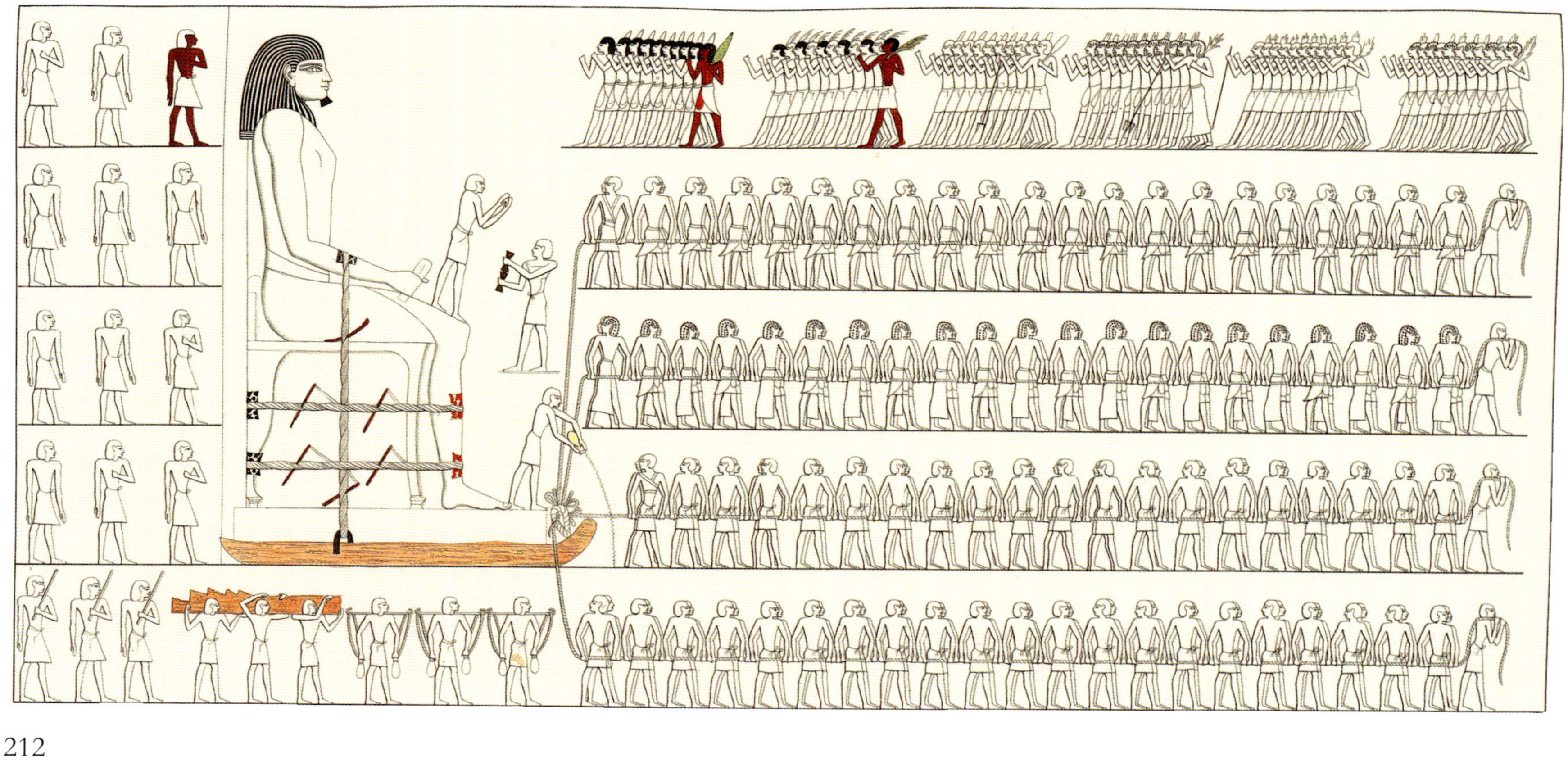

第213页上图

木工

贝尼哈桑以及底比斯诸墓

卷二，印刷图四十五

本图上部描绘了工匠们制作家具和各种木制物品的场面，包括一个箱子、一张床和一具棺材。中间的插图展示了一根纸莎草图案立柱的结构，而其他图中则展示了宗教和丧葬仪轨中需要用到的木制件，如木乃伊雕像、卡诺皮克罐（即盛装死者内脏的器皿）、一个“节德”（djed）半露柱和一座正在奉上祭品的狮身人面像。

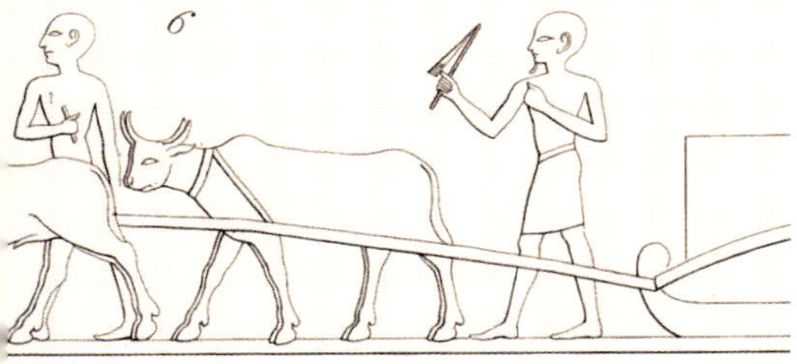

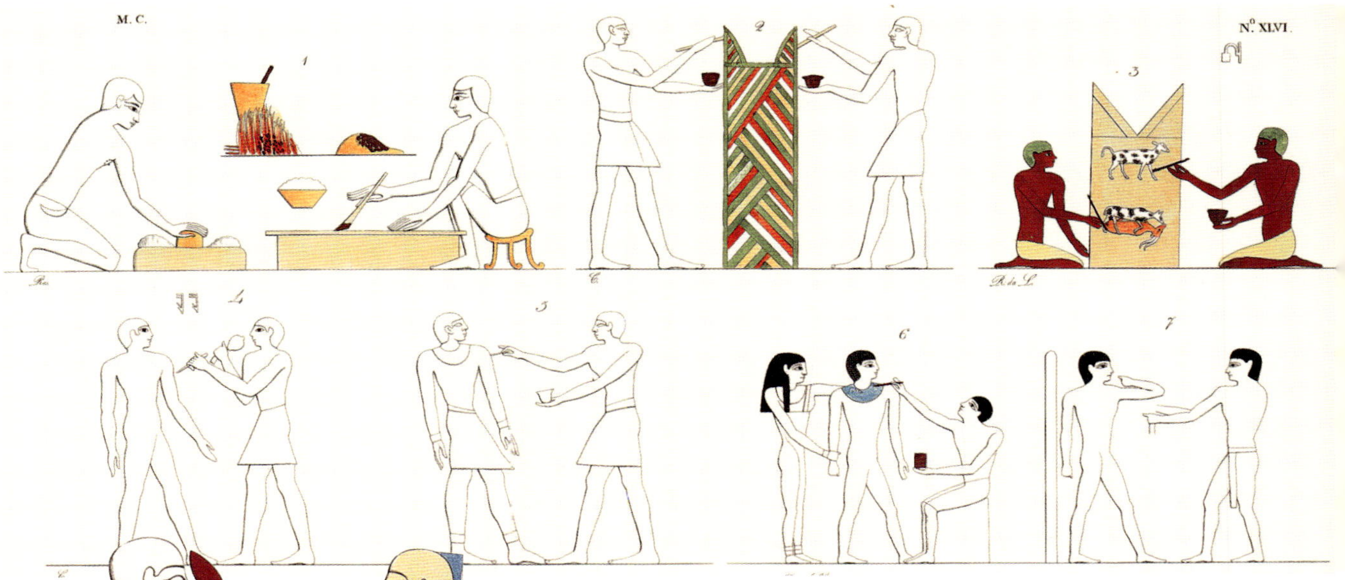

第213页中图&下图

染工与画匠

贝尼哈桑与底比斯诸墓

卷二，印刷图四十四

上方的三个场景描绘了颜料的研磨和准备，而后是画匠为木棺上漆的场景。下方描绘了雕刻艺术的一例，包括雕刻（使用凿子和木槌进行），抛光和装饰。

第214—215页图

石工

底比斯，雷赫米拉之墓

卷二，印刷图四十九

上方和左下方的场景展示了在矩形模具中制作泥砖然后运输的过程：注意与刚塑造成型的砖相比，干砖块的颜色更加暗。右边的画面显示画家和雕刻家正在加工花瓶和雕像。他们不同于其他画作中古埃及人的身体特征——比如皮肤、胡须和头发的颜色——让罗塞里尼认为这些工人是犹太人，但他们更有可能是叙利亚人。

第214页下图、第215页右上图&下图

冶金工

贝尼哈桑与底比斯

卷二，印刷图五十

这些图片来自底比斯一座第十八王朝坟墓的装饰画。画中我们可以看到在努比亚和埃及东部地区开采的黄金是如何被熔化和过滤的。工匠们用脚操纵风箱将火点燃以熔化黄金，然后把它倒入相同规格的小容器中。右上角的图片来自贝尼哈桑的一座坟墓，描绘了陶工们的工作情景：他们用脚揉捏黏土，然后在陶工的轮子上塑造陶器，在圆筒形的炉中烧制陶器，最后将陶器运走。赤陶土是最常用的陶器材料，但古埃及人也使用石材进行烧制，如石灰石、花岗岩和雪花石膏。

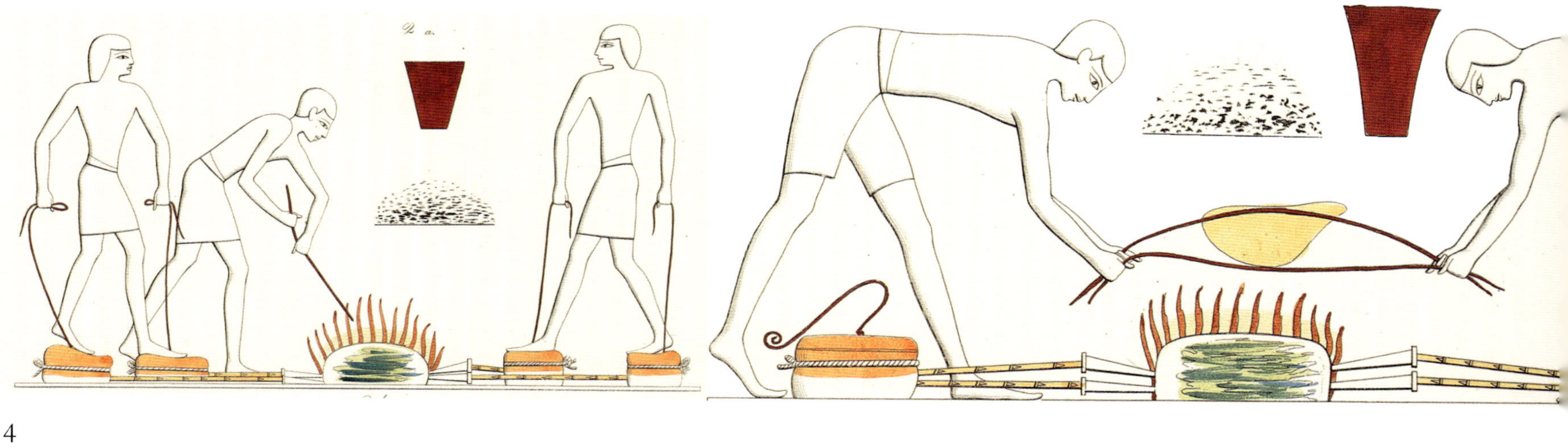

N° XLIX.
1
2
3

第216页上图

其他形制的花瓶

底比斯诸墓与贝尼哈桑

卷二，印刷图六十

图中是花瓶和其他许多不同形状的器皿。它们由珐琅、黄金和其他材料制成，有时它们下面还配有支架。下方描绘了三个用莲花装饰的小号花瓶。

第216页下图

花瓶与其他容器

底比斯诸墓

卷二，印刷图六十二

（细节）

这里我们看到了更多的花瓶和其他容器的插画，这些器皿被用荷花和纸莎草精心装饰。它们是由贵金属或半贵金属制成的，上釉或镀金。

第217页图

金花瓶

底比斯，内巴蒙之墓

卷二，印刷图五十八

这里展示了罗塞里尼眼中“黄金和珐琅”制成的双耳细颈瓶和花瓶。它们都经过了精心装饰，把手和盖子上描绘有动物或神明。这些极为优雅的物品“比美丽的希腊艺术品早了一千年”。（商博良）

3.

1.

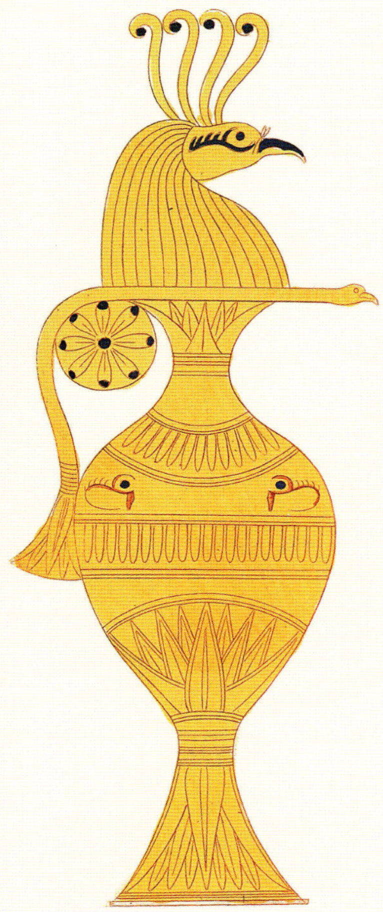

2.

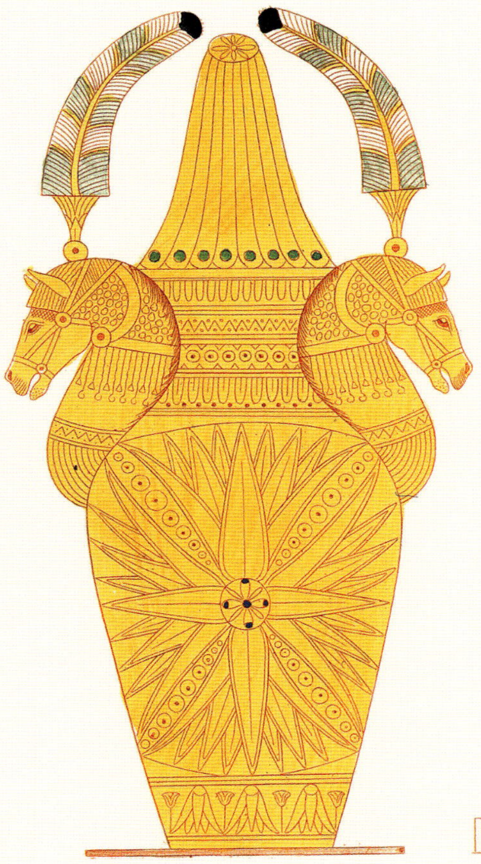

4.

6.

5.

7.

Res.

第218—219页图

家庭生活图景

底比斯诸墓

卷二，印刷图六十八

罗塞里尼如此描述这些场景："房子的外部"（上图）和"花园房的内部庭院里正在举行宴会"（左图）。主人带着他的两个孩子和一个女佣走进来，前方是一群妇女以及一个拿着食物和淡水的男人（左下角）。场景中间有大量的食物和饮料，这可能是古埃及私人生活中的一个非常罕见的例子。

第220—221页图

一座花园

底比斯诸墓

卷二，印刷图六十九

这一画作是"阿蒙花园"曾经存在过的孤证，它被绘制在一个贵族的坟墓中。事实上，这一画作的原图已经不存在了，因为它要么被移走，要么在联合探险队走后的日子里被摧毁了。整个花园平面和立面交错，符合埃及绘画的特殊规范。中间有葡萄园，四围有棕树和桑树划出的小径。纸莎草和在池塘里优雅地游泳的鸭子点缀着这幅田园图景。

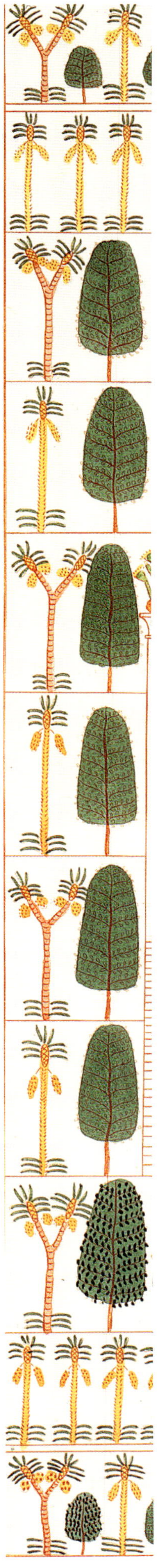

第222—223页图

装饰艺术范例

底比斯诸墓

卷二，印刷图七十

这幅图展示了几种被应用在坟墓、皇宫和私人宅邸的墙壁和天花板上的彩色装饰和花纹。除了几何图案和植物图案外，装饰画明显地偏好风格化的植物或花卉。另一方面，上部和中部的螺旋线是爱琴文明的一个典型特征，这一元素在中王国时期传入埃及并得以采用。请注意，绘有星空的天花板图案在许多墓中都很常见。

第223页右图

装饰艺术范例

底比斯诸墓

卷二，印刷图七十二

图中是拱顶和地板纹样的其他示例，它们被应用于墓穴、寺庙和私人住宅。私人住宅通常用方形几何图案或飞鸟装饰。许多纹样都是从织物上的图案中获得的灵感，这些图案织物在贵族住宅中通常被用于隐藏支撑天花板的横梁。

3. N°. LXX.

10.

Las. fil direx.

21. N°. LXXII.

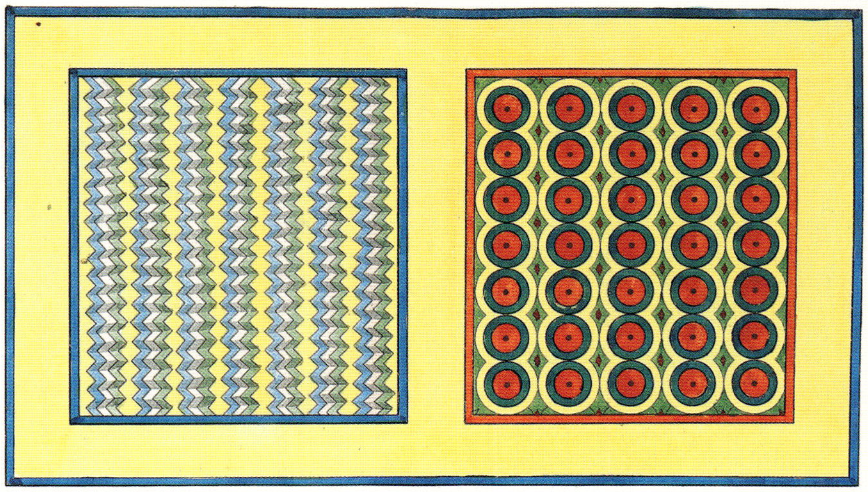

22.

24.

Lasinio fil. dir.

第224—225页图

装饰艺术范例

底比斯诸墓

卷二，印刷图七十三

古埃及装饰艺术的更多示例：上部是贵族住宅中的方格、花卉或几何装饰图案，下部是三个花形和植物形的壁龛。

第224页下图；第225页下图&右图

家具与装潢

底比斯诸墓

卷二，印刷图七十四

画中除了某些与之前几版相似的图案，还展示了很多有趣的家具，其中包括一件椅子腿上刻有鸭头的木制折叠椅，一件刻狮子头和狮子爪的沙发床。

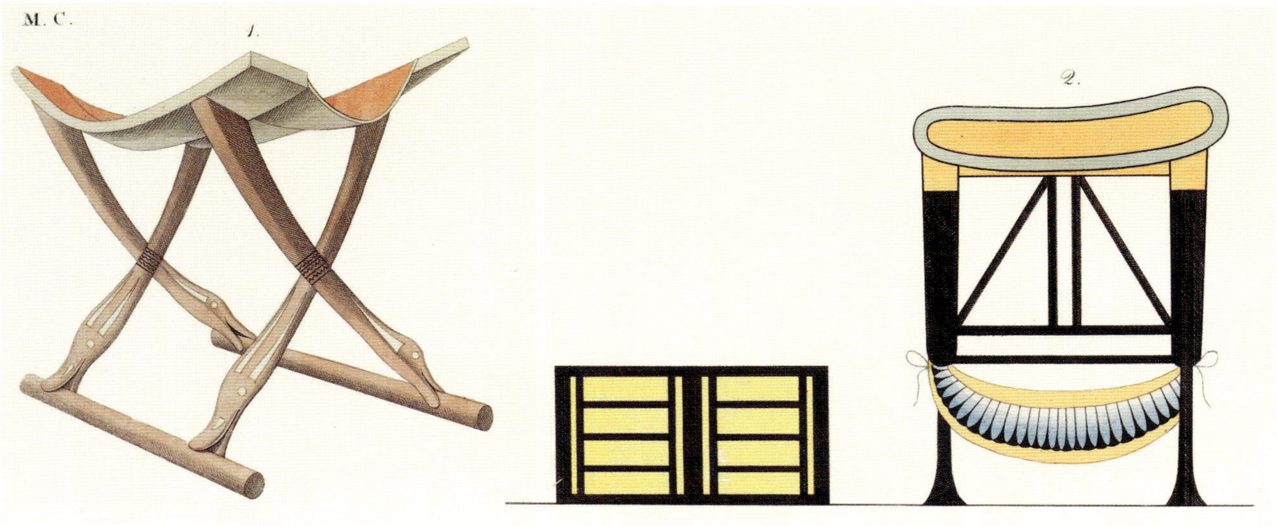

N°. LXXIII.
27.
3.
Las. fil. dir.
3
4.
5
6.
7.

第226—227页图

家具与装潢

底比斯诸墓

卷二，印刷图七十五

该版画展示了宗教场所和皇亲贵胄使用的家具。在左上角，有一张带四个香炉的皇家专用床榻，上边还有法老的雕像和两个梅尔赫特女神（Merhyt，代表尼罗河谷）的雕像；底座上是一系列刻有拉美西斯九世诸多称谓的王名圈。床的旁边是一座带有法老画像的轿子，轿子背后刻有张开翅膀保护他的伊西斯女神，和在他头顶以秃鹫的形象保护他的奈赫贝特女神。上半部分的最后一张是一幅虎皮地毯。左下是一个雪松木制成的神龛，一座花岗岩的狮身人面像，还有两个四四方方的王座。

N°. LXXV.

2

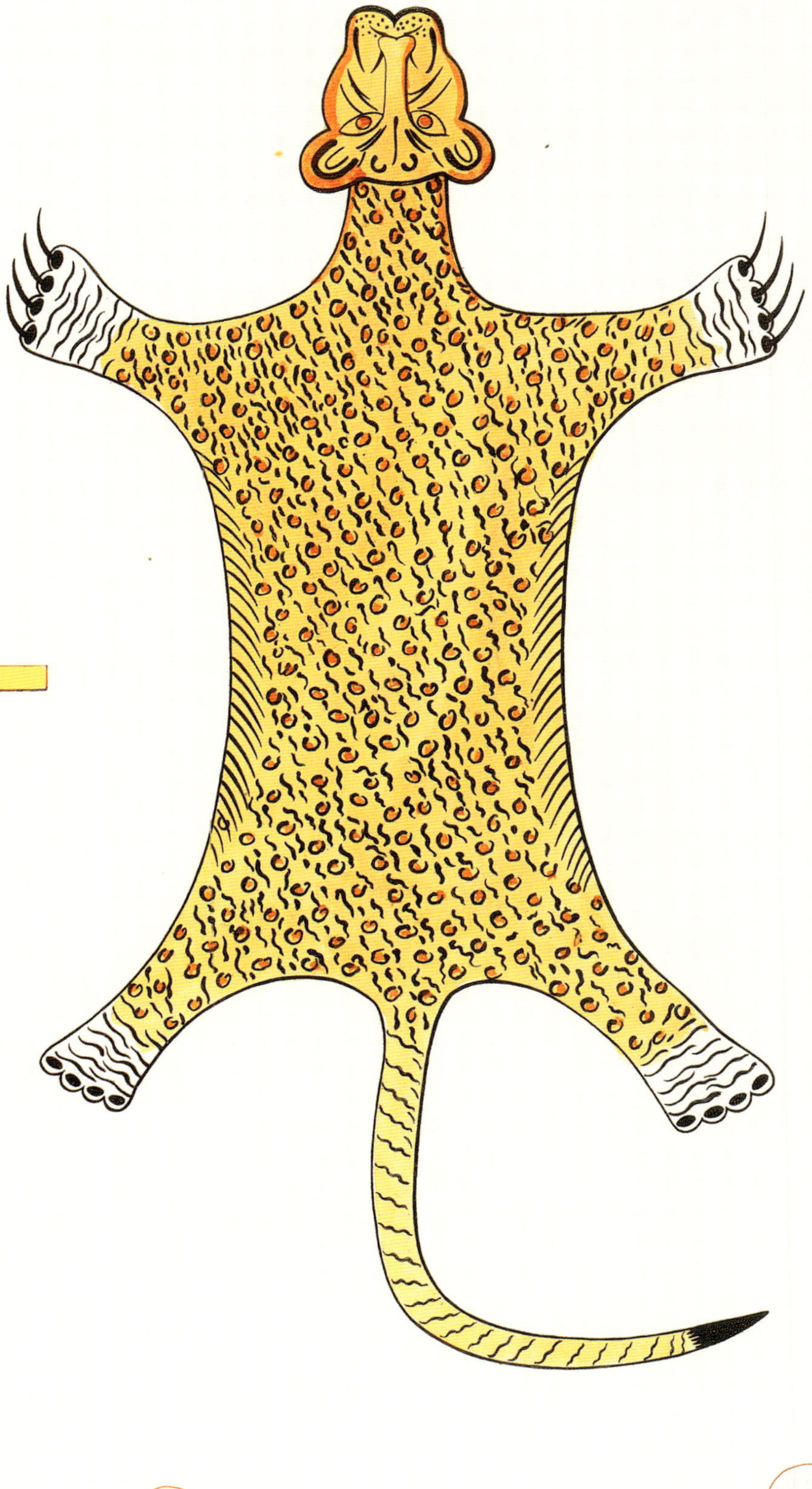

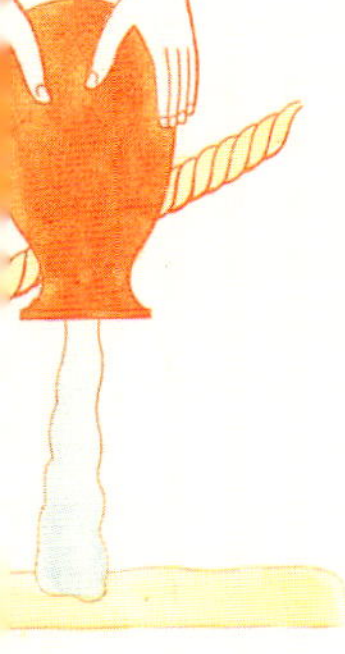

5

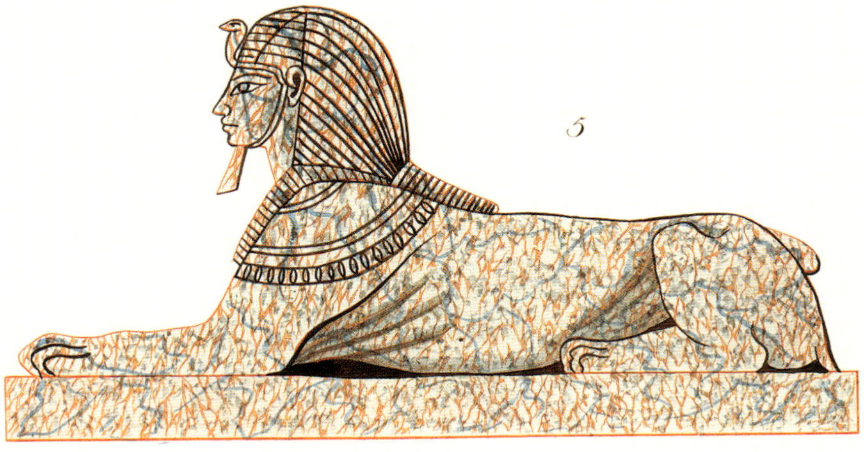

6

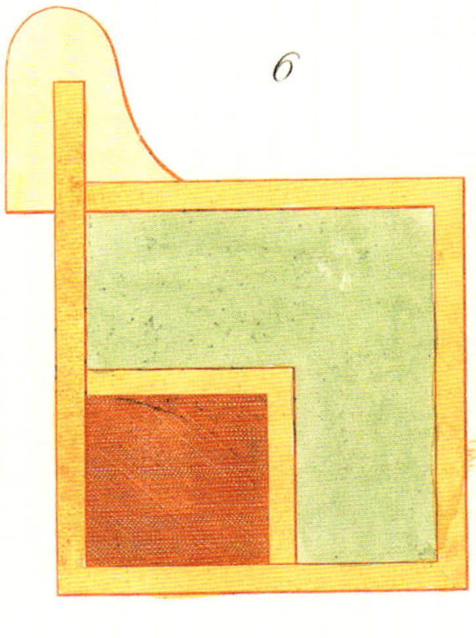

7

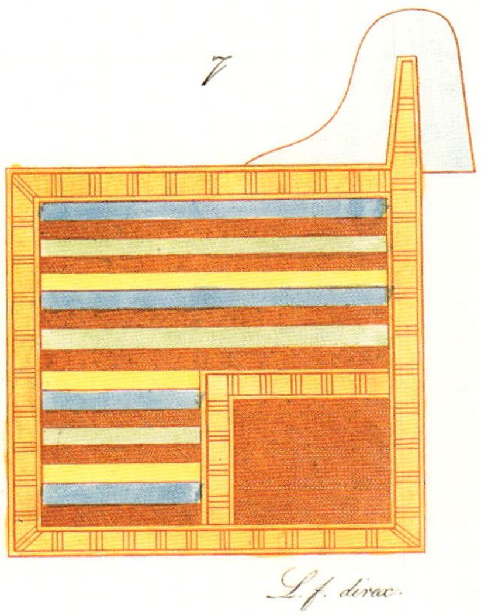

L f. direx

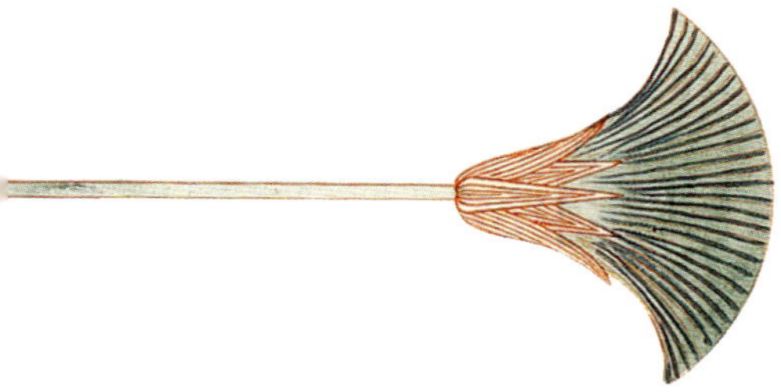

第228页图

葬礼上的供奉

阿尔喀布与底比斯诸墓

卷二，印刷图七十八

在上方，有一个仆人为他的主人呈上一个碗，又在他头上抹了一块香熏油。而在下方，在一张摆满祭品的桌子前，一对已故的夫妇从他们的女儿那里得到了叉铃和项链作为供奉。

第229页图

珠宝与仪仗扇

底比斯诸墓

卷二，印刷图八十

这幅图展示了许多轮状皱领、项链和手镯，它们通常由黄金制成，并用半宝石或珐琅加以装饰。接下来是一系列巨大扇子，这些扇子通常被做成纸莎草的形状，上边还饰有鸵鸟的羽毛。在几乎所有的文明中，珠宝总是有着特殊的魅力。古埃及人也非常重视各种各样的珠宝，他们通常把这些珠宝作为装饰品，并以此辟邪：一些法老墓穴中奢华的陪葬品就是后一种功能的例证。

M. C. N° LXXX

第230—231页图

血食

底比斯，帝王谷

卷二，印刷图八十八

古埃及人封在坟墓里的陪葬品还包括食物和饮料，这是保证死者在彼世生存的必需品。根据他们的宗教信仰，壁画中的血食可以神奇而永恒地维持地球的存在。在这些从王陵中复制的图纸中，就有这两张来自帝王谷（阿拉伯语作Biban al-Muluk）的供桌：第一张，有被蔬菜叶包裹笋装满水果的篮子、一些面包或糖果、一个牛腿、一个牛头以及一只鸭子。第二张桌子上则有一个罐子和莲花苞。两张桌子旁边都摆有一个修长的双耳细颈瓶，装饰有一朵含苞待放的迷人荷花。而下一个场景则是完全不同的，因为它

N°. LXXXVIII.

3.

R.

6.

Ros.

不是在描绘静物：当一个人在用一头牛的部分作为祭品进行祭祀时，另一个人正在煽动两个焚香器的火焰，这些焚香很可能是供奉给死者的。

第232页左图

不同种类的床榻

底比斯，拉美西斯三世之墓

卷二，印刷图九十二

这幅图上绘制了许多供家用或葬礼用的木床（图4、5、6和7），床腿上刻有狮子爪。葬礼用的床（图1、图2和图3）装饰更为丰富和优雅，让人想起牛头女神梅赫特-韦赖特（Mehet-Weret）、河马头女神塔沃里特（Taweret）和以母狮形象出现的女神伊西斯-梅赫特（Isis-Mehet）。前两张床上有把手呈纸莎草状的镜子，装饰有莲花。

第232—233页上图&第233页中图

家具

底比斯诸墓

卷二，印刷图九十

此处绘制的是椅子与王座。低靠背椅子（图1）和圆桌（图7）分别来自古王国时期和中王国时期，高靠背椅子、狮爪椅子和折叠凳（图2、3和4）大多来自新王国时期。该版画还描绘了一个立方形的王座，上面装饰着不同的几何图案。

第232—233页下图

王座

底比斯，拉美西斯三世之墓

卷二，印刷图九十一

这些宝座的形状与前一版里桌子的形状相同，珍贵的布艺更加凸显了它的优雅。侧板上镶满了具有象征意义的金、半宝石或象牙装饰。

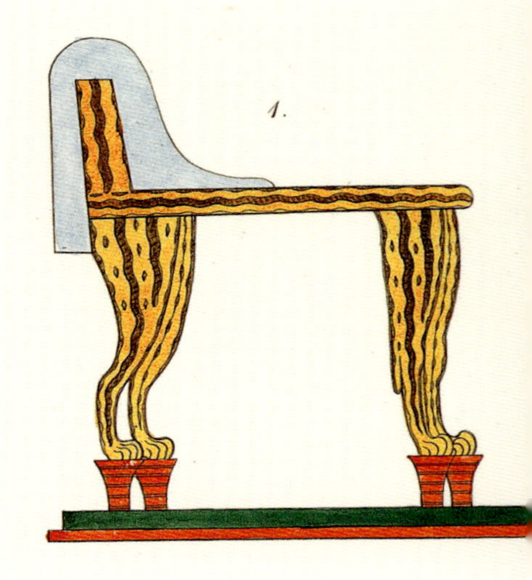

第234—235页图

竖琴手

底比斯，拉美西斯三世之墓

卷三，印刷图九十七

这幅著名的画作描绘了两个盲人竖琴手。他们剃着光头，穿长褶袍，手里拿着两把色彩艳丽的大竖琴。音箱上装饰着法老的形象，他戴着代表下埃及的红色王冠（左）和代表上下埃及的双重王冠（右）。拉美西斯三世的墓葬于1768年被两位探险家——苏格兰人詹姆斯·布鲁斯和意大利人路易吉·巴鲁加尼所发现，他们当时正肩负着探索尼罗河之源的任务，因而筚路蓝缕地行走在今天的埃塞俄比亚境内。

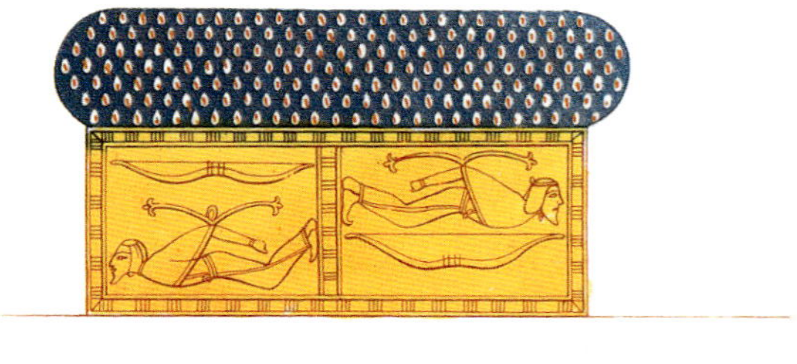

7.
5.
4.
2.
3
6.

第236—237页图

女乐师与舞者们

底比斯诸墓

卷三，印刷图九十八

左上角，一群剃光头的妇女正在和着鲁特琴和四角鼓的节奏跳舞。下面是演奏弦乐器和管乐器的女性。注意这里的竖琴从三根弦到十三根弦有很多规制。音乐和舞蹈是古埃及广泛存在的艺术形式。

2.

R.

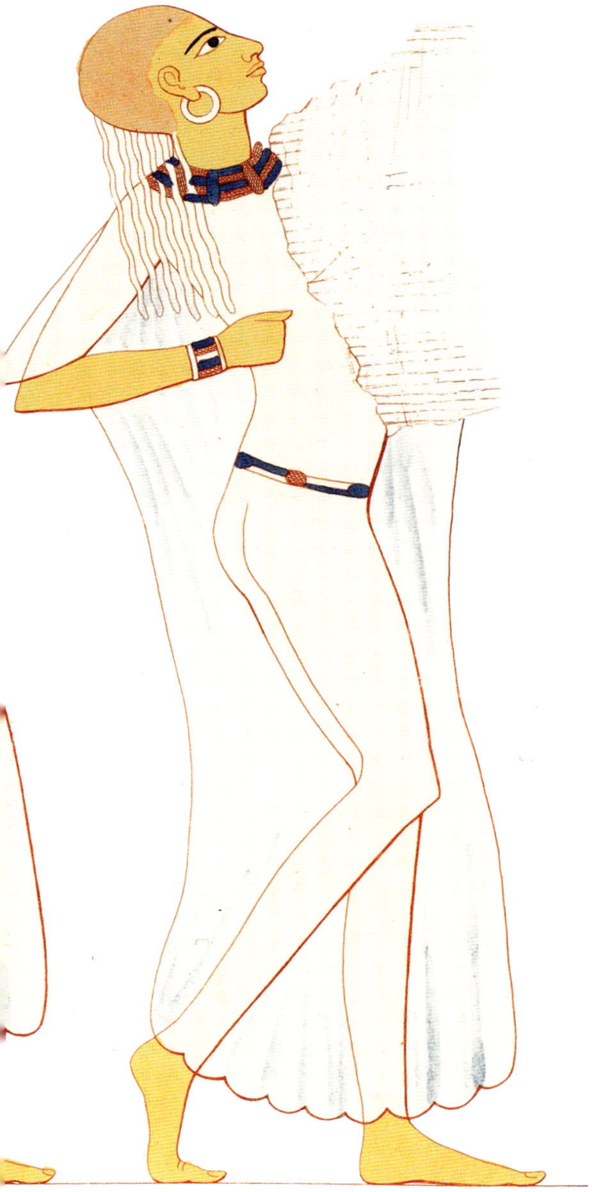

第238—239页图

女乐师与舞者们

底比斯，内巴蒙之墓，贝尼哈桑

卷三，印刷图九十九

这幅美丽的图画是一幅著名壁画的碎片，在罗塞里尼的时代，这幅壁画在内巴蒙的坟墓里，现藏于伦敦大英博物馆。音乐家们极为罕见的正面绘像表明这位艺术家试图超越古埃及传统肖像画只画侧面的局限性。当右边的女人吹奏着双排长笛时，其他人——穿着华丽，头上戴着独特香熏筒的舞者们——为她击节而歌。

2

第238页上图&第239页上图

乐师与舞者们

底比斯，内巴蒙之墓，贝尼哈桑卷三，

印刷图九十九

上图中的女人们正在排练舞步，而其他人则随着鼓声的节奏摆动。

第238—239页图

女性乐师与舞者们

底比斯，内巴蒙之墓，贝尼哈桑卷三，

印刷图九十九

这个浮雕残片描绘了一幅极其美丽的场景，罗塞里尼发现时它在内巴蒙墓中，现藏大英博物馆。浮雕中罕见地描绘了乐师的正脸，打破了古埃及绘画造型长久以来只塑造侧面的桎梏。当图中右侧的女性吹奏双排长笛时，画面左侧那些衣着华丽、戴着典型熏香圆锥帽的人则在拊掌附和、载歌载舞。

第240页左上图&241页下图

船

贝尼哈桑与底比斯诸墓

卷三，印刷图一百零五

（细节）

这幅来自罗塞里尼的可爱画作（左）描绘了一种桨手用来渡过尼罗河深水的舵。这个舵的末端装饰着一条蛇（神圣的眼镜蛇，皇室的象征），缀有花卉图案和两个驱散邪灵的眼睛。下图与前一幅相似，是从拉美西斯三世墓中复制的，描绘了一艘王室巡行船，船头装饰着一个羚羊头。

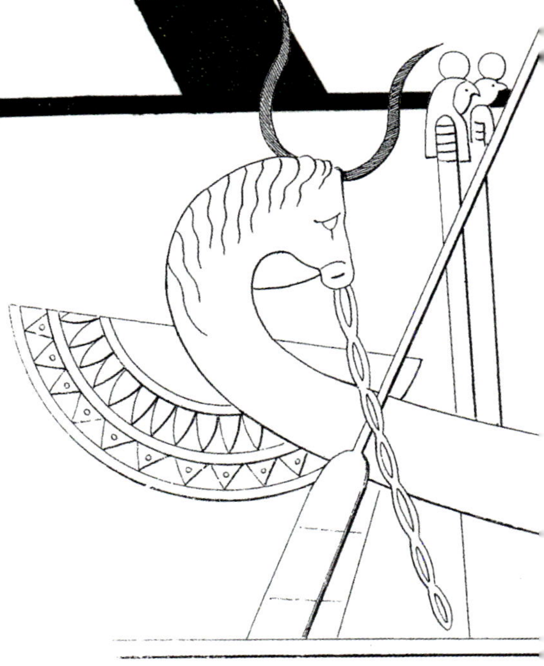

第240页下图&第240—241页图

王室用船

底比斯，拉美西三世之墓

卷三，印刷图一百零七

由于尼罗河是古埃及唯一的主要通渠，所以船只无疑是最常见的交通工具。尽管埃及人擅长河流航行，但他们从来都不是伟大的航海家，而且很容易被其他民族超越，包括被称为“海上马车夫”的腓尼基人。由于埃及并不出产松木或雪松木，故而中小型船只都是用金合欢木或悬铃木制成的。然而，埃及人从黎巴嫩进口雪松来建造大型船只或法老使用的船只。这幅图描绘了两艘王室帆船，船只有宽敞的中央船舱，由船垫和艏楼艉楼保护。两艘船都有大帆，由警卫看守，并绘有鲜艳的几何图案。桨上刻有戴王冠的人头，彩绘丰富。

第242—243页图

王室用船

底比斯，拉美西斯三世之墓

卷三，印刷图一百零八

在左边的插图中有“两艘御风而行的船”（罗塞里尼），它们展开帆，“以队列前行”（商博良）；在右边的插图中，一艘载有王座和法老象征的船顺流而行，船上有一个坐着的卫兵拿着一个赫里普（herep）权杖，即“该部门的象征”。

M. C.

第244—245页上图&中图

葬礼场景

底比斯与阿尔喀布诸墓

卷三，第一百二十七

上方的壁画是从阿蒙内莫普（Amenemope）墓中复制出来的，描绘了这具木乃伊，在其两个儿子之一完成了抚慰仪式后，即将入殓，然后同棺椁一起装在一条被奶牛拉着的船上。一个女人——也许是他的妻子——正在哭泣。另外两幅图是从阿尔喀布的坟墓中复制出来的，图中的木乃伊正被运往其埋葬地点。

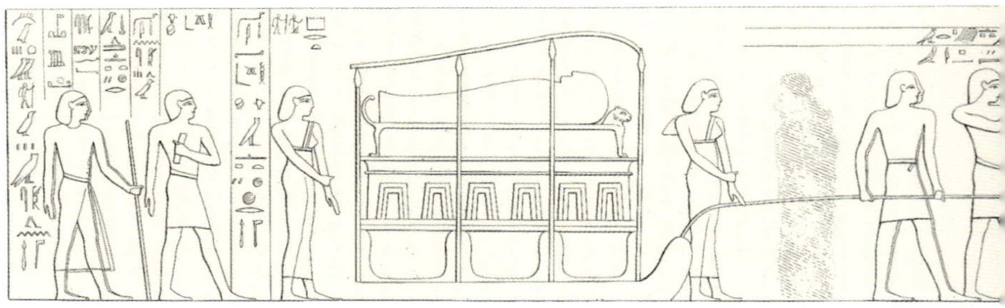

N°CXXVII

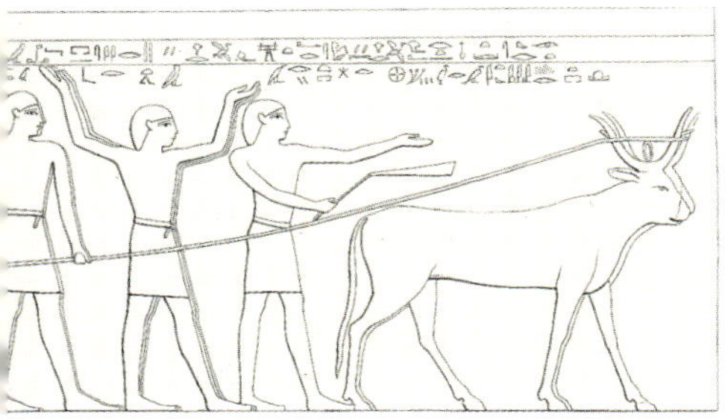

第244页下图&第245页下图

葬礼场景

底比斯诸墓

卷三，印刷图一百二十八

右边的场景显示一具木乃伊正在被运送。它先被放在船上的棺椁里，然后被轻轻地放在四头小母牛拉的橇板上。一位祭司，穿着典型的豹皮，正在献香并进行净化仪式。左边，在哀悼者和专业殡仪团体中，有四个人抬着一个箱子，上面是豺狼形象的阿努比斯神（Anubis），他手持装有死者内脏的卡诺匹斯罐。

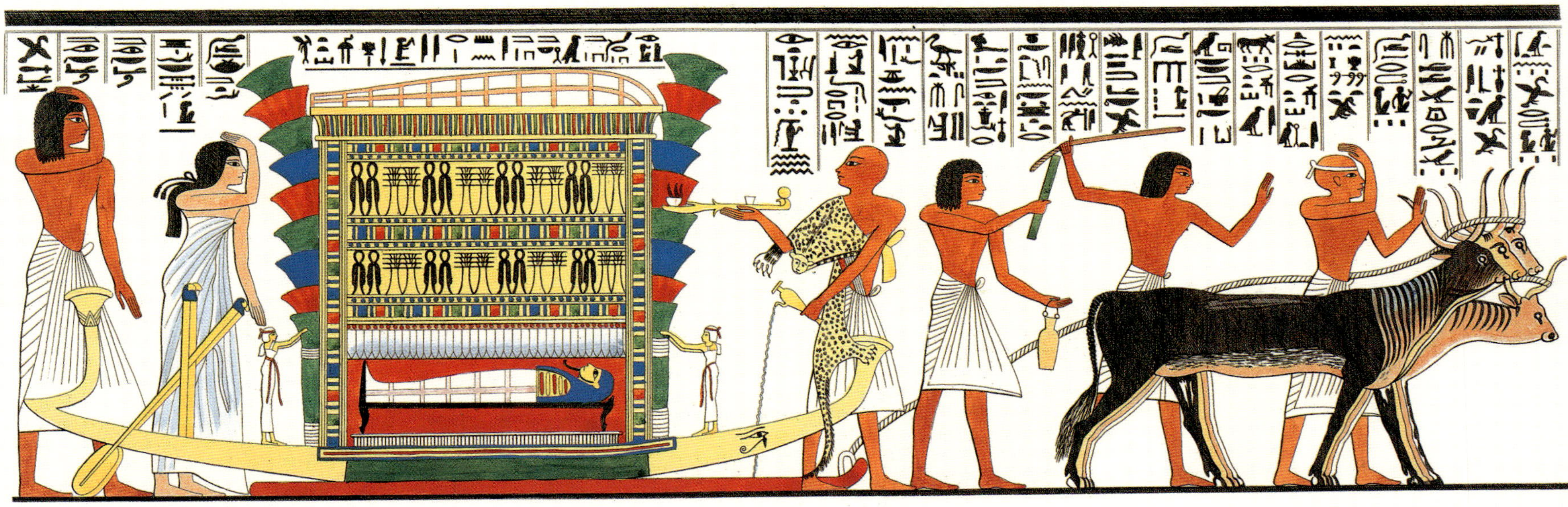

第246—247页图

葬礼场景

底比斯诸墓

卷三，印刷图一百二十九

这幅图描绘了葬礼的结束。除了哀悼的场景（上图），还有一位祭司进行“张嘴”仪式，这个仪式保证了死者在来世继续存活。头颅为豺狼的木乃伊之神阿努比斯见证了对死者进行防腐处理的最后细节，死者被装在一辆灵车上，可以看到四个装有死者内脏的卡诺匹斯罐。女神伊西斯（左）和奈芙蒂斯（Nephthys，右）在仪式上守候。

第248页上图

葬礼用船

贝尼哈桑

卷三，印刷图一百三十

这幅图描绘了两条用于出殡仪式的船。两条船都有一个用格子铺垫装饰的船舱。船舱上，男人和女人正在哀悼。

第248页中图&下图

葬礼用船

贝尼哈桑

卷三，印刷图一百三十一

这里是更多关于出殡仪式中所用船只的插图。上面的两个场景描绘了葬仪物品的运输，下面的女性则在死者的木乃伊面前哀悼。

第249页图

葬礼场景

底比斯诸墓

卷三，印刷图一百三十四

梧桐树女神（上图和右图）为这对死去的夫妇提供水果。下图的场景已经在印刷图一百二十九中描述过，展示了死者旁边的阿努比斯神。后者的灵魂，被描绘成一只人头鸟，飞过死者的头顶，在他的鼻子附近放置一艘帆船和一个权杖——这是保证重生必不可少的重要呼吸符号。

1

R

2

3

C.V. sculp.

《宗教遗迹》篇

第250页图

塞提一世与众神

底比斯，塞提一世之墓

印刷图一百零九

在这一幕中，法老被荷鲁斯介绍给冥界主神奥西里斯——图中奥西里斯坐在王座上，裹着木乃伊的白布。在奥西里斯身后是西方女神阿门提特（Amentet，或作Imentet），她准备接引死者。这幅由洛特绘制的美丽的图画四周还有彩色的饰带和铭文，其中还有两个王名圈标注了法老的名字。

第251页图

塞提一世与哈托尔

底比斯，塞提一世之墓

印刷图一百零八

这一版描绘的浮雕现在保存在佛罗伦萨的国家考古博物馆里，但在联合探险队的时期，它就在塞提一世的墓室里。浮雕中法老穿着一件华丽的透光长袍，被哈托尔女神接见。哈托尔女神将她的项链递给法老，这将确保法老得到保护和繁荣。这座由贝尔佐尼发现的坟墓被认为是帝王谷中最美丽的一座。

第252—253页图

正在祭祀的拉美西斯十世

底比斯，拉美西斯十世之墓

这个场景被环绕在苍穹和山峰（后者是西侧墓地的象征）的象征符号中，它描绘了第二十王朝倒数第二位法老拉美西斯十世的

双重肖像（左二右二的人物形象都是法老），他跪在地上，向太阳神拉献上荷鲁斯之眼。太阳神被描绘成一个圆盘，盘里面有甲虫凯布利（Khepri），代表拉在日出时的形象，公羊头的神阿图姆则是日落时的形象。这一场景中还有女神伊西斯（左一）和奈芙蒂斯（右一）。

第254—255页图

奥西里斯的审判

底比斯，拉美西斯六世之墓

印刷图一百一十六

这幅巨大的画卷是“心的称量”的另一种变体。奥西里斯坐在王座上，手持权杖和象征生命的安克架，即将审判九个人（九个死者的灵魂）。一座天平由一位木乃伊一样的神挑起，准备用以称量这些人在现世的行为。判定有罪的灵魂被以动物的形象遣返现世，也就是说，他们以各种的动物的形象送回现世，而这些动物形象都被认为是各种罪恶的象征。根据商博良的说法，旁边船上，在两只狒狒之间的母猪形象代表着贪婪。豺狼头的阿努比斯神和四个长着羚羊头的小鬼正在见证死者的审判。

第256页上图

彼世太阳的运行轨迹

底比斯，塔沃斯塔/塞特纳克特之墓

印刷图一百二十

这是一个象征性的场景，代表了太阳神拉的诞生，他通过一条狭窄的通道，从地下世界的水里出现，起初的形象是一个吸吮手指的男孩，然后是一个有公羊头的甲虫，最后才是圆盘状的太阳。版画下边的部分描绘了一只公羊头秃鹫展开翅膀。这幅画描绘了太阳在彼世的运行轨迹以及它的重生——即新一天的开始，也使有关太阳的神学理论得以自圆其说。

第256页下图&第257页图

向诸神献祭

底比斯，拉美西斯三世之墓

印刷图一百二十四

这是罗塞里尼在《宗教遗迹》部分中所描绘的最后一幅画，描绘了由一群男人和女人组成的华丽队伍，他们代表了尼罗河和埃及四十二个省中的一部分，完成了罗塞里尼宗教遗迹中的插图精选。在所有向诸神供奉鲜花、水果和鸟类的人物形象中，最引人注目的是尼罗河的化身——哈碧（Hapi）神：他是一个双性人，胸部下垂，腹部微膨隆，他戴着一种由纸莎草制成的帽子，帽子上还有象征尼罗河的纸莎草（左上）。

第三部分

身处帝王谷的
探险家和艺术家们

凯瑟琳·罗里希

19世纪是底比斯“游人如织”的繁忙时期。欧洲人对古埃及的艺术和建筑十分向往，因而成群结队地溯尼罗河而上，以期亲眼得见世间极为迷人的景色之一。在这些到访者中，有许多技艺高超的艺术家试图用素描或水彩来记录底比斯的风景和不可胜数的遗迹。有些人作画是作为日志上的附图，或作为古埃及学术调查的文献；而另有一些则是为了迎合正在席卷欧洲大陆的“埃及热”而留作室内设计的蓝本。无论他们的动机是什么，这些富有冒险精神和艺术才华的人们都用他们的画笔，让一个多世纪前的底比斯城和周边没能躲过湮灭命运的遗迹在纸上存续至今。

对那些没有逃过风化、水溶、破坏和盗窃的遗迹而言，这些画作就是它们曾存在过的仅有证明。如今的埃及学家必须依靠这些19世纪的绘画来重建严重受损的坟墓和寺庙壁画。这些画对了解古埃及很重要。但同时它们也具有其艺术性，也值得欣赏，也证明了画家敏锐的眼光和独到的审美。

和绘画同样精彩纷呈的是艺术家们的故事。这些敬业的人们身上常常沾满颜料，他们的工作环境堪称艰苦，还经常受到暴力和疾病的威胁。因此我们将在本卷里细致入微地描写这些艺术家们的生活（当然这也从另一个方面证明了现代学者对他们的高度重视）。毫不夸张地说，如果不是这本书中描述的19世纪探险家和艺术家们前仆后继地去埃及进行艺术创作，今天的埃及学研究将会乏善可陈。从在埃及学中的地位来说，这些作品和现代书法家、现代摄影师一样重要。它们是我们学科的支柱之一。

肯特·R. 维克斯

“底比斯测绘项目”（Theban Mapping Project，TMP）总监

第259页图
麦伦普塔赫
普里斯·达韦那

第260—261页图
底比斯诸墓
《城镇遗迹》篇
伊波利托·罗塞里尼

第262—263页图
贝尔纳迪奥·德洛维蒂
《东方游记》
L. N. P. A. 福尔班

最早到访西底比斯的游客是埃及人自己。在第十八王朝早期（约公元前1500—前1450年），一群书吏们参观了一座小教堂，这座小教堂是维齐尔安特福克（Antefoker）献给他的母亲塞内特（Senet）的。这座色彩鲜艳的石刻教堂彼时已经有500年的历史了，它是在第十二王朝早期，即森沃斯勒一世（Senwosret I）统治时期（约公元前1950年）建成的。一些参观者只是写下了他们的名字，譬如“书吏西亚门（Siamen）到此一游”。另一些人还为死者书写了祈福的祷文，还有一些人对坟墓的美丽进行评论——“他在坟墓的内部，发现这里像天堂……他们发现这座坟墓使他们心情非常愉快。”

一千多年后，希腊和罗马的旅行者把他们的名字刻在了西底比斯平原上的寺庙、坟墓和雕像上。对这些游客来说，被埃及人称为瓦塞特（Waset）的这座尼罗河东岸的古老城市，是他们眼中的“百门底比斯”——这也是荷马的《伊利亚特》中首次记载的名称。其中最受欢迎的景点就是帝王谷，谷中有十四座坟墓中刻着两千多个希腊语或拉丁语的涂鸦。其中最受欢迎的是拉美西斯六世的墓，上面有近一千处涂鸦。这座巨大的石刻墓位于山谷的中心，上面装饰着生动的葬礼文字和花纹。对于这些，早期的“西方”游客一定和一千多年后到访的欧洲游客一样不知所谓。在罗马时期，这座坟墓被认为属于埃塞俄比亚国王孟农，他曾经参与了特洛伊战争，并被阿喀琉斯杀死。

另一个受欢迎的景点是洪泛平原，在那里有两座超过50英尺（15米）的巨大雕像占据着地平线上最显眼的位置。

许多来自古典时期的涂鸦覆盖了北侧巨像的基部和脚踝，涂鸦者们将巨像认为是孟农。因为这尊雕像出现了磨损，所以会在日出时发出奇怪的声音。又因为孟农是黎明女神伊俄斯的儿子，所以这个声音被解释为孟农在日出时分问候他的母亲。在等待听雕像晨昏定省的人群中，甚至包括罗马皇帝哈德良。事实上，这些巨大的石英石坐像（如今仍被称为孟农巨像）曾经伫立于阿蒙霍特普三世（约公元前1391—前1353年在位）陵庙入口的两侧。阿蒙霍特普三世在西底比斯建造了最大的神庙，但入口的塔门是泥砖建造的，最终随着每年尼罗河洪水的侵蚀而尘归尘土归土。

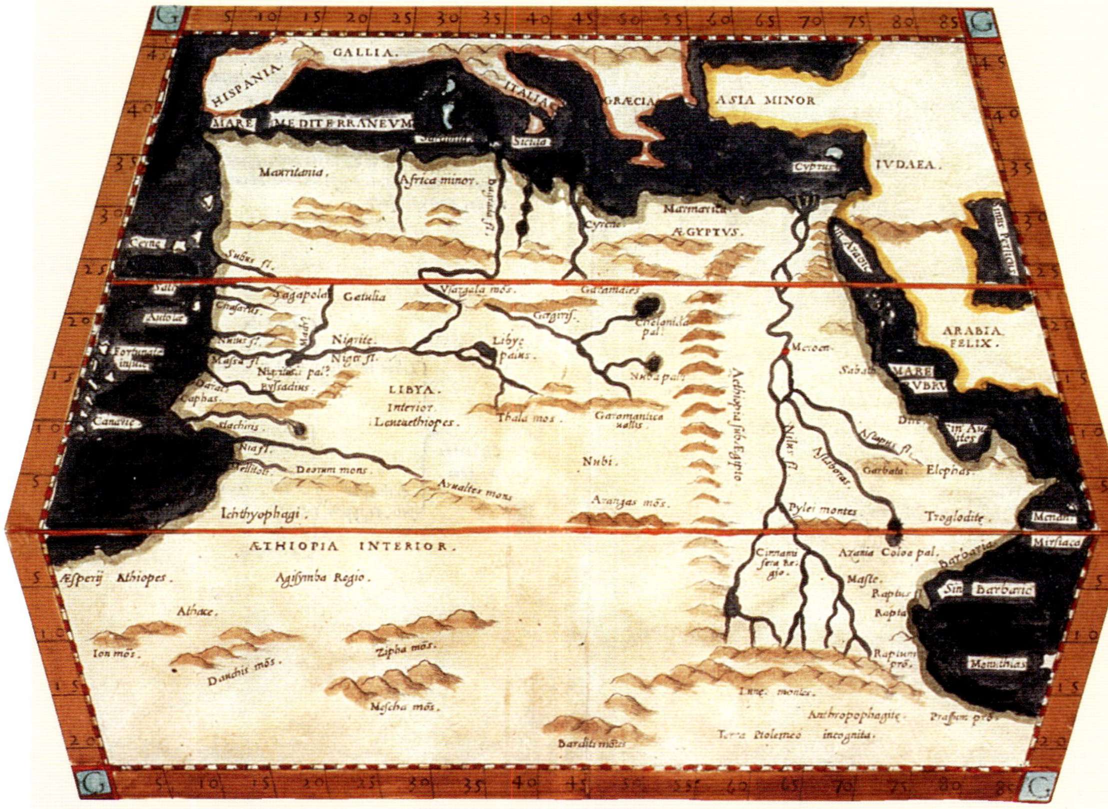

第264页上图

在这幅由霍尔丁汉的理查德于1290年绘制的《世界地图》（*Mappa Mundi*）的细节中，“底比达”（Thebaidea）一词（一个代指上埃及大部分地区的术语）被用红色书写在红海城镇贝丽奈西（Berenice）和尼罗河之间，位于将埃及与努比亚分开的南部山区之下。

第264页下图

这张16世纪的地图由雅各布·加斯塔迪绘制，参考了2世纪学者克劳迪亚斯·托勒密绘制的地图。在这位托勒密的时代，埃及南部属于麦罗埃（Meroe）王国，它是罗马控制埃及的强大阻力，其首都被清楚地表示在尼罗河沿岸。

第265页图

这幅细致的地图是11世纪人们从另一幅8世纪的地图上复制的，它显示了人们对非洲的了解是如此少，以至于非洲只画出了利比亚、埃及和埃塞俄比亚。麦罗埃实际上是苏丹南部的一个巨大区域，但在这里成了“麦罗埃岛”，被尼罗河环绕。

GENS SERES
ASIA MAIOR
GENERALITER
PARTIA UOCATUR
MESOPOTAMIA
ARACUSIA
GALILEA SUPERIOR
GALILEA INFERIOR
ARABIA
NABATIA REGIO
SINUS ARABICUS
SINUS PSICUS
IUDEA
PALESTINA
EGIPT SUPERIOR
EGIPT INFERIOR
INSULA MEROEN
GENTES
LIBIA
AFRICA
DESERTA ARENOSA
AETHIOPIA
MARE RUBRU
INSULAE
FORTUNATARUM
MERIDIES
EURO AUSTER
AUSTER UENTUS
AUSTER AFRICUS LIBO NOTHUS
LIPS AFRICUS

AEGYPTVS ANTIQVA.
AEGYPTIVM Mare, quod et PARTHENIVM, et PHARIVM dicitur.
IONIVM Mare, quod et PALAESTINOR
MAREOTIS Nomus
LIBYAE Nomus
ALEXANDRI NOR. NOMVS.
CASIO
REGIO.
Que postea Augustamnica.
ARABIAE PETREAE PARS.
A. Quae postea Arcadia.
HERMOPOLITES Nomus
LYCOPOLITES Nomus.
APHRODITOPOLIS Nom.
PANOPOLITES
ANTEIOPOLITES Nomus
THINITES Nomus
BAIDIS REGIO.
TENTYRITIS Nomus
COPTITES Nomus
QVAE
MEMNON Nomus
HERMONTHITES Nomus.
ET AEGYPTVS
LATOPOLITES Nomus
SVPERIOR.
OMBITES Nomus.
Arabes Azarei
Arabes Adei
Arabes Gnebadei.
TISEBARICA REGIO.
AETHIOPIAE SVB AEGYPTO PARS.
TERRA SVIS CONTENTA BONIS NON INDIGA MERCIS, AVT IOVIS, IN SOLO TANTA EST FIDVCIA NILO.
AEGYPTOS. S.C.
Cum Privilegio Imperiali et Belgico, ad decennium. 1584.

由砂岩或石灰石制成的浮雕、雕像和石柱也被拆走建造其他建筑，或者在数千年的时间里被潮湿的土壤分解。但英国神职人员理查德·波科克（Richard Pococke）于1738年1月访问底比斯时仍能看到柱基和雕像的痕迹，他也是第一批对古埃及进行图画和文字记述的欧洲游客之一。

在这个时期到访古埃及的游客中最著名的可能就是希罗多德（Herodotus）。公元前5世纪中叶，埃及受波斯统治，但希腊历史学家似乎可以在埃及全境自由穿梭，甚至沿着尼罗河一直航行到阿斯旺。希罗多德将他从牧师那里收集到的信息和他自己的观察结果写入了《历史》的第二册。这本书因而成为后来欧洲旅行者的必备指南。

另一部来自古典时期的资料是希腊裔学者西西里的狄奥多罗斯，他生活在恺撒时代的西西里岛。他所写的《世界历史》第一卷就是关于埃及的，其中包括许多基于早期文献的，关于西底比斯的描述。例如，狄奥多罗斯转述了赫克特斯对奥兹曼迪亚斯国王遗迹的描述。这似乎是拉美西斯二世的陵庙（早期欧洲旅行者将其称为孟农尼乌姆，但现在称为拉美西乌姆），其中包括倒下的法老巨像（巨像上的名称字“usermaatra”可能就是“Ozymandias”名字的起源）。根据狄奥多罗斯的记载，这座雕像上有着完全无法理解的铭文。英国诗人珀西·雪莱后来重新解释了这段铭文：“我是万王之王——奥兹曼迪亚斯：功业盖物，强者折服！”

关于帝王谷，狄奥多罗斯说：“……祭司们声称有记录证明这里存在过四十七座王陵，但在拉古斯之子托勒密统治时只剩下了十七座；而当我们造访时，其中许多都成了废墟。”（第一卷，第四十六页）。

在狄奥多罗斯之后不久，地理学家斯特拉波到访西底比斯：“这里有两座相邻的巨像，每一座都由一整块石头组成。一座是完整的，另一座的上部从椅子上掉下来了——据说是地震的缘故。人们相信，雕像还残留在底座上的部分每天都会发出一次轻微的撞击声。当我在那些地方的时候……我曾经在一天中的第一个小时听到了一声巨响，至于是从底座发出的还是从巨人发出的，或是站在底座周围的人故意发出的，我都无法断言。”

7世纪，随着阿拉伯对埃及的征服，尽管亚历山大城和开罗仍然对商人和朝圣者开放，但进入古底比斯的道路向欧洲人关上了大门。因此，尽管吉萨和其他埃及北部的金字塔遗址在中世纪就为欧洲人所知，但他们对埃及的全貌，或对开罗南部的古代遗迹却知之甚少，这一事实在早期的地图中不难发现。

然而从18世纪开始，一些勇敢的旅行者冒险探索了尼罗河流域更远的地方。最初的一批探险者中就包括克劳德·西卡尔（1677—1726年），他于1692年加入耶稣会。1700年成为派驻叙利亚的传教士，1707年被派往开罗的耶稣会传教团，并一直在

第266页图

荷兰制图家亚伯拉罕·奥特柳斯（Abraham Ortelius）于1570年首次出版了这张地图，它比早期的地图更为详细，也比许多后期的地图更为精确。底比斯位于河流大弯南部的东岸。在西岸，奥特柳斯还绘制了古典时期学者们提到的主要遗迹之一——孟农尼乌姆。

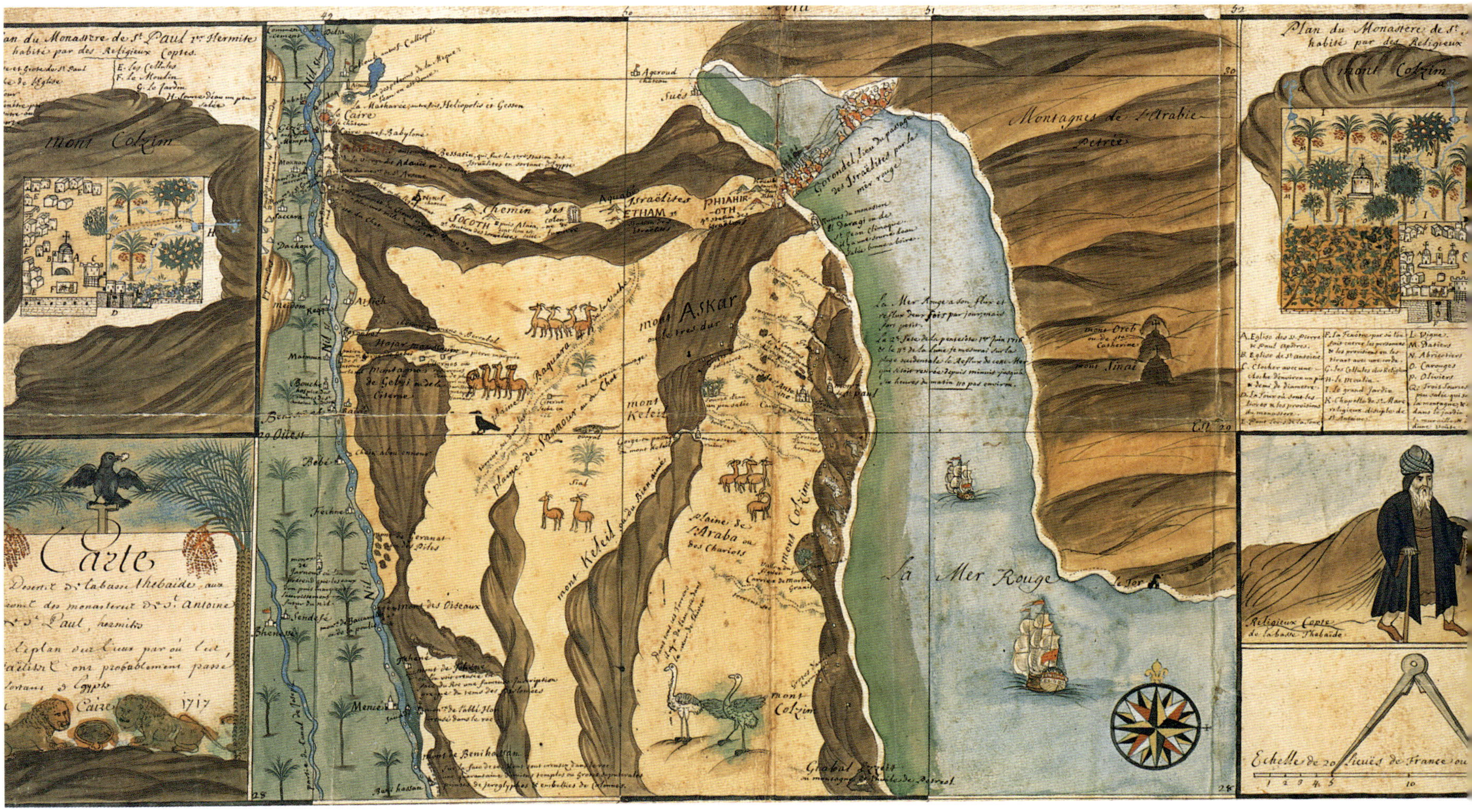

第267页图

法国耶稣会教士克劳德·西卡尔在18世纪初广泛游历埃及。在他的埃及地图上有包括底比斯在内的几十个古代遗址。

埃及度过余生。他精通阿拉伯语，对古典时期的作家了如指掌，是第一个确认古底比斯遗址位于如今卢克索城的近代欧洲人。他在埃及的目标是让科普特教会归于罗马教宗的统治，但当时的奥尔良公爵腓力一世也要求他记录当地的遗迹。西卡尔最终绘制了一张埃及地图，上面有二十四座寺庙、五十座装饰过的坟墓和二十座金字塔。

西卡尔死后不到二十年，理查德·波科克和路德维希·诺登分别游览了尼罗河边的遗迹，并回乡出版了带插图的埃及游记。半个多世纪后，第一次伟大的科学考察伴着拿破仑东征的军队来到埃及。他们的学术成果被整理出版为多卷的《埃及记叙》。这本书首次为欧洲人提供了西底比斯遗迹的全貌。

在探索帝王谷的时候，一小队人爬上了将这条荒芜山谷与尼罗河西部平原分开的峭壁。科斯塔茨（M.Costaz），也许是最他留下的印象时如此说道：“即使以我们时代最伟大、最庄严、最雄伟的建筑进行类比，以我们最精深的思想进行理解，也无法正确地描绘这些遗迹：因为差异不仅体现在规模上，更在形式、比例和建筑结构上——它们是如此的雄伟，以至于不能传达哪怕九牛一毛。对我而言，这就像进入了一座巨人的城市，在长期的冲突之后，城市被摧毁了，留下了不可胜数的寺庙废墟，作为它们存在过的唯一证据。”

到了古埃及语言被成功破译的19世纪中叶，数十名个人旅行者、学者、冒险家、艺术家和另外两个伟大的科学考察队在西底比斯遗址上进行了探索，并出版了相关著作。但即使是普鲁士探险队队长理查德·莱普修斯也受到启发，在1845年2月25日的一封信中发表了评论：“底比斯……比其他任何地方都更受旅行者和探险队的青

先目睹这一胜景的欧洲人，如此描写：“我们无法想象比眼前景象更加鲜明的对比：一边是孤独、干涸、荒凉和死亡，另一边是寺庙、宫室、河流、植被、耕地、牛群、人民——是活生生的、运动的自然。”

19世纪初，乔瓦尼·贝尔佐尼和让-雅克·里福等人也来到了埃及，但他们不是作为游客或学者，而是供职于各国驻埃及领事馆，也是各国收集古埃及文物的急先锋。这些人一年四季待在底比斯——世界上丰富的考古遗址之一。贝尔佐尼描述遗迹为睐……我们在此只是对前人的工作进行了查漏补缺，而非重新来过。我们也远没有想过有可能穷尽这里恒河沙数的遗迹。我们的后人将会带着更新的信息和更多的科学成果来追寻我们，他们将在同一座遗迹中发现更新的宝藏，并从中获得更多的指引和启示。”经过一个半世纪的进一步探索和发现，这些预言在今天仍不失真理。

第268页图

1815—1819年，英国的考古学家W. J. 班克斯（W. J. Bankes）在埃及和近东旅行。在这段旅程中，班克斯参观了阿斯旺南部的菲莱神庙，并雇用了乔瓦尼·贝尔佐尼将方尖碑从那里运回英国。班克斯将这个角度的吉萨金字塔画图纪念，远景中可以看到狮身人面像和开罗城。

第268—269页图

这张地图1662年发表在约翰内斯·布劳（Johannes Blaeu）的地图集上，说明17世纪中期欧洲对埃及以南的非洲大陆有了更好的理解。

第269页右图

这幅画描绘了哈托尔女神迎接塞提一世的画面，它由罗塞里尼于1844年出版。这幅浮雕曾装饰着塞提一世墓内一个门洞的左门柱，现藏佛罗伦萨。图片取自伊波利托·罗塞里尼的《埃及与努比亚的遗迹》。

Introduction

理查德·波科克

1737年，理查德·波科克牧师（the Reverend Richard Pococke，1704—1765年）踏上了通向埃及、西亚、爱琴群岛和希腊本土考古遗址的旅程。波科克在牛津大学学习了宗教学，精通古典时代作家的著作，他把这些对古代遗址的描述作为自己的旅游手册。波科克1737年9月底抵达埃及。在探索了下埃及之后，他于12月初从开罗向南航行，最终于1738年1月中旬抵达卢克索地区。

第270页图

波科克眼中的西底比斯，虽然不够精确，但其雄壮足以震撼人心。图中大致标明了一些地点

A——古尔纳（Qurna）村

B & C——新王国时期政府官员的墓葬

D——拉美西乌姆

I——库尔恩山（el-Qurn，阿拉伯语意为“号角”），西岸最高点，俯瞰整个帝王谷

K——“各种其他寺庙”（可能在王后谷附近）

L——哈布城

M & N——孟农巨像

O & P——阿蒙霍特普三世神庙的雕像和柱础，当时尚存

Q——通向帝王谷的小河

第271页图

虽然波科克的帝王谷鸟瞰图远称不上精确，但它描绘了这座“皇家公墓”的崎岖地形，这座公墓由库尔恩山统领，它在这个有利的角度像一座金字塔。

IUNG JE SERVIRAY

Gubernaculum Orientale
ARABIA
PETRÆA
JEBEL TE HOR forsan. S.S.
SINUS HEROOPOLITICUS
MARE
RUBRUM
five
ERYTHRÆU
DESERTA THEBAIDIS INFERIORIS
DESERTA THEBAIDIS INFERIORIS et SUPERIORIS
DOMINIUM PRINCIPIS
PANOPOLITES
EMIR DE AKMIN
DOMINIUM PRINCIPIS five SHEIK DE ELBANOUT
DOMINIUM PRINCIPIS five SHEIK DE BARDIS
PROVINCIA ATHFIEH
PHAGRORIOPOLITES NOMOS
HEROOPOLITES NOMOS S.S.
CASIOTIS
SETHREITES NOMOS
PROVINCIA DEQUAHALIE
PROVINCIA MENELAITES BAHEIRAH NOMOS
PRÆFECTURA TERRANE
ANDROPOLITES NOMOS
LETOPOLITES NOMOS
SCIATHICA REGIO P.
MEMPHITES
PROVINCIA GIZE
APHRODITOPOLITES NOMOS
L. MOERIS seu MOERIUS
ANTINOITES
HERMOPOLITES
LYCOPOLITES
HYPSELIOTIS
APHRODITOPOLITES NOMOS
THINITES NOMOS
DIOSPOLITES NOMOS
TENTYRITES NOMOS
CYNOPOLITES NOMOS
MONTES LIBYAE
ROYAL DEVOIR
Prænobili Viro
D.D. JOANNI
Baroni CARTERET De Hawnes

18世纪，在埃及旅行对欧洲旅行家而言是一项冒险的事业，在他踏上溯尼罗河的旅程之前，波科克已经准备了给当地酋长的介绍信，并随身携带了各种各样的货物作为礼物。这些准备工作使他能相对容易地接触到河两岸的文物。波科克抵达底比斯后，花了几天时间记录卡尔纳克神庙。然后，1月16日，在把介绍信送给了古尔纳的酋长，并接受了酋长馈赠用以前往帝王谷的马后，他开始探索西底比斯。这是一次在荒漠山谷中大约5英里（8千米）的往返旅行。3000年前，这里曾经走过新王国法老的葬礼队伍，3000年后，这里走过波科克。

在这座皇家公墓中，波科克辨认出了18座坟墓，其中9座可以进入。尽管在印刷过程中有两张被颠倒了，但他所绘制的平面图仍然清晰可辨。第二天，即1月17日，波科克参观了拉美西乌姆和孟农巨像。从阿斯旺回来后，他终于看到了哈布城的神庙，但却错误地将其认作古典时代作家笔下的孟农尼乌姆。波科克的绘画和他在埃及的游记1743年出版为《对东方和其他一些国家的记叙》（以下简称《东方记叙》）。

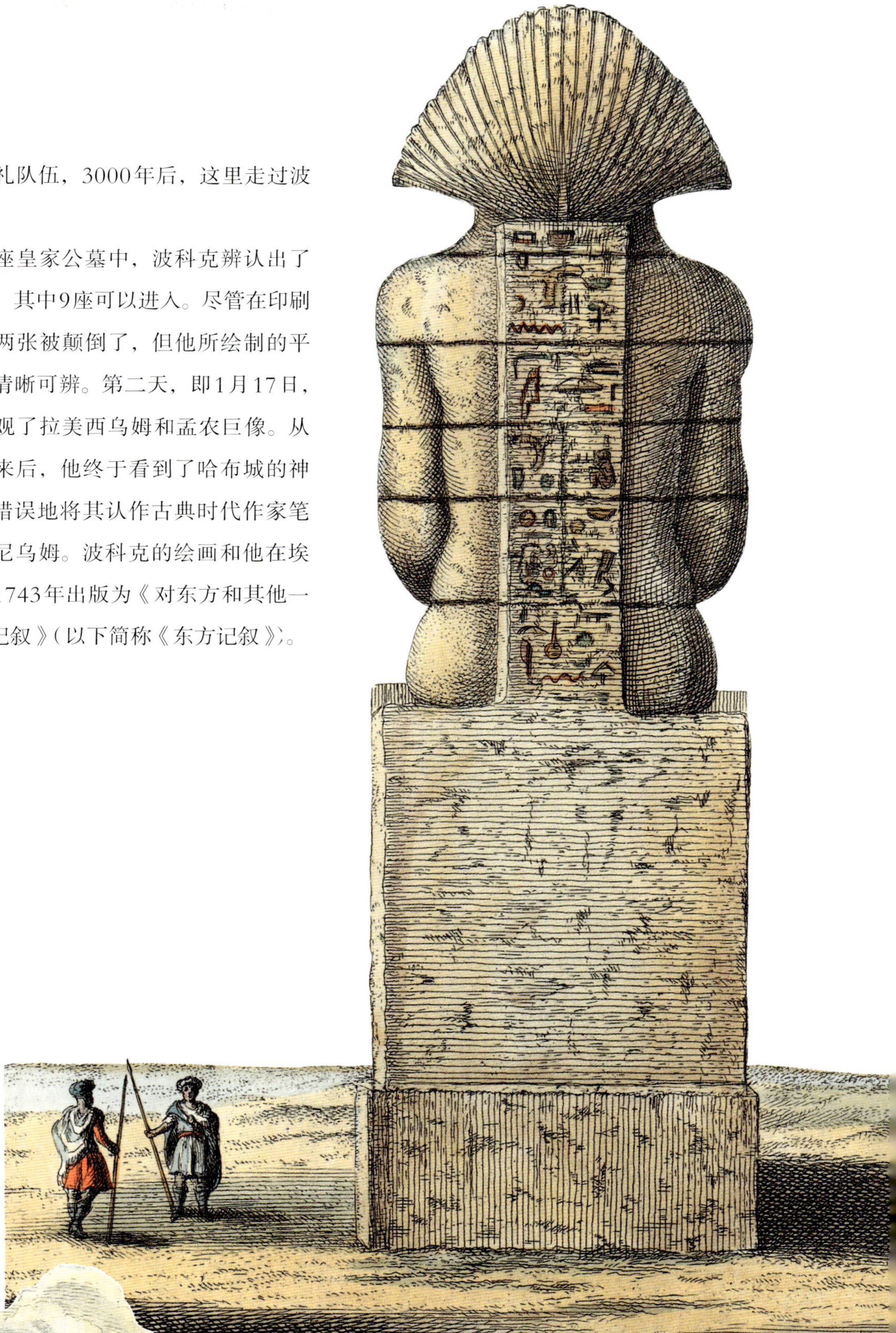

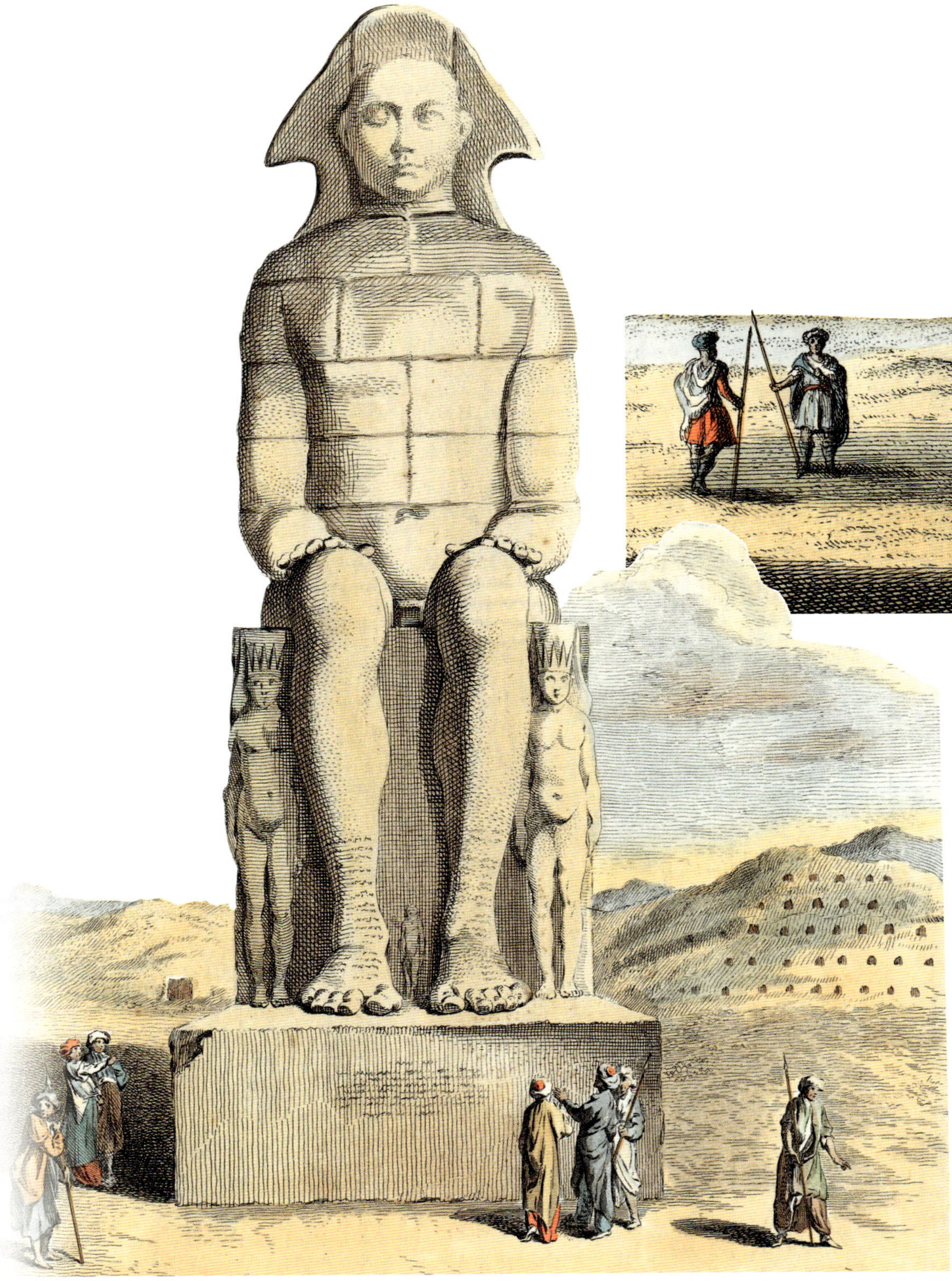

第272页图

这是波科克1743年在《东方记叙》中发表的埃及地图。

第273页图

这些关于北侧孟农巨像的画非常奇特。尽管巨像旁边小型女性塑像实际上穿着紧身的褶皱长袍，波科克却在画中让她们一丝不挂——大概她们的衣着对一位18世纪中叶的英国牧师来说，和一丝不挂差不多。

本节中复制的图像均取自理查德·波科克的《东方记叙》（伦敦，1743—1745年）。

Frederik Ludvig Norden

弗雷德里克·路德维希·诺登

弗雷德里克·路德维希·诺登（Frederik Ludwig Norden，1708—1742年），丹麦海军军官，有数学、建筑学和制图学教育基础。1737年，在他的君主克里斯蒂安六世的命令下，他被派往埃及，执行一项涵盖记录古代遗迹的任务。与这个时期同样在埃及的波科克不同，诺登无视了埃及本土的风俗习惯。他没有给自己写介绍信，也没有带礼物一路开道。相反，作为一名军官，他处理和当地人矛盾的方法只包括“挥拳头”和“掏枪”。因而不难想见他遇到了接二连三的抵抗，没能参观包括帝王谷在内的许多遗址。诺登在12月11日将近傍晚的时候第一次看到了古底比斯遗址。由于无法说服船长在东侧靠岸，他只能花一整天的时间在船上素描出他看到的东西。第二天早上，他和一些队员以远处两座巨大的雕像（孟农巨像）为指引前去探索西岸。由于运河和其他障碍物的存在，他们花了三个小时才到达这些雕像前。诺登又花了一些时间对雕像进行素描。然后，他继续前往拉美西乌姆——这时已经可以在远处看到，而且诺登坚信那就是孟农宫。在那里，他绘制了一幅废墟的精美图画，标出了几座雕像残迹，其中包括一座巨大的翻倒雕像。他认为由于它尺寸巨大，一定是古典作家笔下的孟农巨像。

本节中复制的图像均取自弗雷德里克·路德维希·诺登的《埃及与努比亚之行》。

第274页上图&下图

诺登绘制的拉美西乌姆，图中展示了用于多柱式大厅侧窗的两种立柱。

第274页中图

诺登所画的孟农巨像以拉美西乌姆为背景。他错误地认为这两座雕像是一男一女。诺登一行人在参观西底比斯时曾经受到当地酋长的威胁，图中右下可能描绘了该事件。

第275页左图

诺登在尼罗河上航行时，地图的失真影响了他对底比斯地理的理解。因此他在自己绘制的地图上也不断出现错误，把东岸从哈布城到阿姆特（Arment）的遗迹群放到了卡尔纳克（即图中“Carnac”，今统一写作“Karnak”）对面。事实上，哈布城几乎与卢克索神庙相对，而阿姆特则在南方几千米远处。

第275页右图

尽管诺登和波科克曾同时在埃及旅行，但他们第一次见面是在1741年，作为伦敦埃及协会的成员。诺登的旅行被整理为《埃及与努比亚之行》，其中包括他的绘画和对遗迹的描述，在18世纪50年代以法语和英语出版，彼时距离他去世已有十余年。

Gibbaeg
DEMEGRAED
olim
Crocodillopolis
Senemie
TOT
olim Typhium
Magdschergarona
Hambdie
T H E B E S
LUXXOR
LUXXOR
Plein
des Ruines
tant des
Temples
deux Statues
Colossales
que des Palais
es considerables
Ell Retsegae
plein
des ruines
remarquables
ARMENT
olim
D'Hermonthis
Ell Tschelame
CARNAC
Nezletameris
Ell Akalita
Ghosaem
Kurnabilal
Medin et Habu
Magdscher

THE KING.
This Map, Containing a
CHART
of the
Arabian Gulf
With its Egyptian, Ethiopian and Arabian Coasts,
from SUEZ to
BAB EL MANDEB,
A Journey through ABYSSINIA to GONDAR, its Ca
From thence to the Source of the
Nile.
The whole of that RIVER, from its Source to the
ALEXANDRIA
CAIRO
Siwah
LOWER EGYPT
UPPER EGYPT
OASIS MAGNA
GREAT DESERT of NUBIA
DESERT of BAHIOUDA
Cubbabeesh Arabs
Beni Gerar Arabs
Beni Faisara Arabs
NUBIA
Limits of the Tropical Rains to the Northward
THE ISLAND OF MEROE
KORDOFAN
PROVINCE
lately Conquered by
SENNAAR from DAR FOWAR
HALLANGA
TAKA
Suakem
K. OF BEGEMDER
K. OF AMHARA
K. OF DAMOT
K. OF GOJAM
K. of BALI
K. OF IFAT
K. OF FATIGAR
K. OF DANCALI
K. OF DAWARO
K. OF CAMBAT
K. OF GURAGUE
Marrabet
Gedm
TAJOURA
MOCHA
Cape Babelmandeb
BERTUMA
or
Eastern
GALLA
KINGDOM
Scale of English Miles Sixty to a Degree
Mr. Bruce's Tract, both Land and Sea
That part of it perform'd on the Nile is mark'd upon the side of the River, in order to make it more Visible.

James Bruce

詹姆斯·布鲁斯

在从阿尔及尔英国领事的岗位（1762—1765年）上退下来后，詹姆斯·布鲁斯（James Bruce，1730—1794年）在地中海东部四处漂流，并在1768年7月抵达埃及。布鲁斯的目的是发现尼罗河的源头，但他在穿越埃及的旅行中曾经在底比斯停留，并参观了帝王谷的王陵。在那里，他开始对拉美西斯三世的坟墓产生兴趣，并将其中一部分清理干净。布鲁斯对两个盲人竖琴手的壁画尤其感兴趣，并在刻板拓印的过程中运用了一系列花哨的刻蚀技巧，结果使他的版画与原画没有半点相似之处。这些插画于1790年首次在布鲁斯的《尼罗河溯源之旅——1768年、1769年、1770年、1771年、1772年以及1773年》中出版。画中经过浪漫主义处理的古埃及人形象引起了所有观者的共鸣，以至于这座坟墓被称为“布鲁斯墓”或“竖琴手墓”，这两个名称直到20世纪还在使用——即使此时墓主人拉美西斯三世的身份已经被破译了很久。

第277页中图

詹姆斯·布鲁斯在东地中海和东北非旅行了十多年，其中东北非之旅带他到了埃塞俄比亚和青尼罗河之源。

第277页下图

像20世纪中叶以前在埃及旅行的所有游客一样，布鲁斯乘船沿尼罗河航行。

第276页左图

1768年底，詹姆斯·布鲁斯从开罗出发探索尼罗河源头。在经历了许多困难之后，他进入了埃塞俄比亚境内并在1770年到达了青尼罗河源头，尽管他并没摘得头筹。

第276页右图

这些很难看出基于拉美西斯三世墓中两个盲竖琴手绘画的蚀刻版画，是布鲁斯游记中最著名的绘像。

本节中复制的图像均取自詹姆斯·布鲁斯的《尼罗河溯源之旅》(爱丁堡，1790年)。

Dominique Vivant Denon

多米尼克·维旺·德农

多米尼克·维旺·德农男爵（Baron Dominique Vivant Denon，1747—1825年）是一位有着渊博学识和艺术天赋的人。尽管在路易十五和路易十六的统治时期，他曾经担任过朝臣和外交官，但他凭借自己的勇气和个人魅力活过了疯狂的法国大革命。1797年，50岁的他跟随拿破仑的军队和艺术与科学委员会前往埃及，成为埃及协会三十六个创始成员之一。1798年8月底，德农随同德赛将军前往上埃及追击残兵，击败了埃及马穆鲁克军队指挥官穆拉德·贝伊。1799年1月27日上午，上埃及远征军第一次看到了古底比斯遗迹的一角。此时的德农只能走马观花般参观西岸的遗迹群，在一处短暂停留一会儿，然后再冲向下一处——因为他已经被军队远远落下了。他在发表的文章中写道：“那时，我只看到底比斯在我眼前飞驰而过。”他以这种方式参观了塞提一世神庙、拉美西乌姆、孟农巨像和哈布城神庙。在接下来的六个月里，德农又有数次机会仔细勘查底比斯的遗迹群，并借此绘制了出色的平面图和绘卷。七月初，他终于看到了帝王谷，在那里他必须在三个小时内参观八座坟墓——如同他在底比斯的大多数勘查一样过于简短：“我发现，像其他时候的情况一样，在底比斯的勘查就像是一次高烧、一次危机，留下的印象里是同等程度的不耐烦、热情、恼怒和疲劳。”德农1799年8月随拿破仑离开了埃及，第二年花了一年时间整理他的笔记和图纸，以备出版。德农的游记1802年正式付梓，至今仍是珍贵的文献资料。

第278页图

在陪同拿破仑前往埃及的委员会中，德农以50岁高龄成为老年成员之一。这幅素描是他远征途中的队友安德烈·杜特尔特所画。

第278—279页图

德农和德赛将军第一次访问底比斯并试图勘查西底比斯（前景）一座第十一王朝墓葬时曾遭到当地居民的攻击。这些遗迹如今几乎完全被塔里夫（Tarif）村所掩盖。

第279页上图

1799年7月，德农终于得以游览帝王谷。在众多王陵中，他进入了拉美西斯四世的坟墓（入口在画中可见）。这座坟墓（左）和拉美西斯三世——阿蒙梅斯连体墓（右）的平面图似乎是从波科克的文献中复制的——因为波科克的成书里也颠倒了这两座坟墓。

第279页下图

德农在绘制通往哈布城神庙的入口时画下了这座拉美西斯三世所建的、近东风格的凯旋门式入口。右侧还可以看到一座托勒密王朝时期的塔门。

本节中复制的图像均取自多米尼克·维旺·德农的《上下埃及行记》（巴黎，1802年）。

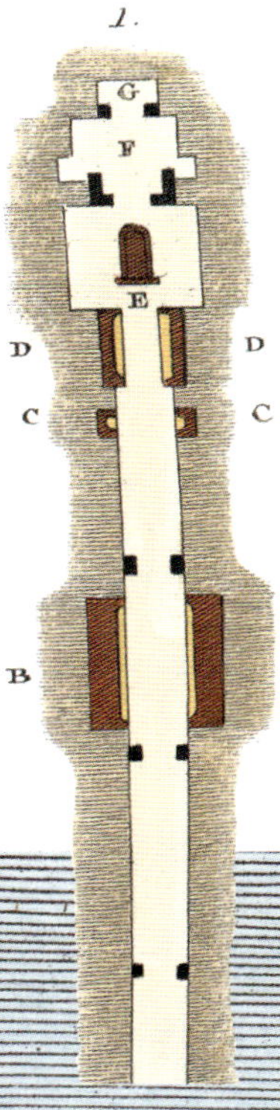
1.
G
F
E
D
D
C
C
B
B

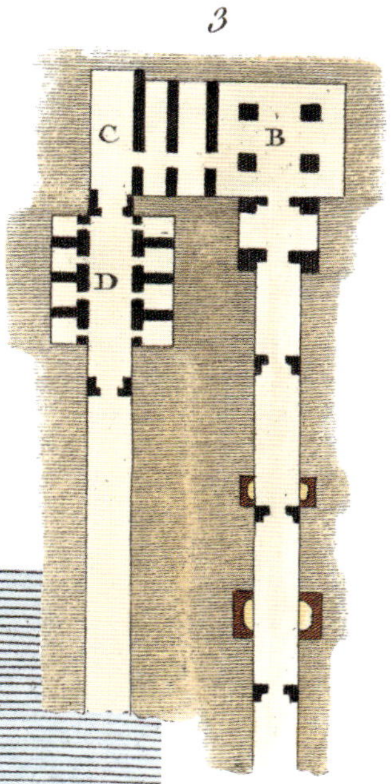
3
C
B
D

Giovanni Battista Belzoni

乔瓦尼·巴蒂斯塔·贝尔佐尼

乔瓦尼·巴蒂斯塔·贝尔佐尼（1787—1823年）出生于帕多瓦。1803年，他在英国学习了一些水利工程知识。为了养活自己，2米高（6英尺7英寸，合200.66厘米）的贝尔佐尼展示了他自己设计的装饰喷泉，并自称“巴塔哥尼亚人参孙”为公众表演举重。他最终迎娶了一位爱尔兰人，还成为英国公民。1815年，贝尔佐尼前往埃及，希望能说

第280页上图

乔瓦尼·贝尔佐尼虽然出生在意大利，却成为英国公民，并迎娶了一位爱尔兰女人。他因为发现了塞提一世的坟墓而闻名，塞提一世之墓是帝王谷中最大、装饰最完整的陵墓。

服赫迪夫（Khedive，即埃及总督）穆罕默德·阿里采用一种新的提水方法。在这次失败的冒险后，贝尔佐尼结识了当时正汲汲于收购埃及文物的英国总领事亨利·索尔蒂。当时索尔蒂最感兴趣的是一座巨像的头和肩膀，它位于拉美西乌姆（即当时人们口中的孟农尼乌姆）。尽管后来的事实证明给巨像搬家是痴人说梦，但贝尔佐尼接受了这项任务，并于1816年6月底前往上埃及，7月底抵达。到8月12日，他雇用了数十名当地工人，成功地将这些残片运到了尼罗河岸边——它们还要在那里等待一段时间，直到有一艘足够大的船能将它们运往开罗。翌日，贝尔佐尼为了寻找一具他希望同船运往开罗的石棺第一次造访了西底比斯的坟墓。为了迷惑贝尔佐尼，他

第280页下图

贝尔佐尼的帝王谷地形图以黑色标出了他发现的坟墓，其中最大的一个——6号——属于塞提一世，其上方的坟墓属于他的父亲拉美西斯一世。

第281页上图

贝尔佐尼出版的塞提一世墓中装饰插图并非单纯的复制品，但它们记录了许多如今已经残缺不全的场景，如这根立柱的装饰画，展示了国王正在拥抱奥西里斯——后者被画成节德柱的样式。

第281页中图

贝尔佐尼第一次探索西底比斯就成功地将一块重约7吨的雕像碎片从拉美西乌姆运到了尼罗河边。

第281页下图

这根立柱的装饰画大部分被完整地保存在塞提一世的墓中。此处的文字完全无法判读，很有可能是从坟墓的其他区域移植过来的。

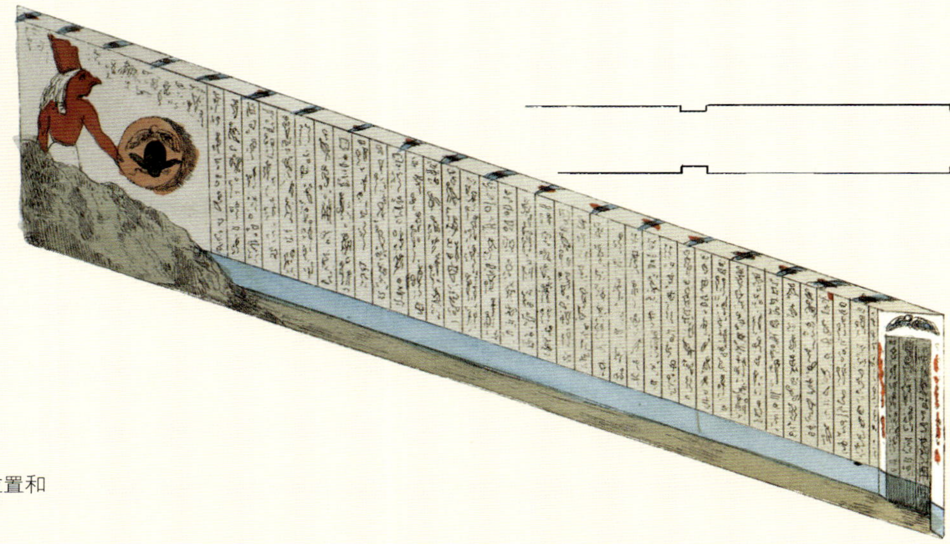

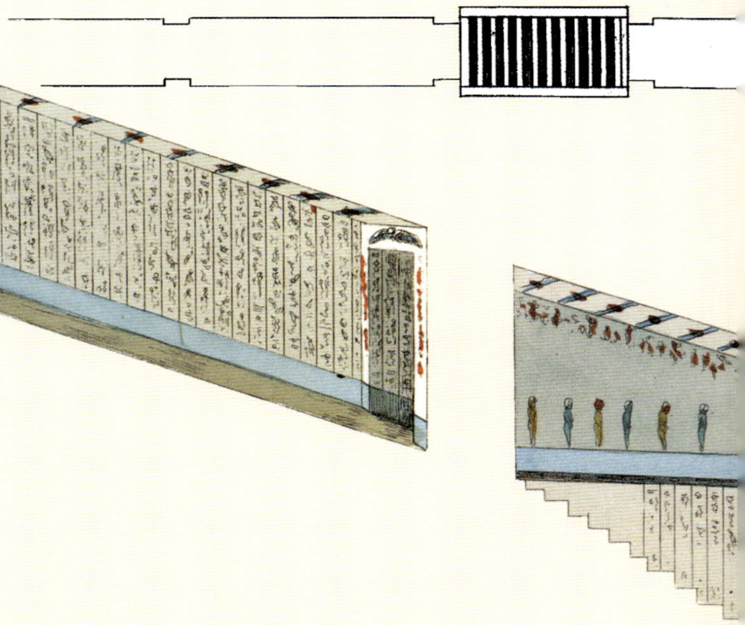

第282—283页图

这幅精美的立面图很好地说明了塞提一世之墓的位置和贯穿整座墓的壁画规模。

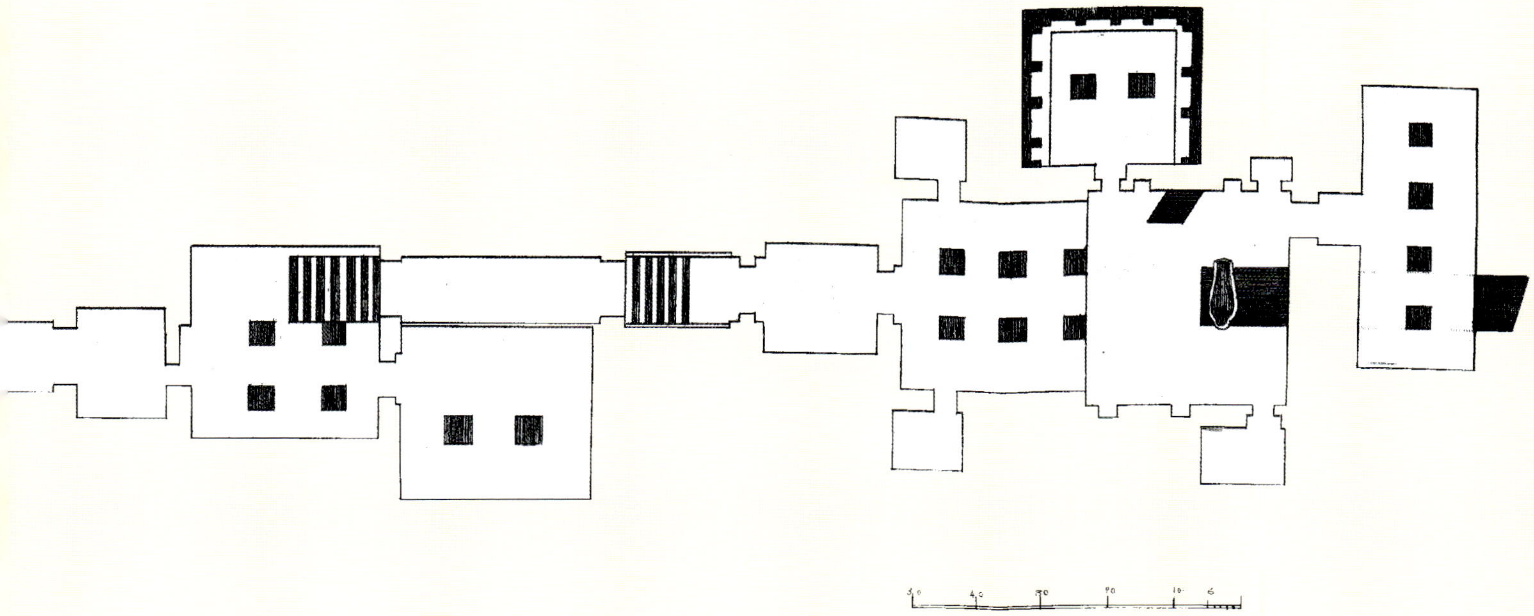

的埃及向导带他走了一条迂回的路，贝尔佐尼对此这样描写：“在进入洞穴之前，我们脱掉了大部分衣服，每个人手持一支蜡烛，穿过岩石中的一个空洞，这个空洞在山中延伸了相当长的距离，有时很高，有时极窄，没有任何规律。在某些地方，我们不得不像鳄鱼一样匍匐在地上。”最终，队员们到了一个以贝尔佐尼的身高无法通过的地方，但一名导游和一名通译成功钻了过去，并继续前行。几分钟后，贝尔佐尼听到一声巨响和一声“哦！天啊！天啊！我迷路了！”的呼喊。贝尔佐尼设法回到“山洞”的入口，在那里遇到了那名通译——他设法从另一个入口逃了出来。向导却掉进了一个深坑里，不得不等待营救。

1816年底，贝尔佐尼探索了帝王谷。在探索西谷（即拿破仑的远征军发现阿蒙霍特普三世之墓的偏远地区）时，他找到了图坦卡蒙的继承人阿伊之。1817年夏，他在附近发现了一座未完成的坟墓，里面还有几具未受破坏的木乃伊。

然而，他最重要的发现出现在不久后开始的帝王谷主谷（即东谷）探索期间。贝尔佐尼意识到，古典作家斯特拉波和狄奥多罗斯把坟墓的数量确认在四十至四十七座，其中十八座在古典时代仍然可以看到。而他算上自己在西谷发现的两座坟墓，

能够辨认出十六座，这其中留下了大量的未发现墓穴。这之后的1817年10月，他一共发现了四座。首先是蒙图赫基普谢夫（Montuherkhepshef）的坟墓，他是新王国末期法老拉美西斯九世的一个儿子。这是山谷中最后完工的一座王陵，它的彩绘装饰仍然色彩鲜艳，但王子的棺椁却早已消失。贝尔佐尼的下一个发现是一个未经修饰的坟墓，里面有两具“解绑”的女性木乃伊，但这座墓再无他物。然而，几天后的10月10日，他发现了第十九王朝创始人拉美西斯一世之墓的入口。这个相对较小的墓室里有一个花岗岩石棺和一些用木头雕刻的神像。房间里的绘画和文字仍然保持了它们绚烂的色

彩，堪称巧夺天工。10月16日，在离拉美西斯一世墓约30英尺（约9米）的地方，贝尔佐尼有了他一生中最伟大的发现：拉美西斯一世之子，“大帝”拉美西斯二世之父——塞提一世之墓。此后许多年，塞提一世之墓都被称为“贝尔佐尼墓”。今天，塞提一世之墓一直被认为是帝王谷之珠。它是到目前

第284页左图

塞提墓的门柱装饰描绘了真理女神玛特。

第284—285页图

这一幕描绘了塞提一世被引导到彼世之神——奥西里斯的面前。塞提由猎鹰头的神荷鲁斯作陪，奥西里斯身后是西方女神，象征着墓地和彼世。即使在象形文字被破译之前，人们对这一场景的意义也有了部分的理解，奥西里斯的形象也能得到正确识别。

第285页图

贝尔佐尼明白，这幅门楣装饰中的圈（即王名圈）写有墓主的名字，但他看不懂。这两个王名圈记录了法老的王座名（左）：Men-maat-ra（意为太阳神拉的正义永恒）；法老出生时的名字：Seti-Merenptah（意为他来自赛特，是普塔赫神的最爱）。

为止最大的王陵（一条走廊延伸到墓室外至少90米后被不自然地打断），这是首座从墓室一直到入口都有精美装饰的墓。墓中遍布极其精美的浅刻浮雕，其上覆有细致入微的绘画。贝尔佐尼在埃及和努比亚的游记于1820年出版。游记后还附有一册对开本的塞提一世墓壁画绘本。这些复制画的出版得到了亚历山德罗·李奇的帮助，它们虽然不是原样复制，但画中的场景和文字都清晰可辨。而且这些绘画让人们领略了古埃及壁画的鲜艳色彩——尽管这些古老的配色也可能不是原样复制。

1821年，贝尔佐尼在伦敦举办了展览，展品中包括一座约15米长的塞提墓比例模型（坟墓本体长约90米，不含从墓室延伸出来的走廊）。贝尔佐尼还以原规模重建了两个墓室，他使用了以原墓室制作的铸模——这个过程很不幸地损毁了大部分壁画。墓室中发现的大理石棺被移走，最终被卖给了约翰·索恩爵士。爵士把它安装在伦敦私邸（即如今的约翰·索恩爵士博物馆）的一个“地窖”里，直到今天。

为了发掘文物，贝尔佐尼除了帝王谷，还曾在底比斯遗址进行勘探。1818—1819年，他在孟农巨像后方的地区进行工作。这两座巨像实际上代表了第十八王朝法老阿蒙霍特普三世，他巨大的陵庙曾经矗立在这些雕像后面。约一个世纪前，理查德·波科克曾注意到这里的雕像遗迹。贝尔佐尼在挖掘过程中发现了阿蒙霍特普三世的一个巨大石颅——和他的其他发现一样，现藏大英博物馆。

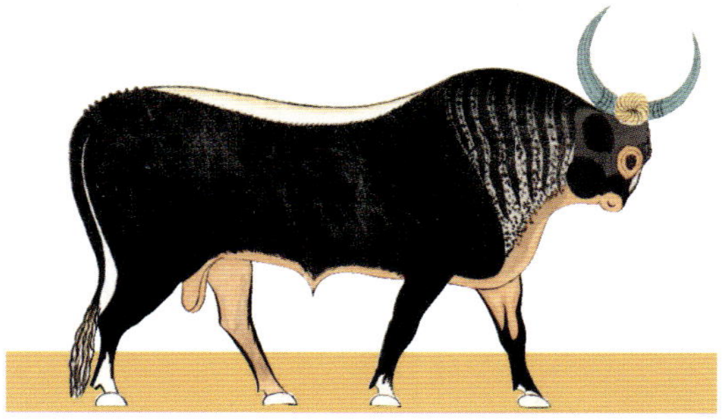

第286页上图&下图
这两幅小插图展示了一个祭祀仪式和一头神圣的公牛。

第286页中图
这幅色彩鲜明的文字记录了国王的全部头衔，位于贝尔佐尼称之为“餐具室”的门楣上。这个房间直通主墓室，有两根立柱和三边环绕的长凳。

第287页图
这一场景描绘了塞提和女神哈托尔（贝尔佐尼误认为是伊西斯）。它被商博良从坟墓里移走，现藏卢浮宫。

本节中复制的图像均取自乔瓦尼·巴蒂斯塔·贝尔佐尼的《关于在埃及和努比亚工作的记录》（伦敦，1820年）。

Echelle de 100 pieds de Roy.
10 20 30 40 50 60 70 80 90 100.

Jean-Jacques Rifaud

让-雅克·里福

出生于马赛，让-雅克·里福（1786—1852年）最初受训成为一名雕刻家。在法国军队服役一段时间后，他于1805年开始在东地中海漫游。1813年到达埃及后，里福结识了德洛维蒂，一位意大利人，曾在拿破仑和后来的路易十八时代任法国驻埃及总领事。到那时为止，德洛维蒂是欧洲领事中最精明的人物，也是穆罕默德·阿里的密友。穆罕默德·阿里于1805年被任命为埃及的赫迪夫，并统治埃及到1848年，其间与奥斯曼的“哈里发”只有极少的联系。德洛维蒂就重组埃及军队、农业技术革新、灌溉方法以及工业发展等方面向赫迪夫提供了许多有价值的建议。作为回报，德洛维蒂成了赫迪夫身边的“红人”，有着巨大的个人影响力，并且在收集古埃及文物方面有着完全的自主权（古埃及文物在拿破仑东征和《埃及记叙》出版后变得越发抢手）。

里福因此在卢克索安顿下来，成为德洛维蒂的首席代理人之一，负责监督底比斯地区的许多挖掘工作。尽管他的发掘方法远不科学，但有时他确实是小心翼翼地进行发掘。在尼罗河东岸的卡尔纳克神庙工作时，里福发现了一个巨大的法老石颅。到此为止同时代的诸多探险家都会心满意足，里福却开始在这片区域仔细寻找这座拉美西斯二世雄伟坐像的其他碎片。多亏了他的努力，这座雕像才能以极少的修复手段得到重建，它现在是都灵埃及博物馆的镇馆之宝。里福在埃及待了大约15年，其间他帮助整理了德洛维蒂的两组埃及文物。第一组被法王路易十八拒收，因此1824年被都灵新创建的文物博物馆收购。第二组文物1827年被法王查理十世收购，用于增补卢浮宫新建的埃及文物区，并且受到了埃及文物区第一任馆长让-弗朗索瓦·商博良的精心照料。商博良在1826年曾帮助卢浮宫赢得英国驻埃及总领事索尔蒂的埃及艺术品——索尔蒂是德洛维蒂在收集文物方面的竞争对手之一。

第288页上图

作为一名艺术家兼绘图员，里福自学成才。从这口在西底比斯发现的玄武岩石棺中可以看出，他的绘画并不以精确著称。

第288页中图

里福的大部分作品都是在西底比斯的石窟墓中完成的，其中一个墓穴如图所示。

第288页下图

让-雅克·里福在埃及待了大约15年，其间他代表法国总领事德洛维蒂进行了大量的挖掘工作。

第289页图

1830年，里福发表了他在埃及、努比亚和东地中海旅行的手记。其中有参观地的详细描述，并配插画加以说明。

本节中复制的图像均取自让-雅克·里福的《埃及、努比亚及周边地区游记》（巴黎，1830年）。

John Gardner Wilkinson

约翰·加德纳·威尔金森

约翰·加德纳·威尔金森爵士（1797—1875年）被公认为英国埃及学的创始人。他最初在哈罗公学接受教育，并在牛津大学继续学业。威尔金森1819年从英国启程，计划在开始戎马生涯前先对欧洲有大致的了解。在意大利，他遇到了威廉·盖尔爵士（Sir William Gell），一位对古埃及有着浓厚兴趣的古文物学家。在知道威尔金森计划前往埃及后，盖尔建议这位年轻人学习一些埃及出土的古物，慷慨地允许他浏览自己的私人图书馆，或者和他分享自己渊博的学识。1821年的夏秋两季，威尔金森在盖尔门下学习，阅读早期旅行者的手记，学习当时古埃及象形文字的相关知识。他还学习了阿拉伯语，所以在同年10月底前往埃及时，威尔金森比他的任何前辈都准备得更为充分。在埃及待了几个月后，他放弃了从军的想法。他在埃及家徒四壁地生活了12年。

第290页上图

这一细节图是从雷赫米拉墓（TT 100）中复制的，雷赫米拉负责监管来自古努比亚、库什（埃及以南）以及西亚的番邦贡品。

第290页中图

1821年12月到达开罗时，威尔金森为自己准备了一件土耳其服装，别人告诉他这样他的旅行会变得更容易而安全。

第290—291页图

这些船来自奈菲尔霍特普墓（Neferhotep，TT 49）中的葬礼场景。虽然从艺术风格的角度来说没有原样复制，但人物的位置、姿势和衣着都足够精确。

第291页上图

威尔金森绘制的底比斯地区地图显示了他对这座考古遗址的了解，图中许多遗址是拿破仑的探险队未曾发现的。

Tombs of the Kings
Western Valley
Tombs of the Kings
Tombs of the Queens
Dayr el Bahree
Dayr el Medeeneh Ptolemaic Temple
Limestone Quarries
Temple & Palace of Remeses III Medeenet Haboo
Koornet Murraee
modern Canal
Temple of Thothmes
Temple of Amunoph III. Kom el Hettan
Memnonium Palace & Temple of Remeses II.
Birket Haboo
Site of an artificial Lake, probably for the ceremonies of the dead &c.
Anc. burial ground
THE MEMNONIA
Statues of Amunoph III. (The Colossi)
The vocal Memnon
OR
Palace & Temple of Remeses II. el Koorneh
Tombs
Vil. of Kom el Byrat
LIBYAN SUBURB OF THEBES
RIVER NILE
A PLAN OF
THEBES
P-AMEN, NO AMON
(DIOSPOLIS)
Reduced from Wilkinson's Survey.
Scale of English Feet.
0 1000 2000 3000 4000 5000 6000 7000
1 MILE
THEBES, DIOSPOLIS, THE CITY OF AMMON
Former bank
Village of Karnak
Dromos or Avenue of Sphinxes
Village of Luxor
The site of ancient buildings
Temple of Ptolemy Euergetes I.

多亏盖尔的帮助，威尔金森成为首个能大概读懂王名、能给王陵对号入座的欧洲人，而非像此前的人们一样只能盲目地相信古典作家并不准确的断言。在埃及的日子里，他读到了商博良的突破性进展，并将这些知识融会贯通。1824年之后，威尔金森的大部分时间都在底比斯度过，他在库尔纳山上的居所里甚至有一座古墓的庭院和石窟。

他早期的兴趣之一是建立古埃及统治者的世系年表。为了确定新王国时期法老的继承关系，他系统地研究了帝王谷中的坟墓，在那里他为已知的坟墓分配了编号，其中二十一个在主谷，四个在西谷。这个编号系统沿用至今，每座新发现的王陵都会被赋予下一个编号。因此，图坦卡蒙的陵墓是第六十二号。威尔金森的年表出版于1828—1830年，1830年他还出版了对底比斯和其他遗址进行的地形测量。

尽管威尔金森记录了庙墙上和王陵中的场景，但他最重要的工作是在库尔纳山和西底比斯其他非王室墓地的官员墓中完成的——这些官员墓早期的探险家们几乎视若无睹。他尤其感兴趣

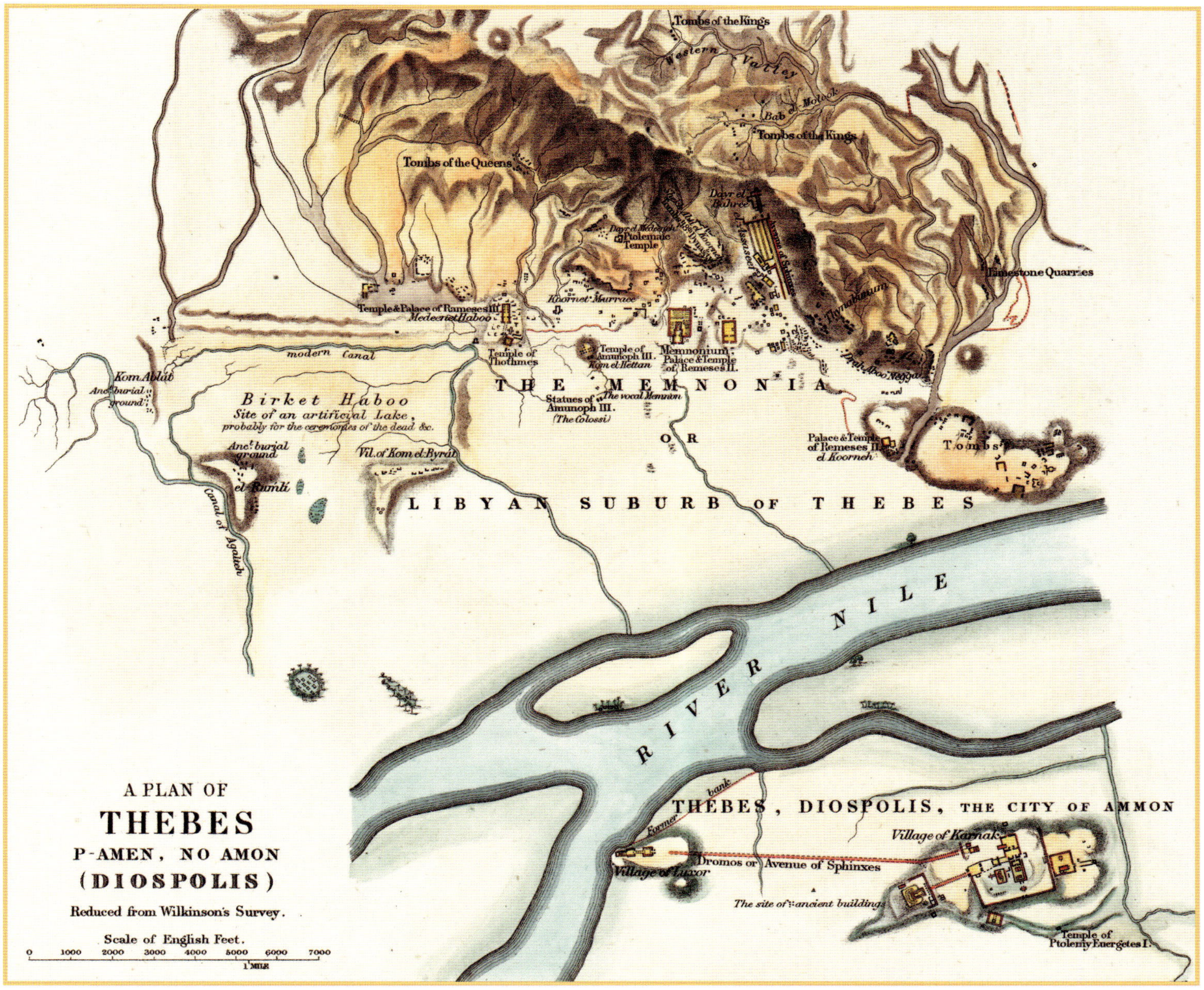
Tombs of the Kings
Western Valley
Bab el Molook
Tombs of the Kings
Tombs of the Queens
Dayr el Bahree
Dayr el Medeeneh
Ptolemaic Temple
Assaseef
Avenue of Sphinxes
Limestone Quarries
Temple & Palace of Rameses III
Medeenet Haboo
Koornet Murraee
Qurnah
Temple of Thothmes
Temple of Amunoph III.
Kom el Hettan
Memnonium
Palace & Temple of Remeses II.
Drah Aboo Neggah
modern Canal
Kom Ablát
Anc.t burial ground
Birket Haboo
Site of an artificial Lake,
probably for the ceremonies of the dead &c.
THE MEMNONIA
Statues of Amunoph III.
The vocal Memnon
(The Colossi)
OR
Palace & Temple of Remeses II.
el Koorneh
Tombs
Anc.t burial ground
el Rumli
Vil. of Kom el Byrát
Canal of Agaiab
LIBYAN SUBURB OF THEBES
RIVER NILE
Former bank
THEBES, DIOSPOLIS, THE CITY OF AMMON
Village of Karnak
Village of Luxor
Dromos or Avenue of Sphinxes
The site of ancient buildings
Temple of Ptolemy Euergetes I.
A PLAN OF
THEBES
P-AMEN, NO AMON
(DIOSPOLIS)
Reduced from Wilkinson's Survey.
Scale of English Feet.
0 1000 2000 3000 4000 5000 6000 7000
1 MILE

多亏盖尔的帮助，威尔金森成为首个能大概读懂王名、能给王陵对号入座的欧洲人，而非像此前的人们一样只能盲目地相信古典作家并不准确的断言。在埃及的日子里，他读到了商博良的突破性进展，并将这些知识融会贯通。1824年之后，威尔金森的大部分时间都在底比斯度过，他在库尔纳山上的居所里甚至有一座古墓的庭院和石窟。

他早期的兴趣之一是建立古埃及统治者的世系年表。为了确定新王国时期法老的继承关系，他系统地研究了帝王谷中的坟墓，在那里他为已知的坟墓分配了编号，其中二十一个在主谷，四个在西谷。这个编号系统沿用至今，每座新发现的王陵都会被赋予下一个编号。因此，图坦卡蒙的陵墓是第六十二号。威尔金森的年表出版于1828—1830年，1830年他还出版了对底比斯和其他遗址进行的地形测量。

尽管威尔金森记录了庙墙上和王陵中的场景，但他最重要的工作是在库尔纳山和西底比斯其他非王室墓地的官员墓中完成的——这些官员墓早期的探险家们几乎视若无睹。他尤其感兴趣

第288页下图

让-雅克·里福在埃及待了大约15年，其间他代表法国总领事德洛维蒂进行了大量的挖掘工作。

第289页图

1830年，里福发表了他在埃及、努比亚和东地中海旅行的手记。其中有参观地的详细描述，并配插画加以说明。

本节中复制的图像均取自让-雅克·里福的《埃及、努比亚及周边地区游记》(巴黎，1830年)。

John Gardner Wilkinson

约翰·加德纳·威尔金森

约翰·加德纳·威尔金森爵士（1797—1875年）被公认为英国埃及学的创始人。他最初在哈罗公学接受教育，并在牛津大学继续学业。威尔金森1819年从英国启程，计划在开始戎马生涯前先对欧洲有大致的了解。在意大利，他遇到了威廉·盖尔爵士（Sir William Gell），一位对古埃及有着浓厚兴趣的古文物学家。在知道威尔金森计划前往埃及后，盖尔建议这位年轻人学习一些埃及出土的古物，慷慨地允许他浏览自己的私人图书馆，或者和他分享自己渊博的学识。1821年的夏秋两季，威尔金森在盖尔门下学习，阅读早期旅行者的手记，学习当时古埃及象形文字的相关知识。他还学习了阿拉伯语，所以在同年10月底前往埃及时，威尔金森比他的任何前辈都准备得更为充分。在埃及待了几个月后，他放弃了从军的想法。他在埃及家徒四壁地生活了12年。

第290页上图

这一细节图是从雷赫米拉墓（TT 100）中复制的，雷赫米拉负责监管来自古努比亚、库什（埃及以南）以及西亚的番邦贡品。

第290页中图

1821年12月到达开罗时，威尔金森为自己准备了一件土耳其服装，别人告诉他这样他的旅行会变得更容易而安全。

第290—291页图

这些船来自奈菲尔霍特普墓（Neferhotep，TT 49）中的葬礼场景。虽然从艺术风格的角度来说没有原样复制，但人物的位置、姿势和衣着都足够精确。

第291页上图

威尔金森绘制的底比斯地区地图显示了他对这座考古遗址的了解，图中许多遗址是拿破仑的探险队未曾发现的。

的是这些墓所佐证的古埃及日常生活。因此，他还记录了古埃及的服装、发型、农活以及家具、珠宝、雕塑等的制造场景。1837年，他综合在埃及收集的资料出版了他的皇皇巨著。其标题恰当地诠释了这部巨著包罗万象的内容——《古埃及人的风俗习惯》(包括他们的私生活、政府、法律、艺术、制造业、宗教和早期历史；源于比较现存绘画、雕塑、遗迹与古代作家的叙述)。这是一部开宗立派的巨著，至今仍有巨大的参考价值。威尔金森的五十六卷笔记和绘画——其中许多未出版——现藏牛津大学博德利图书馆。

第292—293页图

在西底比斯的岁月里，威尔金森专注于记录有助于重建古埃及人生活的信息。为此，他记录了许多新王国时期官员墓中的场景，其中一幅取自霍伦海布之墓（TT 78），描绘了一个葬礼队伍——绘画大部分已佚。

本节中复制的图像均取自约翰·加德纳·威尔金森的《古埃及人的风俗习惯》(伦敦，1878年)。

Emile Prisse D'Avennes

爱弥儿·普里斯·达韦那

在接受过工程建筑师的教育后，阿基里斯·康斯坦特·提奥多尔·爱弥儿·普里斯·达韦那（Achilles Constant Théodore Émile Prisse d'Avennes，1807—1879年）于1826年前往希腊参加了脱离奥斯曼帝国的独立战争。1827年，他动身前往埃及，在那里，赫迪夫穆罕默德·阿里为他提供了一个军事学院讲师的职位。

在接下来的十年里，普里斯·达韦那学会了流利的阿拉伯语，并开始学习商博良关于象形文字的论著，并掌握了有关这门古代语言的知识。1836年，他辞去教职，并在接下来的八年里一直致力于复制古代遗迹。他1838—1843年定居在底比斯。尽管他在上埃及的大部分时间都在复制尼罗河东岸卡尔纳克神庙的浮雕，但他也曾着力于西底比斯的古迹。普里斯·达韦那是一位优秀的绘图师，他的作品也具有明显的艺术感，而且相比专业埃及学家（如商博良、罗塞里尼和莱普修斯）出版的作品，他的画作更准确地再现了古埃及的浮雕和绘画艺术。

普里斯·达韦那1844年了离开埃及，又于1858年6月返回埃及，参加由法国公共教育部赞助的为期两年的考察。

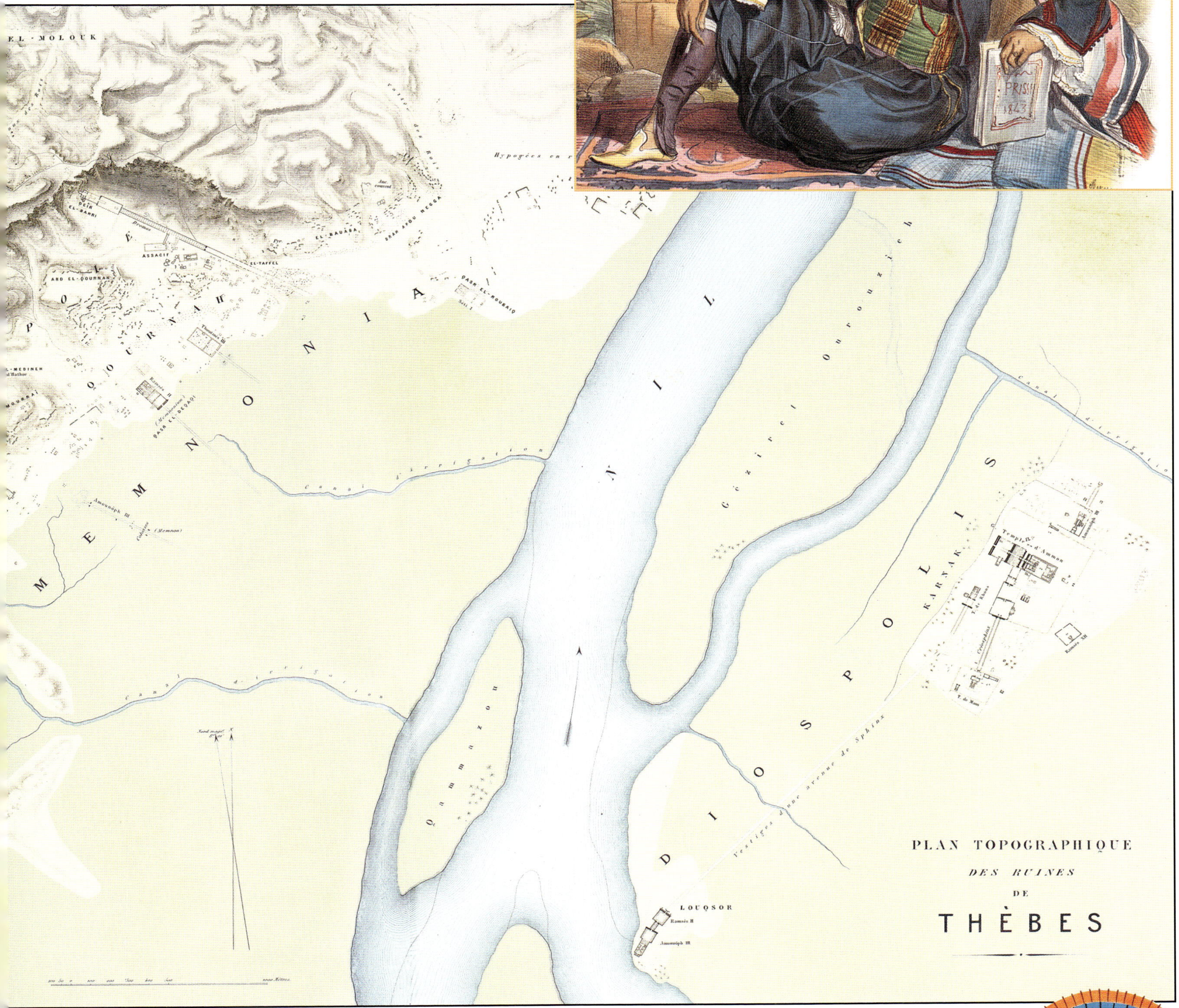

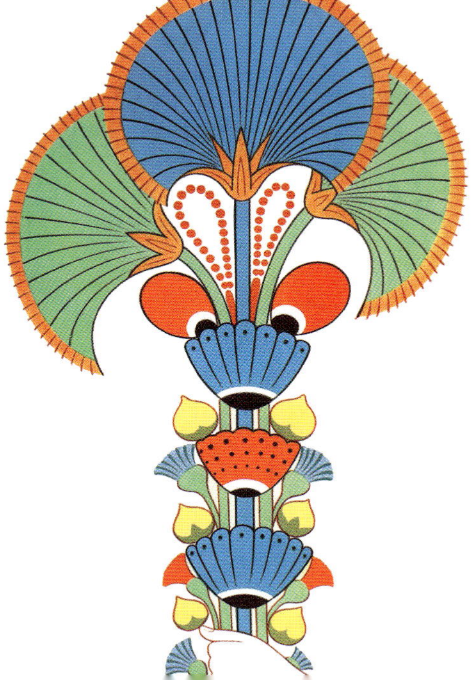

第294页图

这幅战斗场景来自拉美西乌姆的第二座塔门，描绘了拉美西斯二世在奥龙特斯河上打响的卡迭什战役。在这次战役中拉美西斯二世大败赫梯人。画中描绘了一些赫梯人在战场上死于法老的马蹄下。

第295页上图

像许多19世纪上半叶在埃及生活和工作的欧洲人一样，普里斯·达韦那也穿着土耳其服装。他还取了伊德里斯·埃芬迪（Idriss Effendi）这个名字。

第295页中图

普里斯·达韦那绘制的地图基于威尔金森1835年出版的地图。在底比斯工作期间，普里斯·达韦那经常与威尔金森通信，向他通报新发现，尤其是卡尔纳克神庙的新发现。

第295页下图

如同他的前辈威尔金森，普里斯·达韦那对细节有着敏锐的观察，并且都在他的画里得到体现。

在这次旅行中，他与荷兰青年艺术家威廉·德·法马斯·泰斯塔斯（Willem de Famars Testas）同行。他还带上了一位来自巴黎的年轻摄影师A. 加罗（A. Jarrot）。近十年前，赞助普里斯·达韦那的同一部门曾委派另一名摄影师马克西姆·杜坎（Maxime du Camp）到埃及和近东采风——当时摄影已经被认为是专业探险的重要组成部分。尽管如此，最终获得的照片通常只被用作石版

的初步研究，而不能作为插画使用。

普里斯·达韦那将他在埃及的工作整理后出版了许多著作。第一本是1847年出版的《埃及遗迹》（*Les Monuments égyptiennes*）。但他对古埃及研究最大的贡献是他的两卷《以遗迹为参考的埃及艺术史图集，远自可以探明的最早时间直到罗马统治时期》（*Atlas de l'histoire de l'art égyptien, d'après les monuments, depuis les temps les plus reculés jusquà la*

第296页图

这是一幅来自帝王谷拉美西斯三世之墓（KV 11）的画像。画中普里斯·达韦那试图重现坟墓入口处埋在泥沙下的浮雕装饰效果。

第296—297页图

阿蒙霍特普·休伊（Amenhotep Huy）是库什（即埃及南部一个地区）的总督。在他的坟墓（TT 40）壁画中，休伊正在接受来自南方国家的贡品。虽然这幅画不是完美复刻，但普里斯·达韦那出版的这一细节图比莱普修斯的版本更准确。

第297页右上图

内贝特-塔维（Nebet-tawy）是拉美西斯二世的女儿，在她父亲统治的最后几年里，她可能履行了女王的礼仪职责。这幅图是从她在王后谷的坟墓（QV60）中复制的。

domination romaine，1868—1878年）。

尽管他以复制古代遗迹而闻名，普里斯·达韦那这个名字也与两个重要的文物相关。其一是皮斯莎草书，现存巴黎国家图书馆。这卷购买于西底比斯的莎草书有着近4000年历史，它保存了古埃及教谕文学最伟大的作品之一《普塔霍特普箴言》（*The Instructions of Ptah-hotep*，一译《普塔霍蒂普教谕》）的唯一完整副本。

普里斯·达韦那还从卡尔纳克神庙中搬走了一份古埃及王表，这份刻在石头上的冗长历史文献现存卢浮宫。普里斯·达韦那认识到了这一铭文的重要性——刻字最早可追溯到第十八王朝法老图特摩西斯三世统治时期。因此普里斯·达韦那几乎是在理查德·莱普修斯眼皮底下把它偷走了，即使此时莱普修斯已经得将石刻运送到柏林的官方许可。

第298页下图

普里斯·达韦那最精美的一批画作是在拉摩斯墓（TT 55）中完成的，拉摩斯在阿蒙霍特普三世和他的儿子阿蒙霍特普四世（后来自称为埃赫那吞）统治期间担任维齐尔。这幅画中，番邦人正在向阿蒙霍特普四世顶礼。

第299页图

阿蒙霍特普四世/埃赫那吞墓的独特绘画风格在拉摩斯墓中这群番邦人身上有着清晰的体现。普里斯·达韦那首次发现在卡尔纳克神庙塔门石砖上有着相同的艺术风格——他在给威尔金森的信中也曾提到过这一点。

第298页上图

普里斯·达韦那的艺术细胞使他能够准确地复制出底比斯诸墓中艺术风格的微小差异。这幅来自哈-伊姆-哈特墓（Kha-em-Hat，TT 57）中的浮雕细节很容易辨认，可以追溯到阿蒙霍特普三世统治时期。

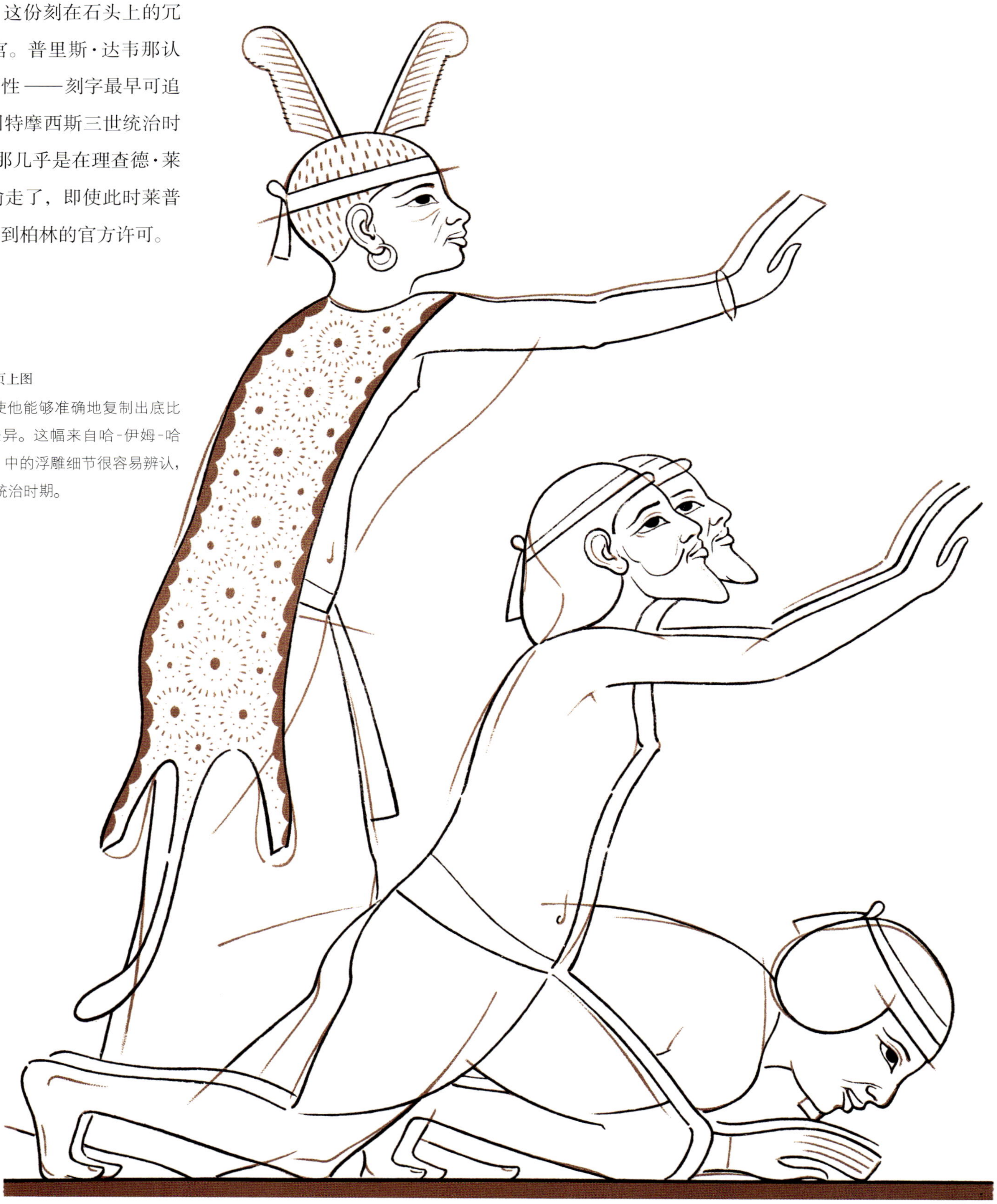

第300页图

尽管这名年轻女子的左手位置与原版稍有不同，但凯纳门墓（Kenamen，TT 93）中这幅画上的其他细节，包括她额头上的一绺头发，都显示出普里斯·达韦那敏锐的观察力。

第301页左图

这一场景绘于1859年，图中的是一个蓬特人——被认为来自非洲之角的某片土地。这幅画来自女法老哈特谢普苏特神庙，神庙在这个时期已经部分出土。

第301页右图

就像普里斯·达韦那在底比斯居住期间复制的许多场景一样，1859年他回来时，这一幅画的原图也不见了。

第302页上图

泰蒂（Tyti）王后可能是拉美西斯三世的女儿。这张照片来自她在王后谷的陵墓（QV 52），图中她戴着王后和女神佩戴的秃鹰王冠。

第302页下图

这两位拿祭品的人来自底比斯的一座不知名坟墓，为死者带来了水果和莲花。

第303页图

即使在普里斯·达韦那从凯纳门墓中复制这一迷人的场景时候，狗的头和前爪也早就消失了。消失的部分他图中以虚线轮廓和稍显不同的颜色表示。这一非同寻常的场景展示了法老阿蒙霍特普二世坐在他的奶妈，凯纳门的母亲阿蒙尼姆派特（Amenemopet，注意与前文的法老阿蒙内莫普并非同一个人）膝上。

第304页上图&305页下图

这些来自雷赫米拉墓的铁匠正在制造各种各样的器皿。和威尔金森一样，普里斯·达韦那也细心地注意到了这些人物衣着和发型上的差异。

第304—305页上图&下图

这些锻造场景来自图特摩西斯三世统治时期的维齐尔雷赫米拉之墓（TT 100）。下方的场景中，人们正在用从勒特耶努（Retjenu，西亚地区名）进口的青铜铸成两扇门。

第305页中右图

作为维齐尔，雷赫米拉负责管理埃及国内生产的和国外进口的货物。图中可以看到葡萄酒、莎草纸和油都被储存起来。

本节中复制的图像均取自爱弥儿·普里斯·达韦那的《埃及艺术史图集》（巴黎，1878年）。

Owen Jones

欧文·琼斯

欧文·琼斯（1809—1874年）是一位威尔士古董商的儿子，接受过建筑学教育。23岁时，他踏上了跨越希腊、土耳其和埃及的旅程，于1833年抵达埃及。琼斯一路走一路画素描，沿着尼罗河一直走到第二瀑布。1843年，他出版了《尼罗河风光——从开罗到第二瀑布》，其中包括30幅由他绘制的版画。

尽管琼斯只到过埃及一次，但他对埃及遗迹的研究对后世有着深远的影响。在他最著名的作品《装饰法则》(*The Grammar of Ornament*，1856年出版）中，他展示了墓室（主要来

第306页图

19世纪中叶，拉美西斯四世的陵墓以其装饰精美的墙壁和巨大的、近乎完整的花岗岩石棺，成为欧洲旅行者的必去之地。图中有几位抽着烟袋的异国人坐在距神庙入口较远的地方。投射在接连不断的门柱上和墓室墙上的光亮昭示着帝王谷清晨的到来。

自底比斯）壁画中复制来的九个装饰图案范例。这其中包括天花板装饰、垫子和纺织品图案、边缘装饰和花卉图案。琼斯对建筑中色彩和图案的使用也很感兴趣：“埃及的建筑是多彩的，他们把所有的东西都涂上了颜色；他们的绘画完全是平面的，没有透视也没有光影。但他们却能毫无困难地用诗意的绘卷向人们传达他们想要传达的内容。”为了证明这一点，他在书中展示了两幅绘有许多柱头的版画——柱头大部分来自底比斯。

第306—307页图

库尔恩山金字塔形状的山顶是整个西底比斯的最高点，也是这幅帝王谷清晨画中描绘的主要对象。入谷后右侧第二个就是拉美西斯四世的陵墓入口，画中旗子可能就是用来标记的。

第307页下图

这幅不同寻常的画描绘了帝王谷的午后时分，很可能是从埋葬了塞提一世和塔沃斯塔/塞特纳克特的山谷侧向北看的景色。前述两座墓在琼斯的时代都可以进入内部。

第308页上图

这是琼斯对哈布城中托勒密王朝时期添建部分的描绘，展示了晨曦下破败的神庙入口。如同他的许多绘画一样，琼斯在画中加入了人物形象以使读者对比例有直观感受，并且加入地方色彩。

第308页下图

像大多数欧洲游客一样，琼斯在黎明时分参观了孟农巨像。右侧远处是拉美西乌姆。尽管琼斯认为这些雕像的脸不过是“完美的残骸”，但他承认这些雕像的造型非常漂亮——因为它们没有受到岁月的侵蚀。

第308—309页图

这幅画展示了夕阳下拉美西乌姆里的奥西里斯式立柱。在最右侧，倾倒的石像之外是孟农巨像。左侧，尼罗河泛滥的洪水正在逼近寺庙遗址。

第309页下图

在尼罗河西岸逗留期间，琼斯参观了哈布城，他将其列为“底比斯的宏伟遗迹之一”。在这个有趣的视角中，琼斯还画入了科普特城镇杰梅（Djeme）的泥砖建筑遗址——城镇是围绕着哈布城神庙巨大围墙遗址建立的，有些房屋甚至建到了城墙遗址之上。

本节中复制的图像均取自欧文·琼斯的《尼罗河风光——从开罗到第二瀑布》（伦敦，1843年）。

David Roberts

大卫·罗伯茨

大卫·罗伯茨（1796—1864年）早年间曾在格拉斯哥的皇家剧院担任场景画家。后来他搬到了伦敦，在那里最终放弃了戏剧工作，专注于艺术创作。他对建筑绘画有着极大的热情，为了拓展视野，他游览了欧洲和北非的许多地方。最终，西班牙和摩洛哥的摩尔式建筑激起了他前往埃及、努比亚等地的兴趣。1838年9月下旬，罗伯茨抵达了亚历山大港，

他花了13埃及磅租了一艘船沿尼罗河航行。罗伯茨和他的队友在10月21日到达底比斯，但只在那里停留了三天就继续上路，一直航行到阿布·辛贝勒。回程中，他们在底比斯停留了共计十天（11月26日—12月5日）。

罗伯茨对埃及的阳光印象特别深刻，他认为埃及有着世界上最为辉煌而苍凉的日出和日落。这在他的绘画中得到了很好的体现——其中许多都是在清晨和傍晚玫瑰色的阳光下完成的。

他杰出的才华之一是他能够为他的绘画对象安排最引人注目的有利位置——如孟农巨像面对日出的背侧像，卢克索

第310页左上图

与同时代的学者不同，罗伯茨对埃及遗迹作为艺术作品的一面感兴趣，而不仅是汲汲于遗迹上的文字。以这个角度描绘的孟农巨像可以被辨认出是阿蒙霍特普三世时期的雕像遗迹——这已经是屈指可数的成就。而为了艺术效果，罗伯茨也让巨像看起来比实际上大很多。

第310页右上图

苏格兰浪漫主义画家大卫·罗伯茨因其描绘埃及和近东的风景版画而出名。这幅由罗伯特·斯科特·劳德勒（Robert Scott Laundler）创作的肖像画完成于1840年，彼时罗伯茨刚刚从东方返回。

第310页下图

罗伯茨在埃及旅行时穿着当地的服装。画中的他正在马迪奈村旁的托勒密王朝神庙门前画素描。

第311页上图

在这幅画中，孟农巨像面对着升起的太阳。

第311页下图

1839年5月12日，罗伯茨受到了埃及赫迪夫穆罕默德·阿里的接见。罗伯茨是图中身着西装的绅士，和他的同僚们坐在右边。这一幕由他凭借回忆画出，是他书中埃及及伊斯兰建筑一卷的卷首插图。

神庙柱廊顶端所见的整个西底比斯。这样的选择使罗伯茨的版画成为维多利亚时代最令人难忘的作品。与许多欧洲游客不同的是，罗伯茨去埃及的目的不是为了学习或记录古代遗迹，也不是为了收集古玩——他是为自己的艺术研究搜集素材。他在埃及的场景绘画中都在试图表现处于当代环境下的古代遗迹，而不只是精确描绘古代遗迹。但他艺术家的眼光往往能更准确地捕捉到一座寺庙遗迹的雄浑感，或一座纪念性雕像的艺术感。在这点上他比同时代那些在绘画前要仔细测量的考古学者们做得更好。

1839年回到伦敦后，罗伯茨开始准备出版他的六卷对开本画集。他在埃及的大部分画作都被整理成三卷，命名为《埃及和努比亚——来自皇家艺术学院成员大卫·罗伯茨的现场作画》(*Egypt and Nubia, from drawings made on the spot by David Roberts, R. A*)。画集的前两卷着眼于古埃及遗迹，第三卷则描绘了伊斯兰建筑。它在1846—1849年出版，并大受好评。画集以简本和繁本两种版本出版，在价格较便宜的简本中，版画印刷只采用了黑色、白色和赭石色，某些画作还会另外加入一种颜色。繁本的版画均出自手绘，使用与原画颜色相匹配的颜料。画中所用的颜色不一定切合实际，而是有其艺术目的。

本节中复制的图像均取自大卫·罗伯茨的《埃及和努比亚》(伦敦，1846—1849年)

第312页上图

这是罗伯茨著名的画作之一，表现了拉美西乌姆倾颓的奥兹曼迪亚斯（拉美西斯二世）巨像。

第312页下图

罗伯茨的风景画充分利用了那些非同寻常的取景点。在这一清晨场景中，他爬到卢克索神庙的柱廊顶部，以期看到西岸的全景。远景中，我们可以在左侧看到哈布城和孟农巨像，在中间看到拉美西乌姆，在最右侧看到塞提一世神庙。

第312—313页图

这幅帝王谷风景画可能是从可以俯瞰拉美西斯六世陵墓（即图中站立者上方的墓）的山丘上取景的，它完美地表现了日出时分的苍凉景色。但是这幅画并不足够真实，陵墓入口都是为了艺术效果排布的。

Karl Richard Lepsius

卡尔·理查德·莱普修斯

1842年，普鲁士国王腓特烈·威廉四世（Friedrich Wilhelm IV）发起了一次对埃及的探险，以期记录古代遗迹，并为一个新的、专门用于展出埃及文物的国家博物馆收集文物。这项伟大事业的组织者是卡尔·理查德·莱普修斯（1810—1884年），彼时他刚刚被任命为柏林大学埃及学的临时教授。莱普修斯曾在德意志地区受训，随后前往法国

和意大利学习（在意大利他曾经和罗塞里尼一同上课）。他是一位杰出的年轻学者，因其在古埃及语言研究领域做出的贡献而被誉为“德国的商博良”。

这次探险可以说是准备万全：莱普修斯召集了一群优秀的学者、艺术家、绘图员、建筑师和雕刻师；而外交层面上，普鲁士国王与埃及赫迪夫穆罕默德·阿里取得了联系，使埃及方面对探险队的记录和搜集工作大开绿灯。莱普修斯和他的同事于1842年9月抵达埃及。他们花了几个月的时间研究吉萨和萨卡拉的古王国时期墓地以及南方不远处的中王国时期墓地——这些遗迹都没有得到

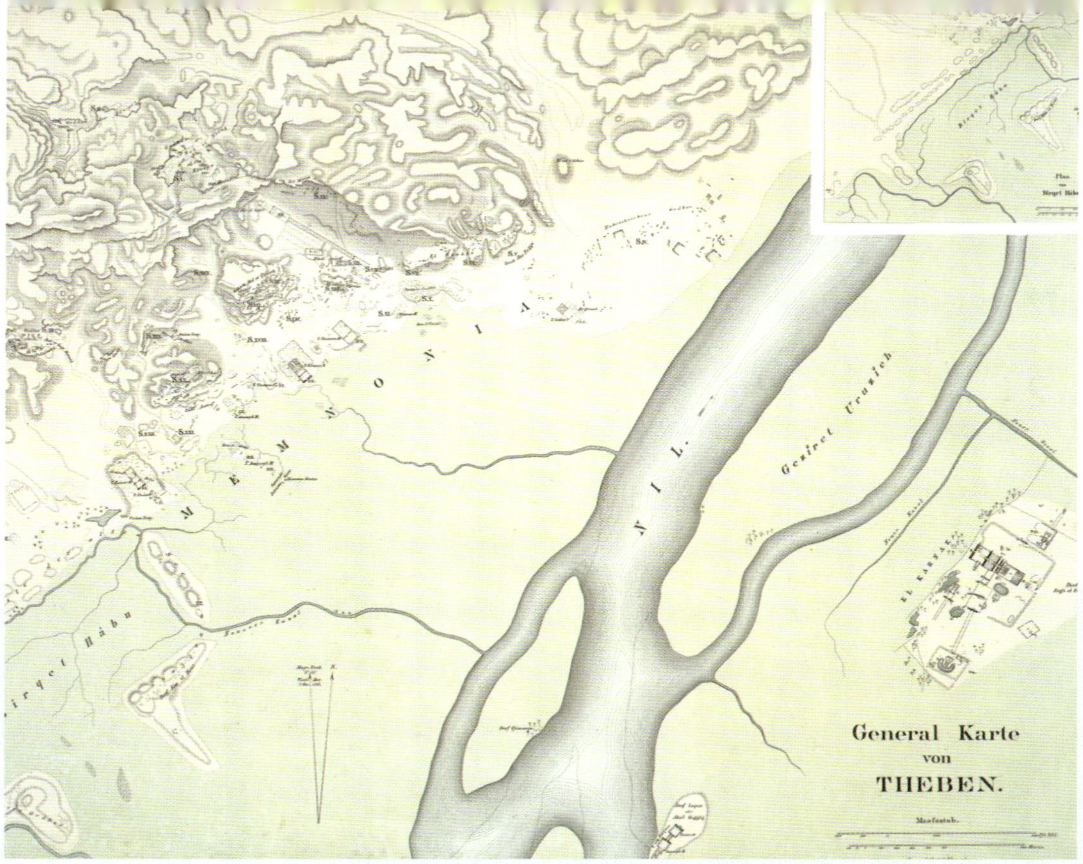

第314页上图

这幅维齐尔雷赫米拉墓中的小插画上有很多错误。

第314页下图

莱普修斯是一位杰出的语言学家，他改进了商博良的古埃及语翻译方法，并赢得了“德国商博良”的美誉。

第315页上图

莱普修斯书中印制的底比斯地图比威尔金森出版的地图有所改进，增添了新的发现和更多的细节。但它忽略了西底比斯北侧尽头的石灰石采石场，以及连接东岸卢克索和卡尔纳克神庙的斯芬克斯大道——这两者在威尔金森的地图上都有标出。

第314—315页图

这幅西底比斯的景色是站在塔里夫村中，面向塞提一世神庙的方向画的，背景是库尔恩山。中间远景是拉美西乌姆，左边是被尼罗河洪水包围的孟农巨像。

先前考古队的彻底勘探或记录。1844年11月，莱普修斯终于将他的目光转移到了底比斯。在埃及其他地区和努比亚工作了两年后，莱普修斯发现底比斯是“鼓舞人心”的，正如他在11月24日的一封信中所写：“在这里，第十八王朝和第十九王朝的伟大法老们以他们全部的辉煌和壮丽迎接我，我在这里找回了旅程的初心。”1845年初，莱普修斯曾经独自前往西奈岛，但他的大多数同事仍留在底比斯工作，同年4月莱普修斯回到底比斯继续勘探工作。

根据以往学者（特别是商博良和罗塞里尼，但也包括威尔金森等人）收集到的信息，普鲁士探险队的成员们能够在相对较短的时间内完成大量的工作。莱普修斯将这次探险的主要对象定为那些他认为被商博良和罗塞里尼忽视的建筑。莱普修斯和他的队员们对神庙进行了非常精确的绘制和重建，他们抄录的象形文字也鲜有谬误，易于阅读。这在一定程度上是因为莱普修斯完善了用纸模套印象形文字石板的技术。在探险队返回柏林后，这些套印精确的副本可以被印刷到相应的图纸上。然而，尽管这些文字精确无误，但无论是绘画还是雕刻，它们都以标准的象形文字字体复制，忽略了古埃及文人和艺术家在书写风格上的差异。这在很大程度上是因为莱普修斯带着他特定的目标去了埃及，他在1845年2月25日于底比斯的一封信中写道：“我的眼前一直闪烁着一个伟大的目标，为了这个目标我奋斗至今——它是历史。当我知道我在这一方面已经获得了最重要的信息，我就会感到心满意足。”

第316—317页上图

这两幅画描绘了在古尔纳村向东展望尼罗河流域和西底比斯平原的景色。从北（左）到南（右）可以在被称为阿萨西夫（Assasif，最左侧）的山谷中看到蒙图姆哈特（Montuemhat，第二十六王朝）墓的泥砖建筑遗迹。普鲁士探险队的大本营是第二幅版画（左下）前景中的建筑，就在坐着进行创作的艺术家下方。在这之上，在沙漠的边缘是拉美西乌姆，在耕地中可以看到的是孟农巨像，而哈布城位于极右。卡而纳克和卢克索神庙就在远景中的尼罗河东岸。

第316—317页中图

帝王谷的这一视角似乎是从当时不为人知的图坦卡蒙墓上方所画。右侧是拉美西斯六世墓（KV9）的入口；左边可能是阿蒙梅斯墓（KV10），或者拉美西斯三世墓（KV11）；在远处人群之上是塔沃斯塔&塞特纳克特的坟墓（KV14）。

第317页下图

这幅图展示的是向西看的景色——越过古尔纳山的山顶，朝向尼罗河西岸的最高点库尔恩山。

普鲁士探险队花了几个月的时间在吉萨、萨卡拉和其他北部遗迹群里绘制古王国时期的遗迹。之后他们来到底比斯复制新王国时期的遗迹，并且注意到了这两个时期艺术风格的差异。然而，当他们在底比斯的书吏坟墓中临摹壁画时，却似乎没有意识到一座坟墓和另一座坟墓之间艺术风格上的细微差别。他们只是从大处着眼，探寻这些建筑和壁画能够如何揭示古埃及文化。也因此，有关家具、服饰、动物、植物、作坊和农业技术的细节通常都是经过仔细复制的。

第318—319页图

普鲁士探险队临摹最好的作品是一组描绘帝王谷坟墓中独立人物的图纸。左侧的画描绘了法老塞特纳克特的轮廓图，它来自塔沃斯塔墓（KV14）主墓室中的一根立柱——显然塞特纳克特对塔沃斯塔进行了“鸠占鹊巢”。中间的肖像是拉美西斯三世，来自他坟墓（KV11）入口不远处的阴刻浮雕。右图描绘的是蒙图赫基普谢夫王子，它来自KV19——这是乔瓦尼·贝尔佐尼在普鲁士探险队展开工作前25年发现的墓穴。但普鲁士探险队的临摹作堪称经典。

但另一方面，人脸的特征和手脚的位置就经常出现谬误——要么是因为这些细节对他们来说无关紧要，要么是因为19世纪的探险队员们没有注意到。然而在特殊情况下，某些人像就被以艺术品相待。在许多版中就会有一个特定人物（通常是一位法老）被非常仔细地临摹下来。这些人物通常以原比例绘制，与原画毫无二致。

在埃及逗留了三年后，普鲁士探险队带着大量的素描画、水彩画、铭文和笔记资料返回了柏林。他们还带来了一千五百多件文物，这些文物现在是柏林埃及博物馆藏品的重要组成部分。1846年1月返回柏林后，莱普修斯在一份向内阁提交的报告中，将自己的成果与法国——托斯卡纳联合探险队的成果进行了比较："最能与我们的探险相提并论的就是商博良主导的那一次，但那更像是去探索发现，必然经历了我们能轻易克服的种种困难。他（指商博良）作为埃及学创始人和古遗迹研究者的优势被我们以这门学科越来越坚实和宽广的基础所轻易抵消。除此之外，我们比他要更为了解那些我们必须前往的遗址。"

这次探险的学术成果汇总成为《埃及与埃塞俄比亚的遗迹》（*Denkmäler aus Ägypten und Äthiopien*）这本皇皇巨著。其中囊括了1849—1859年出版的十二卷版画。在莱普修斯死后十多年，终于有五卷版画注释于1897—1913年出版。

第320页图

阿蒙霍特普·休伊墓中正在献上祭品的亚洲人。

第321页图

这幅细节图来自阿蒙霍特普·休伊在古尔内特·穆拉伊（Gurnet Murai）公墓中的墓穴（TT 40）。它佐证了普鲁士探险队临摹的不足之处——此处立像后面的四艘船彼此几乎是完全相同的复制品。然而事实上，每艘船的载货和船员都略有不同。

第322—323页图

阿蒙霍特普·休伊是图坦卡蒙统治时期库什的总督。他在古尔内特·穆拉伊的坟墓（TT 40）里几乎都是描绘番邦向法老进贡的场景。在这幅画中，礼物是由来自西亚的人们带来的。虽然文字和许多细节都足够准确，但艺术风格却是19世纪欧洲的、学院派的，而不属于第十八王朝晚期的埃及。

第323页上图

塞提一世墓中描绘的两个亚洲人和两个埃及人。

第323页下图

这些画作最初位于马迪奈村的安赫卡威（Anherkhawy，TT 359）墓门两侧，现藏柏林埃及博物馆。此处描绘的皇室人物被认为是皇家陵墓建造者的资助人：阿赫莫斯·奈菲尔塔丽（Ahmose Nefertari）王后——第十八王朝开国君主阿赫莫斯（Ahmose）的正宫；阿蒙霍特普一世——阿赫莫斯与奈菲尔塔丽之子，马迪奈工匠村的建立者。

第324页左图

塞提一世墓中的两个努比亚人。

第324—325页图

这幅画来自阿蒙霍特普·休伊墓（TT 40），其中的部分场景被普鲁士探险队和普里斯·达韦那双方分别临摹了下来。对比表明，尽管莱普修斯和他的同事以极高的精确度复制了文本和许多细节，但普里斯·达韦那更能够捕捉到古代艺术家的风格。

本节中复制的图像均取自卡尔·理查德·莱普修斯的《埃及与埃塞俄比亚的遗迹》（柏林，1848—1859年）。

William Henry Bartlett

威廉·亨利·巴特利特

威廉·亨利·巴特利特（William Henry Bartlett，1809—1854年）在十四岁的时候当过建筑师学徒。在开始旅行之前还当过很多年的建筑画家，借机周游了欧洲、美洲、土耳其和近东地区。1845年6月，当理查德·莱普修斯和他的探险队刚刚完成在埃及和努比亚的三年工作时，巴特利特来到了亚历山大港。巴特利特行前已经做好了充分的准备，他对莱普修斯的工作有一定的了解，但他对古埃及遗迹的主要参考是威尔金森的作品，尤其是威尔金森于1847年出版的《埃及手册》。

巴特利特在参观了亚历山大港和开罗周边的遗址后，开始溯尼罗河而上。当他在一个“光辉灿烂”的夏日中午到达底比斯时，立刻失望于分隔各个遗迹的宽阔白地——它们从感官上削弱了遗迹对他的冲击力。“唯一可称壮丽的景色是高耸的黄砂岩荒山。它们耸立在城西，山上散布着无数坟墓的幽暗洞口，似乎弹回了太阳的炽热光芒”。但他最终被埃及的古物所打动，并且他旅行日志中的大部分内容都是关于西底比斯遗址的记叙。

第326页上图

巴特利特从开罗乘船溯尼罗河而上，他以每月9埃及镑的价格租了一艘船——包括船长和六名船员的工资。船上满载着补给品——甚至包括为旅途提供奶源的一只山羊。

第326—327页图

在帝王谷，巴特利特参观了塞提一世之墓（KV 17），尤其被贝尔佐尼口中“美神之殿”的第一间多柱式大厅的装饰所吸引。

参观过帝王谷，巴特利特沿小路走出了这条干涸的河谷，走到了俯瞰尼罗河河谷的悬崖上。在1849年出版的《尼罗河游船》一书中，他以这个视角描述了曾经繁荣一时的底比斯古城："它是大自然赠予古埃及的伟大首都——一个被尼罗河分隔的、宽达数英里的大山谷，西侧有我们所站立的崎岖山脉拱卫，东侧由远处的一排山丘守护——这是一个伟大的地方，其上绵延数英里，散布着昔日辉煌的零星遗迹……"

在书的引言中，巴特利特对众多类似的出版物进行了评论："如今再为埃及撰写另一本新书……听起来似乎不值一提。但历史会记得，除了那些学富五车的'智者军团'能够致力于研究古代文化外，埃及总会迎来一些轻装的小队，他们……主要投身于埃及的风景和如何生动描绘它们，并且由此引导读者产生兴趣，对埃及学进行进一步的研究……而这本书就是为此而生的。"

巴特利特的书中有大约五十幅精美的蚀刻版画，都是他在现场或画出或用投影描绘器记录下的。这些令人回味的插图通常在附文中有很详细的描述，如果19世纪的众多埃及游记中没有这本书的话，实在是一种遗憾。

第326页下图

这幅描绘哈布城的画在中央远景中还有拉美西乌姆，而孟农巨像则是极右侧泛滥的尼罗河上的倒影。

第327页上图

巴特利特对帝王谷的这个描绘角度与普鲁士探险队相同。右侧是拉美西斯四世之墓（KV 9）的入口。如同他的许多画作一样，巴特利特在画中加入了当代埃及人，以提供比例参考和场景设置。

第327页下图

在这幅从西侧崖壁绘制的相对广角的尼罗河谷图景中，巴特利特画入了底比斯的所有主要遗址：远方东岸的卡尔纳克和卢克索神庙，以及西部平原上的拉美西乌姆、孟农巨像和哈布城。

本节中复制的图像均取自威廉·亨利·巴特利特的《尼罗河游船》（伦敦，1850年）。

图书在版编目（CIP）数据

寻秘古埃及：勇闯法老之国的艺术家与探险家／（英）凯瑟琳·罗里希，（英）弗兰科·塞里诺著；唐欣悦译．—武汉：华中科技大学出版社，2021.5

ISBN 978-7-5680-6722-5

Ⅰ.①寻… Ⅱ.①凯… ②弗… ③唐… Ⅲ.①埃及－古代史－通俗读物 Ⅳ.①K411.209

中国版本图书馆CIP数据核字（2020）第247518号

寻秘古埃及：
勇闯法老之国的艺术家与探险家

Xunmi Gu' aiji: Yongchuang Falao zhi Guo de Yishujia yu Tanxianjia

[英] 凯瑟琳 · 罗里希（Catharine Roehrig）
[英] 弗兰科 · 塞里诺（Franco Serino）著
唐欣悦 译

出版发行：华中科技大学出版社（中国·武汉） 电话：(027) 81321913
北京有书至美文化传媒有限公司 电话：(010) 67326910-6023
出 版 人：阮海洪

责任编辑：莽 昱 康 晨
责任监印：徐 露 郑红红 封面设计：邱 宏

制 作：北京博逸文化传播有限公司
印 刷：北京汇瑞嘉合文化发展有限公司
开 本：787mm×1092mm 1/8
印 张：41
字 数：83千字
版 次：2021年5月第1版第1次印刷
定 价：368.00元